高等职业教育(专科)“十三五”规划教材

会计基础

杨应杰　徐士珺　王　鹏　主编

中国农业大学出版社
·北京·

内容简介

本书主要介绍了会计的基本知识、基本方法和基本技能，为以后学习专业课程打下坚实的基础。本书着重培养学生的实际操作能力和分析问题、解决问题的能力，实现课堂理论与实践教学的有效结合，为学生今后实际工作奠定深厚的基础。

本书的特点是内容实用、丰富，通俗易懂，可操作性强。

本书可作为高职高专院校经济、管理类专业的专业基础课教材，也可以作为财会人员和经营管理者的参考书。

图书在版编目(CIP)数据

会计基础 / 杨应杰，徐士珺，王鹏主编. —北京：中国农业大学出版社，2018.6
ISBN 978-7-5655-2043-3

Ⅰ.①会　Ⅱ.①杨…②徐…③王…　Ⅲ.①会计学-高等职业教育-教材　Ⅳ.①F230

中国版本图书馆 CIP 数据核字(2018)第 134951 号

书　　名　会计基础
作　　者　杨应杰　徐士珺　王　鹏　主编

策划编辑　康昊婷　　**责任编辑**　冯雪梅
封面设计　郑　川
出版发行　中国农业大学出版社
社　　址　北京市海淀区圆明园西路 2 号　　**邮政编码**　100193
电　　话　发行部 010-62818525，8625　　读者服务部 010-62732336
编辑部 010-62732617，2618　　出　版　部 010-62733440
网　　址　http://www.caupress.cn　　**E-mail**　cbsszs @ cau.edu.cn
经　　销　新华书店
印　　刷　北京时代华都印刷有限公司
版　　次　2018 年 8 月第 1 版　　2018 年 8 月第 1 次印刷
规　　格　787×1092　　16 开本　　15.75 印张　　392 千字
定　　价　42.00 元

编写人员

主　编　杨应杰（郑州工程技术学院）

徐士珺（河南农业职业学院）

王　鹏（河南誉金会计师事务所有限公司）

副主编　李　青（信阳天一窗业有限公司）

李　芳（郑州成功财经学院）

李保仓（郑州工程技术学院）

参　编　刘莎莎（河南农业职业学院）

李　真（河南农业职业学院）

尚　慧（河南农业职业学院）

庞蒙蒙（河南农业职业学院）

审　稿　褚　颖（河南农业职业学院）

前言

高等职业教育肩负着培养面向生产、建设、服务和管理第一线需要的高素质技能型人才的使命。而高素质技能型人才的培养要有以能力为本位，融教、学、做为一体的教材做支撑。为深入贯彻落实教育部《关于“十二五”职业教育教材建设的若干意见》，充分发挥教材建设在提高人才培养质量中的基础性作用，大力推进精品教材建设，根据中国农业大学出版社的编写要求，结合各高职院校基础会计课程教学及教学实习、顶岗实习过程中面临的实际情况，我们编写了《会计基础》一书。

本书围绕高等职业院校培养高技能人才的目标，在编写过程中密切结合企业财务工作者的实践经验，吸收会计师事务所注册会计师及企业的一线会计人员参加教材编写。为满足学生技能训练需求，同时编写了配套教材《会计基础实训》一书作为教学辅助内容。教材在教学内容的广度和深度上做了合理的把握，突出应用性，强化可操作性，注重实际应用能力的培养。教材在内容编写上做到了与会计职业标准相对接，充分体现高职教育教材的特色。

本教材的编写及内容设计有以下特点：

1.以项目为载体设计教学单元

本教材编写体现基于会计职业岗位分析和会计工作过程的课程设计理念，分项目组织教学内容分为会计基本知识认知、划分会计要素与构建会计等式、开设账户与复式记账、核算经济业务、填制和审核会计凭证、登记会计账簿、财产清查、编报财务报告与组织会计工作9个学习项目。9个学习项目又可分为两大学习模块，即会计基本知识模块（项目一至项目四）和会计基本技能模块（项目五至项目九）。

2.编写体例的新颖性和实用性

本教材在体例设计上，本着“必需够用、精讲多练”的原则，突出将理论知识消化运用在实践之中。在编写体例上，每个项目下设计相应的工作任务进行编写，融教、学、做一体化。每一项目分“知识目标”“技能目标”“引导案例”“项目小结”“复习思考题”等模块组织安排教材内容，同时运用二维码把部分“会计知识链接”“知识拓展”置于书边，既迎合了学生利用移动端工具学习的喜好，又大大增强了教材的新颖性、可读性与实用性。

3.职业性

以服务学生为宗旨，紧密围绕高职高专会计专业的培养目标，做到难度适中，深入浅出，适应专业教学的要求，并且以就业为导向，以应用为主旨构建课程内容体系，做到基础知识描述充分，理论阐述精简够用，应用技能详尽具体，使教材内容符合高职高专学生的知识、能力、素质结构要求。

4. 可操作性与仿真性强

结合教材各项目编写内容，在配套教材——《会计基础实训》一书中配有同步技能操作实训，供学生进行技能实训操作，融教、学、做为一体。同时《会计基础实训》中的综合实训，模拟企业发生的真实经济业务，让学生通过亲自动手操作，熟悉会计工作业务流程，熟练掌握会计基本操作技能。

5. 教学资源丰富

使用本教材可提供课程标准、多媒体教学课件、3套考试样卷及参考答案和其他教学辅助资源，还提供《会计基础实训》中单项技能实训参考答案、综合模拟实训参考答案和自测试题参考答案。

本教材由郑州工程技术学院杨应杰、河南农业职业学院徐士珺和河南誉金会计师事务所有限公司注册会计师王鹏担任主编，信阳天一窗业有限公司会计师李青、郑州成功财经学院李芳和郑州工程技术学院李保仓担任副主编。教材编写分工如下：项目一由杨应杰执笔；项目二由李保仓执笔；项目三由李芳执笔；项目四由王鹏执笔；项目五、项目九由徐士珺执笔；项目六由李青执笔；项目七、八由刘莎莎、李真、尚慧、庞蒙蒙执笔。本教材由河南农业职业学院褚颖教授为主审，在审定过程中提出了许多宝贵的意见和建议，在此表示衷心的感谢。教材在编写过程中，得到了各相关院校的大力支持，同时，也参考了相关文献，在此一并表示感谢。

本教材可作为高职高专院校经济管理类专业和其他相关专业基础会计学课程的教材用书，也可作为各类成人教育和财务工作人员的培训教材以及会计从业人员的自学参考书。尽管我们在教材的编写特色上做出了一定努力，但由于作者水平所限，书中难免有疏漏及不妥之处，敬请读者批评指正，以便今后修改完善。

编　者

2018年3月

目录

项目一　会计基本知识认知

◆ 知识目标

☞认知会计的概念、会计的职能及会计的对象；

☞掌握会计核算方法；

☞熟悉会计核算基本前提和核算基础；

☞掌握会计信息质量要求。

◆ 技能目标

☞会正确运用权责发生制和收付实现制确定收入和费用。

◆ 引导案例

小王和小李是大学同学，毕业后两人合作创业在学校附近开了一家花店，2017 年 5 月份开业，当月销售产品价值 126 000 元，到月底收回来 86 000 元，试问 5 月份产品收入是多少？如何记账？

任务一　认识会计

一、会计的产生和发展

会计是随着社会生产和经济管理的需要而产生并不断发展和完善的。无论是在中国还是在外国，会计都有着悠久的历史。会计的产生和发展大致经历了以下三个阶段。

1. 古代会计阶段

从时间上看，一般是从会计的产生到复式簿记的应用这样一段过程，在我国大约从旧石器时代的中、晚期到封建社会末期。

早期会计多数以实物、少数以货币作为计量单位（如结绳记事、刻画甲骨、刻木记事等），计量单位尚未完全固定为货币；需要会计的单位以官厅会计为主；会计是生产职能的附属部分；会计方法主要是单式记账法，核算方法比较简单。

我国的会计产生于西周，发展于唐宋，完善于明清。在西周时期，我国就设置了司会一职，出现了会计一词，并将其表述为零星算之为计，综合算之为会。唐代官厅会计使用的“四柱清册”，四柱计算中的“旧管＋新收－开除＝实在”相当于现代会计中的“期初余额＋本期收入－本期支出＝期末余额”。在当时是一种比较先进的会计核算方法，使我国的中式会计达到比较科学、系统、完善的地步。

2.近代会计阶段

从时间上看,可以从1494年意大利数学家卢卡·帕乔利(Loca Pacioli)的著作《算术、几何及比例概要》的出版开始,至20世纪40年代末。

这一时期,复式记账法应运而生,大多数的会计单位开始以货币为主要计量单位,会计作为独立的管理职能从生产职能中分离了出来,需要会计的单位逐渐以企业会计为主,会计核算方法大多数采用复式记账法,开始形成一套完整的财务会计核算方法。

15世纪在意大利热那亚、佛罗伦萨、威尼斯等城市出现了复式记账方法。《算术、几何及比例概要》系统地介绍了复式借贷记账方法,并在理论上进行概括和论证。使复式记账法得到了传播。这种记账法经过资本主义的发展阶段,在理论、方法体系和组织工作等方面,经过不断完善,逐步形成现代的会计核算方法体系。1853年当时世界工业中心英国的苏格兰成立了第一个会计师协会——爱丁堡会计师协会。从15世纪到19世纪,欧洲复式记账的发明和会计师职业协会的成立被认为是近代会计史上的两个里程碑。19世纪末20世纪初,美国"公认会计原则"的确立,使会计有了系统的规范标准和理论。

我国明末中后期,商业和手工业有了较大规模的发展,并且产生了资本主义萌芽。为适应这一发展,一些工商行号在会计核算方法上又进行了改革。当时出现了"龙门账"和"四脚账"。"龙门账"用"进、缴、存、该"加以表述,运用"进(各项收入)－缴(各项支出)＝存(各项资产)－该(资本及各项负债)"。并分别编制"进缴表"和"存该表"。利用双轨计算出盈亏。"四脚账"方法特点是:注重经济业务的收方(即来方)和付方(即去方)的账务处理,不论是现金收付事项或非现金收付事项都在账簿上记录两笔,即记入"来账",又记入"去账",而且来账和去账所记金额必须相等,否则说明账务处理有误。"龙门账"和"四脚账"使我国的单式记账(流水账)向复式记账前进了一步,进而使我国会计的核算方法不断规范和完善。

3.现代会计阶段

1952年,世界会计学年会正式通过了"管理会计"这一名词。为满足内部管理者对会计信息的要求,管理会计逐渐与传统会计相分离,并形成了一个与财务会计相对独立的领域。现代管理会计的出现,是近代会计发展成为现代会计的重要标志,会计成为一门应用性学科,形成财务会计和管理会计两大分支。

世界上第一台电子计算机在美国问世,逐渐开始了会计领域应用计算机的新时代。伴随着经济全球化和资本全球化,会计的国际化或者说会计的国际融合已经成为未来发展趋势。

◆ 知识拓展

会计发展史上三个里程碑与中国会计三千年沧桑史

二维码1-1 会计发展史上三个里程碑与中国会计三千年沧桑史

二、会计的概念

从会计的产生和发展认识到会计是社会发展到一定阶段后人们为了加强经济管理的需要而产生的;会计产生和发展的全过程都与提供经济信息和追求经济效益相关;会计以货币为主要计量单位并有其专门的方法和程序。因此,会计的定义如下:

会计是以货币为主要计量单位,采用专门的方法和程序,对会计主体的经济活动过程进行连续、系统、综合、全面的核算和监督,旨在提供经济信息和提高经济效益的一项管理活动,是经济管理的重要组成部分。

会计核算的目标是向财务会计报告使用者提供与企业财务状况、经营成果和现金流量等有关的会计信息,反映企业管理层受托责任履行情况,有助于财务会计报告使用者做出经济决策。

◆ 知识拓展

绍兴的会稽山,原来叫作茅山,因为大禹当初召集了全国的诸侯来,"大会计,爵有德,封有功,更名茅山曰会稽,会稽者,会计也",所以会计两个字是这样来的。

三、会计的职能

会计的职能是会计在经济管理过程中所具有的功能。因此,经济的发展状况、管理水平的高低,都直接影响着会计职能的发挥。在生产力水平较低的时代,会计的主要功能在于简单的计量、记录,以反映为主。并将其职能简要表述为记账、算账和报账。随着生产力发展和管理水平的提高,简单的记账、算账、报账已不能满足经济管理的需要,在核算的基础上发挥会计经济监督作用,便成为会计的一项重要职能。因此,会计的基本职能是核算和监督。

(一)会计的核算职能

会计的核算职能也称会计反映职能,是指会计以货币为主要计量单位,通过确认、计量和报告等环节,对会计对象的经济活动进行记账、算账、报账,用以及时正确地反映经济活动的过程和结果,为各有关方面提供会计信息的功能。会计核算的具体内容包括以下几个方面。

1.款项和有价证券的收付

款项是作为支付手段的货币资金,主要包括:现金、银行存款及其他视同现金和银行存款使用的货币资金。有价证券是指表示一定财产拥有权或支配权的证券。如国库券、股票、企业债券等。款项和有价证券是流动性最强的资产。各企业必须按照国家统一的会计制度规定,及时如实地核算款项和有价证券的收付及结存,保证企业货币资金的流通性、安全性,提高货币资金的使用效果。

2.财产物资的收发、增减和使用

财产物资是企业进行生产经营活动且具有实物形态的经济资源。主要包括原材料、库存商品、房屋、建筑物、机器、设备等。财产物资的收发、增减和使用,是会计核算中的经常性业务,也是发挥会计在控制和降低成本、保证财物安全完整、防止资产流失等职能作用的重要方面。因此,各企业必须加强对财产物资收发、增减和使用环节的核算,维护企业正常的生产经营秩序。

3.债权、债务的发生和结算

债权是企业收取款项的权利，一般包括各种应收和预付款项等。债务是企业由于过去的交易、事项形成的，需要以资产和劳务偿付的现时义务，一般包括各项借款、应付和预收款项以及应交款项等。债权、债务是企业经营活动中经常发生的经济业务事项，债权、债务的发生和结算涉及本企业与其他单位或有关方面的经济利益，关系到企业自身的资金周转，影响着企业的生产经营活动，因此企业必须及时、真实、完整地核算本企业的债权债务，防止在债权债务环节发生非法行为。

4.资本、基金的增减

资本是投资者为开展生产经营活动而对企业的投资以及由此产生的各种经济利益。由于资本的增减，直接影响企业的经营规模和收益分配，因此要求企业对资本的增减必须及时进行会计核算。

5.收入、支出、费用、成本的计算

收入、支出、费用、成本都是计算和判断企业经营成果及其盈亏状况的主要依据。各企业必须按照国家统一的会计制度的规定，正确核算收入、支出、费用、成本。

6.财务成果的计算和处理

财务成果是企业在一定时期内通过从事生产经营活动而取得经营成果，具体表现为盈利或亏损。财务成果的计算和处理主要包括利润的计算、所得税的计算及利润分配的核算等。财务成果的计算和处理，涉及企业与债权人、投资人、国家等方面的利益关系，因此各单位必须按照国家统一的会计制度的规定，正确对财务成果进行计算和处理。

7.其他需要办理会计手续、进行会计核算的事项

除上述六项经济业务事项以外的其他经济业务事项，也应按照会计制度规定办理会计手续，进行会计核算。

(二)会计的监督职能

会计监督职能，又称会计控制职能，是指会计具有按照一定的目的和要求，利用会计核算所提供的经济信息，对企业和行政事业单位的经济活动进行控制，使之达到预期目标的功能；是指对特定主体经济活动和相关会计核算的真实性、合法性和合理性进行监督检查。真实性指是否实际发生的经济业务事项；合法性指是否符合国家的有关规定；合理性指内部控制制度、收支计划、预算。会计监督是对单位经济活动的全过程监督。会计监督可分为事前监督、事中监督和事后监督。

1.事前监督

事前监督又称事前控制，是指在经济业务发生之前根据相关的规定和标准所进行的控制。控制的内容主要是财务收支的计划性、经营决策的可行性、投资效益实现的可能性等。这种控制能防止经济工作中由于计划不周和决策失误及错弊行为等造成的不应有的损失，以实现防患于未然的目的。

2.事中监督

事中监督又称事中控制，是指在经济活动进行过程中所实施的控制。这种控制主要是通过计划、预算和承包经营合同的执行情况进行会计检查和分析，尽可能在经济业务进行过程中发现问题，以便及时纠正、加强控制，保证经济活动的良性循环。

3. 事后监督

事后监督又称事后控制，是指在经济业务完成之后所进行的检查和分析。通过对计划的执行情况、预算的执行情况、可行性研究的实施情况，以及财务收支的合法性、合理性、完整性的检查分析，发现偏差或薄弱环节，以便采取积极有效的措施，实现较高的经济效益，进而实现企业的既定目标。

会计的监督职能要求会计人员对特定主体经济业务的合法性、合理性进行审查。合法性审查能够保证各项经济业务符合国家相关法规和财经纪律的要求，防止舞弊的发生，杜绝违法乱纪行为。合理性审查能够使各项财务收支符合企业计划、预算和经营目标的要求，以便增收节支，杜绝不经济和奢侈浪费行为。

会计的两项基本职能是相辅相成、辩证统一的关系。会计核算是会计监督的基础。只有会计核算提供完整的资料，会计监督才能得以实施。若没有会计核算提供的会计信息，会计监督就失去了依据。而会计监督则是会计核算质量的保障。只有加强会计监督，才能使会计核算符合会计法规、准则和制度的要求。如果没有会计监督，就难以保证会计核算所提供信息的真实性和可靠性。

(三)会计的扩展职能

随着生产力水平的日益提高，社会经济的日益复杂、管理理论的不断深化和管理水平的不断提高，会计的职能也在不断地丰富和发展。会计的职能除了会计核算、会计监督这两大基本职能外，还包括会计预测、会计决策、会计控制和会计分析。这些职能从不同侧面进一步强化了会计在经济管理中的职能作用。

四、会计的对象

会计对象，是会计核算和监督的内容，有一般对象和具体对象之分。

会计的一般对象是再生产过程中的资金运动。资金运动是指再生产过程中财产物资的货币表现。再生产过程是由生产、分配、交换和消费四个环节所构成的多种多样的经济活动过程，会计只能核算和监督其中能用货币表现的经济活动。由于各企业和行政、事业单位资金运动的具体内容和形式不同，其会计的具体对象也不同。

(一)工业企业的资金运动

工业企业的资金运动，具体表现为资金投入企业、资金在企业内部循环周转和资金退出企业过程。

1. 资金投入

工业企业要进行生产经营活动，就必须拥有一定数量的财产物资(包括厂房、机器设备、工具等劳动资料；原材料、在产品、产成品等劳动对象)和一定数量的货币资金。这些资金的来源渠道主要是企业所有者投资和向银行等金融机构筹资。当企业取得货币资金或财产物资时，资金就进入了企业。

2. 资金内部循环周转

工业企业的生产经营过程分为供应、生产和销售三个阶段。

(1)供应阶段是生产准备阶段，企业用货币资金采购各种材料物资形成生产储备，企业的资金由货币资金形态转化为储备资金形态。

(2)生产阶段就是产品的制造过程，即工人运用劳动资料对劳动对象进行加工，生产出产品的过程。生产阶段是物化劳动和活劳动的耗费阶段。生产阶段是工业企业最主要的阶段。在生产过程中要发生各种耗费，包括材料耗费、人工耗费、固定资产耗费和支付其他费用等。企业的资金先由储备资金形态转化为生产资金形态（在产品资金），进而再转化为成品资金形态（产成品资金）。

(3)销售阶段是产品价值的实现阶段。在销售阶段，企业要出售产品，收回货币。这时企业的资金又由成品资金形态转化为货币资金形态。因为销售产品取得货款，成本费用得到补偿，部分资金又重新进入生产经营过程，在企业内部循环周转。

工业企业资金从货币资金开始，顺次经过供应、生产和销售三个阶段，资金形态依次由货币转化为储备资金、生产资金和产成品资金，最后又转化为货币资金的过程称为资金的循环。由于再生产过程不断地重复进行而引起的资金的不断循环叫作资金周转。在企业经营资金的周转过程中，作为资金循环起点与终点的货币资金是不相等的，其差额形成利润或亏损。

3. 资金退出

工业企业偿还借款、上缴各种税费、按协议向投资者分配利润、投资者抽减资本，这部分资金离开企业，退出企业资金的循环和周转。

工业企业资金运动是一个动静结合、相互联系、相互制约的统一体，没有资金的投入，就不会有资金的循环和周转；没有资金的循环和周转，就不会有资金的退出和新一轮资金的投入；而没有资金的退出和新一轮资金的投入，就不会有企业的长足发展。

工业企业的资金运动如图 1-1 所示。

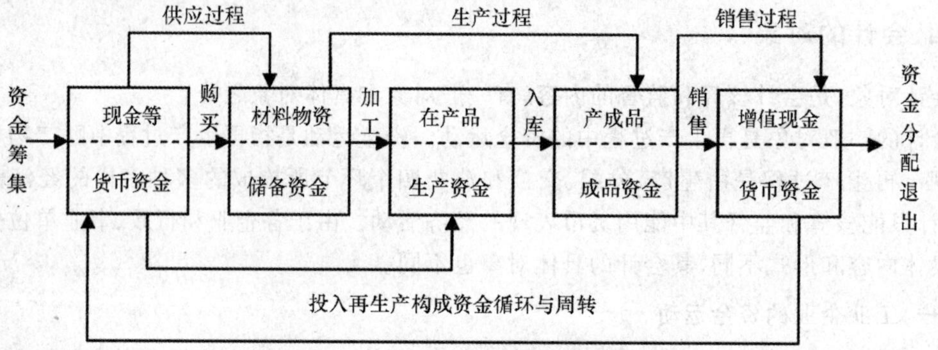

图 1-1 工业企业的资金运动

(二)商品流通企业的资金运动

商品流通企业是指通过购销活动，组织商品流通，满足市场需要并获取收益的经济实体，其主要的经济活动就是从事商品的采购、储存和销售。其中：

商品采购是指商品流通企业根据市场的需求，为获取既定的利润，通过货币结算取得商品所有权的交易行为；商品储存是指商品流通企业为了满足市场的需求，保证不间断的供应，而经常保持必要和合理的商品储备；商品销售是指商品流通企业根据既定的价格，采用积极有效的促销措施，通过货币结算出售商品的交易行为。

商品流通企业资金的周转只经过商品的采购和销售两个过程。在商品采购过程中，要用货币资金购进商品并储备，货币资金就转化为商品资金。在商品销售过程中，要出售商品取得销售收入,商品资金又转化为货币资金。这样周而复始地循环下去,就形成了商品流通企业的资金周转。当然商品流通企业资金的周转也要依赖于资金取得,也涉及资金的退出,因和工业企业的资金投入和退出相似。

商品流通企业的资金运动如图 1-2 所示。

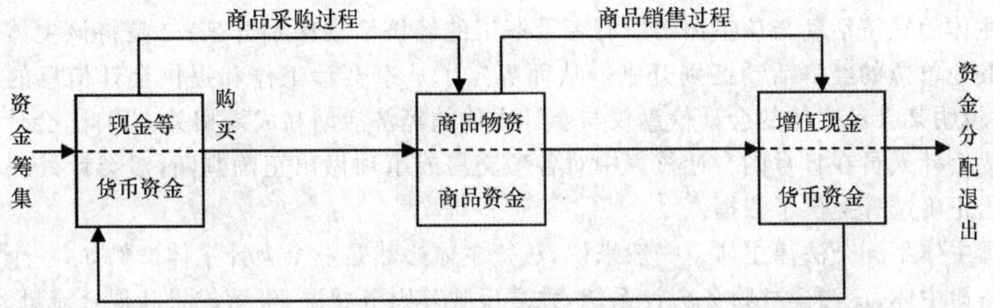

图 1-2　商品流通企业的资金运动

(三)行政事业单位的资金运动

行政事业单位是指国家行政机关、权力机关、司法机关、各党派团体组织、机构和科研、教育文化、医疗等单位。行政、事业单位并不从事商品的生产和流通,是非营利性组织,其职责是完成国家赋予的各项任务。其资金主要是由财政拨款,并按预先批准的预算来支用,所以称为预算资金。行政事业单位的会计对象具体内容与企业不同,其经济活动是执行国家预算过程中的预算收入和预算支出。因而其会计对象就可以概括为社会再生产过程中的预算资金的收入和支出。

行政事业单位的资金运动如图 1-3 所示。

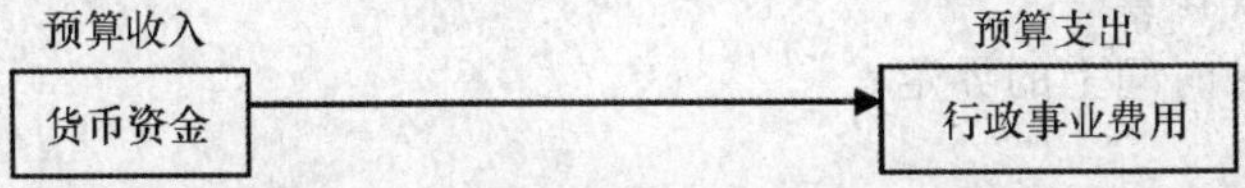

图 1-3　行政事业单位的资金运动

任务二　明确会计核算基本前提和核算基础

一、会计核算基本前提

会计核算的基本前提是对会计核算所处时间、空间环境等所做的合理假定,又称会计假设。

会计核算之所以需要一些基本前提或假设,是因为企业在运营过程中存在着一些不确定因素,在会计处理上难以做出肯定的判断和估计,而为了依照现时的情况进行正常的业务处理,就需要依据时空观先行设定一些基本前提。例如:会计核算和监督的范围究竟有多大、会计为谁记账等,需要根据客观的正常情况或者发展趋势所做的合乎事理的推断和假定。因此,会计核算的基本前提是对会计领域里存在的某些尚未确知并无法论证的事项所做出的符合客观情理的推断和假设。会计基本假设包括会计主体、持续经营、会计分期和货币计量。

(一)会计主体

会计主体是指会计确认、计量和报告的空间范围，即会计核算和监督的特定单位或组织。会计主体界定的是从事会计工作和提供会计信息的空间范围。明确该假设的意义在于：一是将特定主体的经济活动与该主体的所有者及职工的经济活动区别开来；二是将该主体的经济活动与其他单位的经济活动区别开来。从而界定了从事会计工作和提供会计信息的空间范围，同时说明某会计主体的会计信息仅与会计主体的经济活动和成果相关。因此，会计主体这一前提为会计人员在日常的会计核算中对各项交易或事项做出正确判断，对会计处理方法和程序做出正确选择提供了依据。

会计主体不同于法律主体。一般来说，法律主体必然是一个会计主体。例如，一个企业作为一个法律主体，应当建立财务会计系统，独立反映其财务状况、经营成果和现金流量。但是，会计主体不一定是法律主体。如某公司是一个法律主体，也是一个会计主体，而公司下属的各部门实行独立核算，也是一个会计主体，但不能单独承担法律责任，因其不是一个法律主体。

(二)持续经营

持续经营是指在正常情况下，会计主体的生产经营活动按既定的经营方针和预定的经营目标会无限期地经营下去，在可预见的未来，不会停产倒闭。

这一假设把会计核算建立在正常状态下，也就是会计主体所持有的资产将按取得时的目的在正常的经济活动中被耗用；会计主体所承担的负债也将在正常的经济活动中按原来承诺的条件予以清偿。由此，会计主体才可能采用历史成本来确认、计量其资产等要素，使会计核算与报告系统处于稳定状态。

持续经营假设可以与会计主体假设结合为：会计要为特定的会计主体在不会面临破产清算的情况下进行会计核算。

持续经营是一种时间上的界定。

(三)会计分期

由于企业的经营活动是持续进行的，在时间上具有不间断性，为满足企业内外会计信息使用者经营管理和投资决策的需要，企业需要把持续不断的生产经营过程划分为若干相等的会计期间，定期进行汇总和编制财务报表，从而及时提供有关企业财务状况和经营成果的会计信息，这就产生了会计分期假设。

会计分期假设是对会计工作时间范围的具体划分，主要是确定会计年度。我国以日历年度作为会计年度，即从每年的1月1日至12月31日为一个会计年度。会计年度确定后，一般按日历确定会计半年度、会计季度和会计月度。

会计分期假设可以与前两条假设结合为：会计要为特定的会计主体在不会面临破产清算的情况下分期进行会计核算。

(四)货币计量

货币计量是指会计主体在会计核算过程中采用货币作为主要计量单位，进行计量、记录和报告会计主体的生产经营活动。货币计量假设是对会计计量手段和方法的规定。

这一假设也包括币值稳定这一层含义。

我国会计准则规定,会计核算以人民币为记账本位币。业务收支以外币为主的企业,也可以选定某种外币作为记账本位币,但编制的会计报表应当折算为人民币来反映。

我国在境外设立的企业,通常用当地币种进行日常会计核算,但向国内编报会计报表时,应当折算为人民币。

货币计量假设可以与前三条假设结合为:会计以货币为主要计量单位—为特定的会计主体—在不会面临破产清算的情况下—分期进行会计核算。

二、会计核算基础

会计核算基础,亦称会计记账基础,是指会计确认、计量和报告的基础。会计核算基础是指在确认和处理一定会计期间收入和费用时,选择的处理原则和标准,其目的是对收入和支出进行合理配比,进而作为确认当期损益的依据。运用的会计处理基础不同,对同一企业,同一期间的收入、费用和财务成果,会计核算出现的结果也不同。会计核算基础有权责发生制和收付实现制两种。

(一)权责发生制

权责发生制,也称应计制或应收应付制,是按照权利和义务是否发生来确定收益和费用的归属期,是指收入、费用的确认应当以收入和费用的实际发生作为确认的标准,合理确认当期损益的一种会计基础。

权责发生制要求凡是属于本期已经实现的收入和已经发生或应当负担的费用,无论款项是否收付,均应作为当期的收入与费用;凡是不属于本期的收入和费用,即使款项已经收付,也不应作为当期的收入与费用。

《企业会计准则——基本准则》第九条规定"企业应当以权责发生制为基础进行会计确认、计量和报告"。

权责发生制强调经营成果的计算。

◆ 会计知识链接

关于权责发生制项目

QW 工厂 2017 年 7 月有以下业务:

A. 本月根据销售合同发出商品一批,售价 10 000 元,但本月没有收到货款。

B. 本月收到上月销售商品款 50 000 元。

C. 本月发生广告费用 3 000 元但尚未支付。

D. 根据销售合同预收客户定金 10 000 元。

要求计算回答:企业本月的收入与费用各是多少?

A. 收入 60 000 元,费用 13 000 元

B. 收入 10 000 元,费用 13 000 元

C. 收入 10 000 元,费用 3 000 元

D. 收入 10 000 元,费用 10 000 元

【参考答案】C

(二)收付实现制

收付实现制,现收现付制或库存现金制,是按照款项实际收到或付出的日期来确定收益和费用的归属期,是以收到或支付现金作为确认收入和费用的标准。

收付实现制要求凡是本期实际收到款项的收入和付出款项的费用,不论其是否属于本期,都作为本期的收入和费用处理;凡是本期没有实际收到款项的收入和付出款项的费用,均不作为本期的收入和费用处理。

收付实现制强调财务状况的切实性。

《企业会计准则——基本准则》规定,企业应当以权责发生制为基础进行会计确认、计量和报告。

行政事业单位会计核算一般采用收付实现制。

例如:某单位本月销售货物260 000元,实际收到货款200 000元,余款下月收到。如果用权责发生制确认本月收入为260 000元;如果用收付实现制确认本月收入为200 000元。

◆ 会计知识链接

权责发生制和收付实现制

1. 权责发生制和收付实现制两者之间的区别

(1)概念不同

权责发生制是按照收益、费用是否归属本期为标准来确定本期收益、费用的一种方法;收付实现制是按照收益、费用是否在本期实际收到或付出为标准确定本期收益、费用的一种方法。

(2)优缺点不同

权责发生制的优点是科学、合理、盈亏的计算比较准确,但缺点比较复杂;收付实现制的优点是处理手续简便,缺点是对盈亏计算不准确。

(3)使用范围不同

根据我国《企业会计准则》规定,我国企业都采用权责发生制,但我国的行政单位仍然普遍采用收付实现制。

2. 根据权责发生制和收付实现制分析如下收入和费用

(1)本月预收下月销货款5 000元

这属于下个月发生的费用,但是本期收了,根据权责发生制该货款不属于本期应确认的收入,即使收到货款了,也不确认收入。而根据收付实现制,只要收到货款了,不论应该归属于哪个期间都按照收款的当期确认为收入。也就是只要进了我的口袋就确认收入,不管应该属于哪个期间的。

(2)本月预付全年的房租24 000元

24 000元是全年房租,每月应分摊的房租是24 000/12=2 000元,根据权责发生制,本月应分摊房租2 000元,剩余的都应该在发生的当月确认。而根据收付实现制,本月已经是支付出去了,从我的口袋里已经花出去了,那么就按花出去的金额确认为当月的费用,不论是不是这个月应负担的费用。

(3)本月销售产品8 000元,实际收到货款5 000元,余款下月收到

权责发生制下,应确认8 000元,因为属于我本期销售出去的货物收到的货款。

收付实现制下,应确认5 000元,因为我只收到了5 000元金额,即我只要收到钱,不论是否是当期的收入,我都按实际收到的金额确认收入。

(4)本月购入办公用品1 000元,款项尚未支付

本月购入办公用品,很明显是属于本月应负担的费用,权责发生制下,不论款项是否支付,只要是本期应负担的费用,都作为本期的费用。

而收付实现制下,这个款项我还没有支付出去,所以就不确认为费用。

3.分别用权责发生制和收付实现制确认收入与费用

10月份发生业务如下:

(1)销售商品40 000元,款项已存入银行

权责发生制确认10月份收入:40 000

收付实现制确认10月份收入:40 000

(2)销售商品10 000元,款项8 000元已存入银行,其余款项暂欠

权责发生制确认10月份收入:10 000

收付实现制确认10月份收入:8 000

(3)预付下年度仓库租金6 000元,款项已付

权责发生制确认10月份费用:0

收付实现制确认10月份费用:8 000

(4)收到上月客户所欠货款4 000元,存入银行

权责发生制确认10月份收入:0

收付实现制确认10月份收入:4 000

(5)计算本月短期借款利息1 000元,尚未支付

权责发生制确认10月份费用:1 000

收付实现制确认10月份费用:0

(6)预收货款8 000元已收妥入账,下月发货

权责发生制确认10月份收入:0

收付实现制确认10月份收入:8 000

(7)分配本月负担的报刊费200元

权责发生制确认10月份费用:200

收付实现制确认10月份费用:0

(8)用银行存款支付广告费2 000元

权责发生制确认10月份费用:2 000

收付实现制确认10月份费用:2 000

4.权责发生制和收付实现制的小测试

(1)企业6月份销售甲产品一批,取得银行承兑汇票一张,价款20 000元;销售乙产品一批,取得转账支票一张,价款80 000元;收到5月份欠货款70 000元。根据权责发生制,该单

位6月份销售收入为(　　)元。

A. 20 000　　B. 100 000　　C. 150 000　　D. 90 000

【正确答案】B

【答案解析】在权责发生制下,5月份的欠款不能确认为6月份的收入,所以6月份应确认的收入=20 000+80 000=100 000(元)。

(2)企业6月份发生下列支出:年初支付本年度保险费2 400元,本月摊销200元;支付下年第一季度房屋租金3 000元;支付本月办公开支800元。按照权责发生制要求,本月费用为(　　)元。

A. 1 000　　B. 800　　C. 3 200　　D. 3 000

【正确答案】A

【答案解析】本题考核权责发生制的应用,本月的费用=200+800=1 000(元)。

任务三　明晰会计信息质量要求

一、会计信息的使用者

财务会计报告的目标是向财务会计报告使用者提供与企业财务状况、经营成果和现金流量等有关的会计信息,反映企业管理层受托责任履行情况,有助于财务会计报告使用者做出经济决策。因此,会计信息的使用者主要包括外部使用者——投资者、债权人、供应商、国家税务和工商部门以及其他相关部门、证券监管部门、社会公众;内部使用者——企业经营者。

不同的会计信息使用者关注会计信息的着眼点不同。

(1)投资者(股东)关心的主要是投资与报酬方面的信息,企业长远的持续发展能力。

(2)债权人、供应商关心的主要是企业的偿债能力,借款或货款能否及时偿还。

(3)企业经营管理层关心的是受托责任的履行情况以及企业的盈利能力。

(4)税务、工商和证券等政府相关部门关心的是企业是否合法经营、照章纳税等社会效益。

(5)社会公众主要关注的是企业有没有生产伪劣产品、是否对环境造成污染等,主要关注的是企业在这些方面的投入。

二、会计信息质量要求

会计信息质量要求是对企业财务会计报告中所提供会计信息的基本规范,是使财务会计报告中所提供的会计信息对信息使用者决策有用所应具备的基本特征。主要包括可靠性、相关性、可理解性、可比性、实质重于形式、重要性、谨慎性和及时性等。

1. 可靠性

可靠性又称真实性,要求企业应当以实际发生的交易或者事项为依据进行确认、计量和报告,如实反映符合确认和计量要求的各项会计要素及其他相关信息,保证会计信息真实可靠、内容完整。

会计信息要有用,必须以可靠为基础。如果财务报告所提供的会计信息不可靠,就会给投资者等使用者的决策产生误导甚至损失。

◆ 会计知识链接

违背可靠性原则案例

某公司于20×7年末发现公司销售萎缩，无法实现年初确定的销售收入目标，但考虑到在20×8年春节前后，公司销售可能会出现较大幅度的增长，公司为此提前预计库存商品销售，在20×7年末制作了若干存货出库凭证，并确认销售收入实现。公司这种处理不是以其实际发生的交易事项为依据的，而是虚构的交易事项，违背了会计信息质量要求的可靠性原则，也违背了我国会计法的规定。

2.相关性

相关性是指企业提供的会计信息应当与投资者等财务会计报告使用者的经济决策需要相关，一项信息是否具有相关性取决于预测价值和反馈价值。

(1)预测价值　如果一项信息能帮助决策者对过去、现在和未来事项的可能结果进行预测，则该项信息具有预测价值。决策者可根据预测的结果，做出其认为的最佳选择。因此，预测价值是构成相关性的重要因素，具有影响决策者决策的作用。

(2)反馈价值　一项信息如果能有助于决策者验证或修正过去的决策和实施方案，即具有反馈价值。把过去决策所产生的实际结果反馈给决策者，使其与当初的预期结果相比较，验证过去的决策是否正确，总结经验以防止今后再犯同样的错误。反馈价值有助于未来决策。

会计信息质量的相关性要求，需要企业在确认、计量和报告会计信息的过程中，充分考虑使用者的决策模式和信息需要。但是，相关性是以可靠性为基础的，两者之间并不矛盾，不应将两者对立起来。也就是说，会计信息在可靠性前提下，尽可能地做到相关性，以满足投资者等财务报告使用者的决策需要。

3.可理解性

可理解性也称清晰性，是指企业提供的会计信息应当清楚明了，便于财务会计报告使用者理解和使用。要求企业在保证会计信息的前提下，力求其表述通俗易懂，简明扼要。对于难以理解的会计信息，要加以说明或备注，以便判断和运用。

4.可比性

可比性要求企业提供的会计信息应当相互可比。可比性包括以下两个方面：

(1)纵向可比　要求同一企业不同时期发生的相同或者相似的交易或者事项，应当采用一致的会计政策，不得随意变更。确需变更的，应当在附注中说明。

(2)横向可比　要求不同企业相同会计期间发生的相同或者相似的交易或者事项，应当采用规定的会计政策，确保会计信息口径一致、相互可比。

5.实质重于形式

实质重于形式是指企业应当按照交易或者事项的经济实质进行会计确认、计量和报告，不应仅以交易或者事项的法律形式为依据。要求企业不但按定义去判断所发生的经济业务属于哪种会计要素，更要按其实质进行相应的会计处理。这是因为，有时候交易或事项的法律形式并不能真实反映其实质内容，因此为了真实反映企业的财务状况和经营成果，就必须根据它们的实质和经济现实，而不是仅仅根据它们的法律形式进行核算和反映。

例如，以融资租赁方式租入的资产虽然从法律形式来讲企业并不拥有其所有权，但是由于租赁合同中规定的租赁期相当长，接近于该资产的使用寿命；租赁期结束时承租企业有优先购买该资产的选择权；在租赁期内承租企业有权支配资产并从中受益等，因此，从其经济实质来看，企业能够控制融资租入资产所创造的未来经济利益，在会计确认、计量和报告上就应当将以融资租赁方式租入的资产视为企业的资产，列入企业的资产负债表。

又如，企业按照销售合同销售商品但又签订了售后回购协议，虽然从法律形式上实现了收入，但如果企业没有将商品所有权上的主要风险和报酬转移给购货方，没有满足收入确认的各项条件，即使签订了商品销售合同或者已将商品交付给购货方，也不应当确认销售收入。

6. 重要性

重要性是指企业提供的会计信息应当反映与企业财务状况、经营成果和现金流量等有关的所有重要交易或者事项。

要求在进行会计核算时，对于重要会计事项，必须按照规定的会计方法和程序进行处理，并在财务报告中予以充分、准确地披露；对于次要的会计事项，在不影响会计信息真实性和不至于误导财务报告使用者做出正确判断的前提下，可适当简化处理。

如果会计信息的省略或者错报会影响投资者等财务报告使用者据此做出决策的，该信息就具有重要性。重要性的应用需要依赖职业判断，企业应当根据其所处环境和实际情况，从项目的性质和金额大小两方面加以判断。

◆ 会计知识链接

重要性原则案例

我国上市公司要求对外提供季度财务报告，考虑到季度财务报告披露的时间较短，从成本效益原则的角度考虑，季度财务报告没有必要像年度财务报告那样披露详细的附注信息。因此，中期财务报告准则规定，公司季度财务报告附注应当以年初至本中期末为基础编制，披露自上年度资产负债表日之后发生的、有助于理解企业财务状况、经营成果和现金流量变化情况的重要交易或者事项。这种附注披露，就体现了会计信息质量的重要性要求。

7. 谨慎性

谨慎性又称稳健性、审慎性，是指企业对交易或者事项进行会计确认、计量和报告应当保持应有的谨慎，不应高估资产或者收益、低估负债或者费用。要求企业在存在不确定因素的情况下做出判断时，必须保持应有的谨慎，充分估计可能承担的风险和损失，适当的估计资产和收益，以便规避风险和避免虚增资产。

也就是说凡是可以预见的可能发生的损失和费用都应合理地予以估计、确认并记录，而没有确定把握的收入，则不能予以确认和入账，以不抬高资产和收益也不压低负债和费用，进而有效地规避不确定因素带来的风险。如果某一项经济业务有多种处理方法可供选择，则应采取不导致夸大资产、虚增利润的方法。

要求企业对可能发生的资产减值损失计提资产减值准备、对售出商品可能发生的保修义务等确认预计负债等，就体现了会计信息质量的谨慎性要求。

8. 及时性

及时性是指企业对于已经发生的交易或者事项，应当及时进行会计确认、计量和报告，不得提前或者延后。要求企业当经济业务发生或者完成后，要及时地收集、处理和传递会计信息，以确保会计信息的有效利用。

任务四　掌握会计核算方法

一、会计方法

1.会计方法的分类

会计方法是指为了发挥会计职能，实现会计目标而采取的技术手段，它是从会计实践中总结出来的。

会计是由会计核算、会计分析和会计检查三部分组成的。因此，会计的方法也分为会计核算方法、会计分析方法和会计检查方法。

2.会计分析方法

会计分析方法，指根据会计核算提供的会计信息，应用一定的分析方法，对企业的经营过程及其经营成果进行定量和定性的分析。

3.会计检查方法

会计检查是根据会计核算提供的数据、资料及其他有关资料，对会计工作的正确性，会计资料的真实性、完整性及单位经济活动的合理、合法性进行的检查。

会计检查方法包括如下：

(1)核对法　核对法是对各种相互联系的会计资料，如原始凭证与记账凭证，记账凭证与会计账簿，借与贷，明细核算与综合核算，会计账簿与会计报表等相互对照验证，以检查核算工作中的真实性的一种方法。

(2)查询法　查询法是采用询问或调查的方式了解情况、搜索资料，为弄清某一方面的问题而取得必要的旁证资料的一种方法，包括面询和函询两种。

(3)分析法　分析法是对会计资料进行综合比较，分析各种数据的内在联系，以找出疑点，或明确问题症结所在的一种方法。

(4)复核法　复核法是对原来的会计记录进行重复核算，以验证其是否正确的一种方法。

(5)观察法　观察法是直接深入会计工作的具体场所进行实地观察、了解情况，发现会计核算中存在问题的方法。

(6)盘点法　盘点法是通过实地盘存实物或现金的实际数量与有关账面资料进行比较，借以查明是否短缺和损坏，账款、账实是否相符的一种方法。

(7)顺查法　顺查法是按照账务处理顺序从原始凭证到记账凭证，从凭证到账簿，从账簿到报表依次进行检查的一种方法。

(8)逆查法　逆查法是按照账务处理顺序倒过来，即由报表到账簿、再到凭证依次进行检查的一种方法。

以上会计检查的不同方法，企业应根据自己的实际情况有选择配合使用。

4.会计核算方法的构成

会计核算方法是指对会计对象进行连续系统、全面、综合的确认、计量、记录和报告所采用的各种方法，是会计工作的基础和核心。基础会计主要涉及会计核算的方法。

会计核算方法是用来反映和监督会计对象的，由于会计对象的多样性和复杂性，就决定了用来对其进行反映和监督的会计核算方法不能采取单一的方法形式，而应该采用方法体系的模式，因此，会计核算方法由设置账户、复式记账、填制和审核会计凭证、登记账簿、成本计算、财产清查、和编制会计报表等具体方法构成。这七种方法构成了一个完整的、科学的方法体系。

二、会计核算方法

(一)会计核算具体方法

1.设置账户

设置账户是对会计核算和监督的具体内容进行科学分类，记录不同会计信息资料的一种专门方法。

因为企业会计对象中的经济活动多种多样，为了连续地、系统地、完整地反映复杂的经济业务，就必须对会计对象的内容进行科学的分类；为了对各种不同的内容分别进行反映和记录，会计上必须分别设置账户，以便取得经营管理所需要的各种不同性质的核算指标，以满足相关部门和人员的需要。

2.复式记账

复式记账是对每项经济业务，都要以相等的金额在两个或两个以上的相关联的账户中进行记录的一种专门方法。

采用复式记账方法，可以通过账户的对应关系如实、完整地记录经济业务引起资金增减活动的来龙去脉，全面反映和监督企业的经济活动过程；也便于查找记账中的过失错误和进行试算平衡。

3.填制和审核会计凭证

填制和审核凭证是指为了审查经济业务是否合法、合理，保证账簿记录正确，完整而采用的一种专门方法。

记账必须有根有据，这种根据就是会计凭证。会计凭证是记录经济业务，明确经济责任，作为记账依据的书面证明，是登记账簿的重要依据。正确填制和审核会计凭证，是核算和监督经济活动财务收支的基础，是做好会计工作的前提。只有填制并审核无误的凭证，才会使记账有真实可靠的依据。通过审核凭证还可以监督和检查各项财经纪律的执行情况。

4.登记账簿

登记账簿简称记账，是将记账凭证中所反映的经济业务分门别类地记入有关账户并在账簿上进行全面、连续、系统记录的方法。登记账簿是会计核算的主要方法。

登记账簿要以审核无误的会计凭证为依据，按照规定的会计科目开设账户，并将记账凭证中所反映的经济业务分别记入有关账户；以便为经济管理提供完整、系统的会计核算资料。账簿记录是重要的会计资料，是进行会计分析、会计检查的重要依据。

5.成本计算

成本计算是按照一定对象归集和分配生产经营过程中发生的各种费用，以便确定各该对象的总成本和单位成本的一种专门方法。

产品成本是综合反映企业生产经营活动的一项重要指标。正确地进行成本计算，可以考核生产经营过程的费用支出水平，同时又是确定企业盈亏和制定产品价格的基础。并为企业进行经营决策，提供重要数据。

6.财产清查

财产清查是指通过盘点实物，核对账目，以查明各项财产物资实有数额的一种专门方法。在财产清查中发现财产、资金账面数额与实存数额不符时，应及时调整账簿记录，使账面数额与实存数额保持一致，并查明账实不符的原因，明确责任。

通过财产清查，可以提高会计记录的正确性，保证账实相符。同时，还可以查明各项财产物资的保管和使用情况以及各种结算款项的执行情况，以便对积压或损毁的物资和逾期未收到的款项，及时采取措施，进行清理和加强对财产物资的管理。财产清查保证了会计核算资料的真实性和正确性。

7.编制财务报表

编制财务报表是以特定表格的形式，定期并总括地反映企业、行政事业单位的经济活动情况和结果的一种专门方法。会计报表主要以账簿中的记录为依据，经过一定形式的加工整理而产生一套完整的核算指标，用来考核、分析财务计划和预算执行情况以及编制下期财务和预算的重要依据。编制财务报表是提供会计信息的主要形式，是会计核算过程的最终结果和会计工作的总结。

会计信息使用者的需要归纳起来主要有两方面：在某一特定时期内，企业的经营成果和盈利能力；在某一特定日期，企业的财务状况。为此，企业的会计人员要对大量的经济业务进行确认、计量、记录、报告等，向会计信息使用者提供利润表和资产负债表等来满足其需要。

(二)会计核算方法之间的关系

会计核算各方法相互联系、相互配合，构成了一个完整的核算方法体系。在经济业务发生时，首先根据经济业务的内容取得或填制会计凭证并加以审核；同时按照会计科目对经济业务进行分类，并在账簿中开设账户，根据审核无误的记账凭证，运用复式记账法登记账簿；对生产经营过程中发生的各项费用，以及各种需要确定成本的经济业务进行成本计算，根据成本计算过程中的原始凭证，编制记账凭证并登记账簿；对凭证、账簿等会计记录进行财产清查，保证账簿记录的正确性；根据核实后的账簿资料编制财务报表。会计核算方法体系如图 1-4 所示。

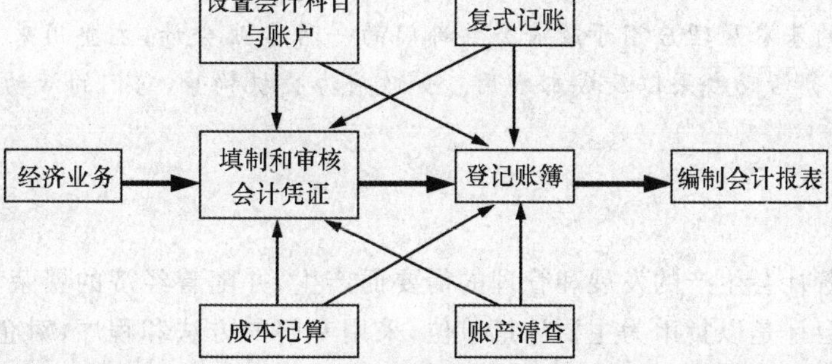

图 1-4　会计核算方法体系

（三）会计循环

从填制会计凭证到登记账簿，再根据账簿记录编制出财务报表，一个会计期间的会计核算工作即告结束，然后按照上述程序进入新的会计期间，如此循环往复，直至企业停业清算。设置账户、复式记账、填制和审核会计凭证、登记账簿、成本计算、财产清查和编制财务报告等七种会计核算方法相互配合、互为依存条件，构成了相互联系、相互配合的方法体系。其中，基本方法是填制和审核会计凭证、登记账簿、编制财务报表。这三种方法周而复始、循环往复，构成了人们一般所称的会计循环。

◆ 会计知识链接

会计的分类

（一）按会计信息的使用者分类

1. 财务会计——对外报告会计信息

财务会计是当代企业会计的一个重要组成部分。它是运用簿记系统的专门方法，以通用的会计原则为指导，对企业的生产经营过程进行反映和控制，旨在为所有者、债权人及其他利益相关者提供会计信息（财务状况、经营成果）的对外报告会计。

2. 管理会计——对内报告会计信息

管理会计的主要任务是向企业管理者提供内部经营管理和经营决策所需的会计信息，也有人称其为内部会计。它通过对财务会计信息的深加工和再利用，实现对经营过程的预测、决策、规划、控制和对经营者责任的考评。

（二）按会计所服务的领域分类

1. 企业会计（营利组织会计）

企业会计是服务于企业单位的会计，也称经营会计，主要反映企业的财务状况和经营者的经营业绩。它有其特定的会计对象和专门的会计方法，包括财务会计和成本会计等。

2. 非营利组织会计

非营利组织会计是服务于非营利组织（包括社会团体、基金会等）的会计（一般是指民间非营利组织，如各种志愿者协会等，但不包括公立非营利组织）。

3. 政府会计政府会计

是将会计学的基本原理应用于政府公共部门的一种专业会计，主要用来反映政府公共部门的财务状况、财务活动成果以及成本费用。如政府办公机构等，它们的活动资金主要来自于国家的财政预算。

◆ 项目小结

1. 会计是随着社会生产的发展和管理的需要而产生，并随着经济的繁荣和科学的进步而发展和完善的。会计是以货币为主要计量单位，采用专门的方法和程序，对企业、事业单位等的经济活动过程进行连续、系统、综合和全面的核算和监督，旨在提供经济信息和提高经济效益的一项管理活动，是经济管理的重要组成部分。

2. 会计的基本职能是核算和监督；会计对象是指会计核算和监督的内容。凡是特定主体能够以货币表现的经济活动，都是会计核算和监督的内容，也就是会计的对象。

3.会计的方法是履行会计职能、完成会计任务、达到会计目的手段。会计的方法包括会计核算的方法和会计检查与分析的方法。会计核算的方法是会计工作的基础和核心，包括设置账户、复式记账、填制和审核会计凭证、登记账簿、成本计算、财产清查和编制会计报表等。

4.会计核算的基础有权责发生制和收付实现制两种。《企业会计准则》规定“企业应当以权责发生制为基础进行会计确认、计量和报告”。我国的行政单位会计采用收付实现制，事业单位部分经济业务或者事项的核算采用权责发生制，除此之外的业务采用收付实现制。

5.会计核算的基本前提是指进行会计核算时必须明确的前提条件。包括会计主体，持续经营、会计分期和货币计量。

6.会计信息质量要求是对企业财务报告中所提供会计信息质量的基本要求，主要包括可靠性、相关性、可理解性、可比性、实质重于形式、重要性、谨慎性和及时性等。

◆ 知识拓展

人民币防伪

二维码 1-2　人民币防伪

复习思考题

1.会计职能有哪些？

2.会计核算方法包括哪些内容？

3.会计核算的基本前提有哪些？

4.会计信息质量要求主要包括哪些内容？

项目二　划分会计要素与构建会计等式

◆ 知识目标

☟认识会计要素的内涵和基本特征；

☟熟悉会计要素的分类；

☟掌握运用会计要素之间的关系式——会计等式。

◆ 技能目标

☟会运用会计要素对企业简单经济业务的内容进行分析、判断。

◆ 引导案例

2017 年 1 月份，大昌公司账面资料显示：公司银行存款 1 260 000 元，原材料 260 000 元，库存产品价值 96 000 元，从银行借款 1 200 000 元，应付 A 公司货款 320 000 元，接受 B 公司投入资金 800 000 元，现有机器设备价值 1 620 000 元等资料。请指出上述资料中哪些是大昌公司的资产？哪些是大昌公司的债务和投资人权益？

任务一　划分会计要素

一、会计要素

为了具体实施会计核算，必须对会计核算和监督的内容进行分类。会计要素是会计对象的具体构成因素，是对会计对象所做的最基本的分类，是构成会计报表的基本因素。

根据《企业会计准则——基本准则》的规定，会计要素分为六大类，即资产、负债、所有者权益、收入、费用和利润。其中，资产、负债和所有者权益三项会计要素表现资金运动的相对静止状态，既是反映企业财务状况的会计要素，也是资产负债表的基本要素。收入、费用和利润三项会计要素表现资金运动的显著变动状态，既是反映企业经营成果的会计要素，也是利润表的基本要素。

二、反映财务状况的会计要素

反映财务状况的会计要素：资产、负债、所有者权益，是资金运动的静态表现，是资产负债表的构成要素。

(一)资产

1.资产的含义及特征

资产是指企业过去的交易或者事项形成的，由企业拥有或者控制的，预期会给企业带来经济利益的资源。

具体来说，企业从事生产经营活动必须具备一定的物质资源，如货币资金、厂房场地、机器设备、原材料等，这些都是企业从事生产经营的物质基础，都属于企业的资产；此外，专利权、商标权等不具有实物形态，是有助于生产经营活动进行的无形资产；企业对其他单位的投资等也都属于资产。

作为会计要素的资产，应具备4个方面的特征。

(1)资产从本质上来说是一种经济资源，即可以作为要素投入到生产经营中去。如专利权、存货和固定资产等。

(2)资产是由过去的交易或事项形成，资产的成因是资产确认和计量的基础，将来的、尚未发生的事项的可能后果不能作为资产确认，同时也没有可靠的计量依据。例如，某企业与供货方签订购买合同，将在下月份购入一批材料，则该企业本月份不能将这批材料作为资产反映，因为该买卖行为尚未发生。所谓交易是指以货币为媒介的商品或劳务的交换，如购买等；而所谓的事项就是指没有实际发生货币交换的经济业务，如企业接受捐赠的物资等。

(3)资产必须为企业拥有或控制，拥有是指一项资源要作为企业资产予以确认，从法律意义上讲，企业应当拥有该项资源的所有权，可以按照自己的意愿使用或处置。控制是指该资源的法定所有权虽不归企业所有，但由企业实际支配使用，该项资产上的报酬和风险均已由本企业所承担，即企业能够自主地运用该项资源从事生产经营活动、谋求经济利益并承担相应风险的资源，也确认为企业的资产。例如，企业以融资租赁方式租入一台机器设备，租期10年；虽然从法律形式上讲，该企业并不拥有这台设备的所有权；但由于租赁合同中规定的租期相当长，接近于该设备的使用寿命；且租赁结束时该企业有优先购买这台设备的选择权，在租赁期内该企业有权支配设备的使用并从中受益；所以，从其经济实质来看，该企业能够控制其创造的未来经济利益；因此，在会计核算上也将这台设备列入该企业的资产。

(4)资产应该预期会给企业带来经济利益，就是说资产应该具有可以直接或者间接导致库存现金和现金等价物流入企业的潜力。企业的一些已经不能带来未来经济利益流入的项目，如已经无望收回的债权等都不能再作为资产来核算和呈报。

符合资产定义的资源，在同时满足以下条件时，才能确认为资产：

一是与该资源有关的经济利益很可能流入企业；

二是该资产的成本或价值能够可靠地计量。

2.资产的分类

资产按其流动性不同，分为流动资产和非流动资产。

(1)流动资产　指可以在1年内(包括1年)或超过1年的一个营业周期内变现或耗用的资产。主要包括库存现金、银行存款、交易性金融资产、应收及预付款项、存货等。其中，库存现金是指由企业出纳人员保管并存放在企业内部保险柜里的现钞；银行存款是指企业存放在银行的货币资金；应收及预付款项是指企业在日常生产经营过程中发生的各种债权，包括应收票据、应收账款、其他应收款和预付账款等；存货是指企业为生产或销售而储存的各种材料、在产品、半成品、产成品、商品等。所谓变现，就是转化为库存现金(货币资金)，例如，收回应收账款及预付款项、销售商品收回货款等；所谓耗用，指的是在生产经营过程中的消耗使用，例如，原材料被生产领用、固定资产在生产经营中的磨损等。

(2)非流动资产　指企业持有期限在1年或超过1年的一个营业周期以上才能变现或耗用的资产，包括长期股权投资、固定资产、无形资产和长期待摊费用等。其中，固定资产是指企业为生产产品、提供劳务、出售商品或经营管理而持有的，且使用期限超过1个会计年度的房屋、建筑物、机器设备、运输工具和其他与生产、经营有关的设备、器具、工具等，以及企业购置计算机硬件所附带的、未单独计价的软件。无形资产是指企业持有的、没有实物形态的非货币性长期资产。包括专利权、非专利技术、商标权、著作权、土地使用权等。长期待摊费用是指企业已经发生但应由本期和以后各期负担的分摊期限在1年以上的各项费用，如以经营租赁方式租入的固定资产发生的改良支出等。

(二)负债

1.负债的含义及特征

负债是指企业过去的交易或者事项形成的，预期会导致经济利益流出企业的现时义务。

作为会计要素的负债，应具备3个方面的特征。

(1)负债是由过去的交易或事项形成的。也就是说，导致负债的交易或事项必须已经发生，例如，企业赊购商品或劳务，会产生应付账款；接受银行贷款会产生还本付息的义务。只有源于已经发生的交易或事项，会计上才有可能确认为负债。对于企业正在筹划的未来交易或事项，如企业的业务计划等，并不构成企业的负债。

(2)负债的清偿预期会导致经济利益流出企业。负债通常是需要在未来某一时日用现金清偿，有时候也可以用商品、其他资产或者通过提供劳务来清偿。甚至还可以通过举借新债来清偿。但无论采取何种方式，都会导致经济利益流出企业。例如，企业赊购的材料，货款未付，该业务所形成的应付账款应确认为企业的负债，需要在未来某一时日通过交付现金或银行存款来清偿，从而引起未来经济利益流出企业。

(3)负债是企业承担的现时义务。现时义务是指企业在现行条件下已承担的义务，未来发生的交易或事项形成的义务，不属于现时义务。这里所指的义务可以是法定义务，也可以是推定义务。其中法定义务是指具有约束力的合同或者法律、法规规定的义务，一般在法律意义上需要强制执行，如企业按照税法规定应当交纳的税款的义务，向银行借入款项应到期偿还的义务；而推定义务是指根据企业多年来的习惯，公开地承诺或者公开宣布的政策而导致企业将承担的责任，这些责任也使有关各方形成了企业将履行义务解脱责任的合理预期，如销售家电企业多年来对销售业务制定的一项政策，即："对售出的家电类商品1个月内包换、1年保修、终身维修。"这项服务承诺属于推定义务，应将其确认为一项负债。

2.负债的分类

负债按其偿还期限不同，分为流动负债和长期负债。

(1)流动负债　流动负债是指将在1年内(含1年)或者超过1年的一个营业周期内偿还的债务。主要包括短期借款、应付票据、应付账款、预收账款、应付职工薪酬、应交税费、应付利息、应付股利、其他应付款等。

(2)长期负债　长期负债是指偿还期限在1年或超过1年的一个营业周期以上的债务，包括长期借款、应付债券和长期应付款等。

(三)所有者权益

1.所有者权益的含义及特征

所有者权益是指企业的资产减去全部负债后由所有者享有的剩余权益，即企业的净资产，公司的所有者权益又称为股东权益，包括实收资本(或者股本)、资本公积、盈余公积和未分配利润。盈余公积和未分配利润又统称为留存收益。

所有者权益具有下列特征：

(1)除非发生减资、清算，企业不需要偿还所有者权益；

(2)企业清算时，只有在清偿所有的负债后，所有者权益才返还给所有者，即是一种剩余权益；

(3)所有者凭借所有者权益能够参与利润的分配。

所有者权益的确认，主要取决于资产、负债等要素的确认。

2.所有者权益的分类

(1)实收资本　实收资本是投资者以库存现金、实物、无形资产以及其他方式实际投入企业经营活动的各种财产物资，是企业所有者权益构成的主体，可以分为国家资本金、法人资本金、个人资本金和外商资本金。股份有限公司称为"股本"。

(2)资本公积　资本公积是企业收到投资者出资额超出其在企业注册资本所占份额，以及直接计入所有者权益的利得和损失等。资本公积包括资本溢价(股本溢价)和直接计入所有者权益的利得和损失等。资本公积只能用于转增资本，不能用于弥补亏损。

(3)盈余公积　盈余公积是指企业按照规定从净利润中提取的各种积累资金，分为法定盈余公积与任意盈余公积。盈余公积既可以用于弥补亏损，也可以用于转增资本。

(4)未分配利润　未分配利润是指税后利润经提取公积金、向所有者分配利润后的余额，可以留待以后年度进行分配。如果企业发生亏损，则为未弥补亏损，可以按规定由以后连续5年内的税前利润进行弥补。

3.所有者权益与负债的区别

从会计要素的角度来看，债权人对企业资产的要求权即为债权人权益，所有者对企业资产的要求权即为所有者权益，因此，可以将负债与所有者权益统称为权益。所有者权益和负债都是对企业的要求权，但又存在着明显的区别。

(1)对象不同　负债是对债权人负担的经济责任；所有者权益是对投资人负担的经济责任。

(2)性质不同　负债是在经营或其他事项中发生的债务，是债权对其债务的权利；所有者权益是对投入的资本及其运用所产生的盈余(或亏损)的权利。

(3)偿还期限不同　负债必须于一定时期(特定日期或确定的时期)偿还；所有者权益一般只有在企业解散清算时(除按法律程序减资外)，其破产财产在偿付了破产费用、债权人的债务等以后，如有剩余财产，才可能还给投资者。在企业持续经营的情况下，一般不能收回投资。

（4）享受的权利不同　债权人只享有收回债务本金和利息的权利，而无权参与企业收益分配；所有者在某些情况下，除了可以获得利益外，还可参与企业的经营管理。

从会计核算角度看，不同组织形式的企业，在对资产、负债、收入、费用和利润的会计核算中一般并无区别，但在所有者权益的核算上却差别很大。尤其是公司制企业中的股份有限公司对其所有者权益的核算，由于涉及每个股东、债权人以及其他利益相关人的利益，往往在法律上规定得比较详细，如我国公司法对公司制企业的股票发行、转让、利润的分配、减资等均做了比较详细的规定。

三、反映经营成果的会计要素

反映经营成果的会计要素：收入、费用和利润，是资金运动的动态表现，是利润表的构成要素。

（一）收入

1. 收入的含义及特征

收入是指企业在日常活动中形成的、会导致所有者权益增加的、与所有者投入资本无关的经济利益的总流入。

作为会计要素的收入，应具备4个方面的特征。

（1）收入是企业的日常活动中产生的经济利益流入，而不是从偶发的交易或事项中产生的。日常活动是指企业为完成其经营目标所从事的经常性活动以及与之相关的活动，如工业企业制造并销售商品、商业企业销售商品、运输公司提供运输服务、租赁公司出租资产等，均属于企业的日常活动。明确日常活动是为了区分收入与利得的关系，企业因非日常活动所形成的经济利益的流入不能确认为收入，而应确认为利得，如企业将不再需要的固定资产用于对外出售，由于出售该固定资产的交易与企业日常活动没有直接的关系，将其出售的净收益不能作为收入确认，而应当确认为利得。

（2）收入会导致企业所有者权益的增加。收入的取得可能表现为企业资产的增加或负债的减少，或者资产增加和负债减少两者兼而有之，最终将导致企业所有者权益的增加。如销售时收到的现金、赊销时产生的债权、以商品抵偿债务等。

（3）收入是与所有者投入无关的经济利益的总流入。也就是说并非所有的经济利益的流入都是收入，如所有者投入资本也会导致经济利益流入企业，但应计入所有者权益，而不能确认为收入。

（4）收入只包括本企业经济利益的流入，不包括为第三方或客户代收的款项，如代收增值税、代销款。

2. 收入的分类

（1）收入按其性质的不同，可以分为销售商品收入，提供劳务收入和让渡资产使用权收入。销售商品收入是指企业通过销售商品实现的收入；提供劳务收入是指企业通过提供各种劳务服务所获得的收入，如咨询、代理等；让渡资产使用收入是指企业通过让渡资产使用权实现的收入，如利息收入和使用费收入等。

（2）收入按企业经营业务的主次不同，分为主营业务收入和其他业务收入。

主营业务收入是指企业从事基本营业活动所取得的收入，如制造业企业销售产品所取得的收入。

其他业务收入是指企业除主营业务收入以外的其他业务活动所取得的收入，如制造业企业材料销售收入、包装物出租的租金收入、和出租固定资产等取得的收入。

(二)费用

1.费用的含义及特征

费用是指企业在日常活动中发生的、会导致所有者权益减少的、与向所有者分配利润无关的经济利益的总流出。

作为会计要素的费用，应具备3方面的特征。

(1)费用是在企业日常活动中发生。将费用界定为日常活动所形成的，是为了将费用与损失相区分。如在偶发的交易或事项中发生的支出，如罚款支出、捐赠支出等，虽然会使企业经济利益流出，但由于不属于企业的日常活动，所以不属于费用的范畴，而属于企业的损失。

(2)费用会导致所有者权益的减少。费用既可能表现为资产的减少，如减少现金、原材料等；也可能表现为负债的增加，如增加应交税费、应付职工薪酬等。在一般情况下发生的费用总是为了获取一定时期的收入，因此费用应从本期收入中得到补偿，所以费用的发生一定会导致企业所有者权益的减少。

(3)费用会引起企业经济利益的总流出。费用具体表现为资产的减少或负债的增加，或者两者兼而有之。不会导致所有者权益减少的经济利益流出不能确认为费用。如企业偿还一笔欠款，会导致经济利益流出企业，但负债同时也减少，不会导致所有者权益的减少，所以不能确认为费用。

费用的特征是为取得收入而付出的代价，因此费用一定要与收入配比才能确定。不是为取得收入而形成的各类资产的减少或负债的增加，不属于费用的范围。

2.费用的分类

费用按是否计入成本可分为计入成本的费用和计入损益的费用。

(1)计入成本的费用，也称生产费用，按计入方式可分为直接费用和间接费用。

①直接费用，是指直接为生产产品或提供劳务而发生的费用，包括直接材料、直接人工和其他直接费用。直接费用直接计入生产成本。

②间接费用，是指企业各生产单位(分厂、车间)为组织和管理生产所发生的共同费用，又称制造费用，如生产车间为组织和管理生产所发生的各项费用，包括车间管理人员的工资、车间固定资产的折旧费等。间接费用月末经过分配转入生产成本。

(2)计入损益的费用，是指不计入生产成本，而在发生的会计期间直接计入当期损益的费用，又称期间费用，包括销售费用、管理费用和财务费用；企业行政管理部门为组织和管理生产经营活动而发生的管理费用；为筹集资金而发生的财务费用；以及为销售商品而发生的销售费用。由于期间费用不参与成本计算，所以期间费用应直接计入当期损益。

(三)利润

1.利润的含义及特征

利润是指企业在一定会计期间的经营成果，包括企业生产经营过程中全部收入减去全部费用后的净额、直接计入利润的利得和损失。

直接计入利润的利得和损失，是指非日常活动形成计入当期损益的、会导致所有者权益发生增减变动的、与所有者投入资本或者向所有者分配利润无关的利得或损失。

作为会计要素的利润，有3个方面的特征：

一是利润是收入和费用两个会计要素相互配比的结果。当某一会计期间的收入大于费用时，表现为企业盈利，反之则表现为企业亏损。

二是利润的形成会导致所有者权益发生增减变动，盈利的发生会使所有者权益的增加，而亏损的发生则会造成所有者权益的减少。

三是我国企业会计准则界定的利润，是广义上的收入与狭义上费用相抵后的差额。

2.利润的分类

利润分为营业利润、利润总额和净利润。

营业利润是指营业收入减去营业成本、税金及附加、期间费用（包括销售费用、管理费用和财务费用）、资产减值损失，加上公允价值变动净收益、投资净收益、资产处置净收益、其他收益后的金额。

利润总额是指营业利润加上营业外收入，减去营业外支出后的金额。

净利润是指利润总额减去所得税费用后的金额。

利润的确认主要依赖于收入和费用以及本期利得和损失的确认，其金额的确定也主要取决于收入、费用、利得、损失金额的计量。

二、会计要素的计量

会计计量是为了将符合条件的会计要素登记入账，并列报于财务报表而确定其金额的过程。企业应当按照规定的会计计量属性进行计量，确定其金额。计量属性是指予以计量的某一要素的特性方面，如桌子的长度、铁矿的重量、楼房的高度等。从会计角度，计量属性反映的是会计要素金额的确定基础，主要包括历史成本、重置成本、可变现净值、现值和公允价值等。根据我国会计准则的规定，企业对会计要素计量时，一般应当采用历史成本。在某些情况下，为了提高会计信息质量，实现财务报告目标，企业会计准则允许采用重置成本、可变现净值、现值、公允价值计量的，应当保证所确定的会计要素金额能够取得并可靠计量。

1.历史成本

历史成本，又称为实际成本。就是取得或制造某项财产物资时所实际支付的现金或者其他等价物。在历史成本计量下，资产按照其购置时支付的现金或者现金等价物的金额，或者按照购置资产时所付出的对价的公允价值计量。负债按照其因承担现时义务而实际支付的款项或者资产的金额，或者承担现时义务的合同金额，或者按照日常活动中为偿还负债预期需要支付的现金或者现金等价物的金额计量。

在采用历史成本的情况下，要求对企业的资产、负债、所有者权益等项目的计量应当基于经济业务的实际交易成本，而不考虑随后市场价格变化的影响。如企业购入一台设备作为固定资产使用，在取得该固定资产时以实际支付的价款作为其入账价值。

2.重置成本

重置成本又称现行成本，是指按照当前市场条件，重新取得同样一项资产所需支付的现金或现金等价物金额。在重置成本计量下，资产按照现在购买相同或者相似资产所需支付的现金或者现金等价物的金额计量。负债按照现在偿付该项债务所需支付的现金或者现金等价物的金额计量。

一般情况下，重置成本可以分为复原重置成本和更新重置成本。重置成本一般在资产评估中使用。

3. 可变现净值

可变现净值是指在正常生产经营过程中以预计售价减去进一步加工成本和销售所必须的预计税金、费用后的净值。在可变现净值计量下，资产按照其正常对外销售所能收到现金或者现金等价物的金额扣减该资产至完工时估计将要发生的成本、估计的销售费用以及相关税金后的金额计量。

可变现净值通常应用于存货资产减值情况下的后续计量，是在不考虑货币时间价值的情况下，以资产在正常使用过程中可能带来的预期现金流入的金额对资产进行计量。

4. 现值

现值是指对某一资产的未来现金流量以恰当的折现率进行折现后的价值，是考虑货币时间价值因素的一种计量属性。在现值计量下，资产按照预计从其持续使用和最终处置中所产生的未来净现金流入量的折现金额计量。负债按照预计期限内需要偿还的未来净现金流出量的折现金额计量。

现值通常应用于非流动资产可收回金额和以摊余成本计量的金融资产价值的确定等方面。相对于可变现净值，现值计量考虑了货币时间价值因素的影响。

5. 公允价值

公允价值是指在公平交易中，熟悉情况的交易双方自愿进行资产交换或者债务清偿的金额。在公允价值计量下，资产和负债按照在公平交易中，熟悉情况的交易双方自愿进行资产交换或者债务清偿的金额计量。

公允价值计量主要应用于交易性金融资产、可供出售金额资产的计量等方面，相对于历史成本计量，公允价值计量所提供的会计信息具有更高的相关性。

任务二　构建会计等式

一、会计要素之间的关系

企业在一定时期内获得的经营成果能够对资产和所有者权益产生影响，如果收入大于费用时，企业就实现了利润，所有者权益将增加；反之，企业就发生了亏损所有者权益将会减少。收入可以导致企业资产的增加或负债的减少，最终导致所有者权益增加；费用可以导致企业资产的减少或负债的增加，最终导致所有者权益减少。因此，企业在会计期间内的任一时点上，即未结账之前，资产＝负债＋所有者权益＋(收入－费用)；或者：资产＋费用＝负债＋所有者权益＋收入，到了会计期末，企业将收入与费用相抵减，计算出利润(或亏损)，并按规定的程序进行分配，剩余的又全部归入所有者权益项目，这样在会计期末结账后，会计等式又恢复会计期初的形式，即：资产＝负债＋所有者权益。

上述等式将会计的六大要素有机地结合起来，完整地反映了企业的资金运动过程，揭示了资产负债表要素和利润表要素内部及其相互之间的联系和依存关系。

二、会计等式

会计等式，又称会计方程式或会计恒等式，是指会计要素之间的基本数量关系的表达式。会计等式是对会计要素的性质及相互之间的内在经济关系所做的概括和科学的表达，是正确地设置账户、复式记账、试算平衡和设计与编制会计报表的重要理论依据。从实质上看，会计等式揭示了会计主体的产权关系、基本财务状况和经营成果。

1. 资产＝负债＋所有者权益

企业进行正常的生产经营活动，必须拥有一定数量的、能满足其生产经营需要的经济资源即资产，作为从事生产经营的基础，如房屋、机器设备、原材料、货币资金等。这些资产的来源取决于两条渠道，一是所有者投入，二是举债借入，如银行借款。无论是所有者投入的资本，还是企业通过举债借入的资金，都体现了一定的经济关系，前者形成企业与投资者之间的投资与被投资的关系，归属于所有者权益，投资者对投入企业的资金视投资额的多少，按比例获取投资所得；后者形成企业与债权人之间的债权与债务的关系，归属于债权人权益（即企业的负债），债权人有权要求企业偿还债务并获取利息。这些对企业资产的要求权，在会计上总称为"权益"。资产与权益实际上是企业所拥有的经济资源在同一时点上所表现的不同形式。资产表明的是资源在企业存在、分布的形态，而权益则表明了资源取得和形成的渠道。有一定的资产，同时就有一定的权益；反之，有一定的权益，同时就有一定的资产。从数量上看，在任何一个时点上，一个企业所拥有或控制的资产总额必定等于权益总额，这一基本平衡关系用公式表示如下：

资产＝权益　　(1)

资产总额反映了会计主体拥有的经济资源的总量，权益总额反映了有关方对资产总体的要求权的大小，而资产最初有两种获得方式：投资者投入和债权人借入，而这两种方式则使两方分别享有不同的权益，即投资人权益和债权人权益，因此，会计等式进一步表示为：

资产＝债权人权益＋所有者权益

站在会计主体的角度，债权人权益即会计主体对外的负债，所以又有：

资产＝负债＋所有者权益　　(2)

会计等式(1)和(2)为静态会计等式。

由于该等式是会计等式中最通用和最一般的形式，所以通常称为会计恒等式，它不仅反映了会计主体某一时点的资产、负债、所有者权益三要素之间在数量上的恒等关系，也是复式记账法、编制资产负债表的理论依据。人们提到会计等式时，一般仅指"资产＝负债＋所有者权益"这个反映企业财务状况的最基本的会计等式。

2. 收入－费用＝利润

企业的目标就是从生产经营过程中获取收入，实现盈利。企业在取得收入的同时，也必然会发生相应的费用。通过收入与费用的相互比较,会计主体才能确定一定时期的盈利水平,确定实现的利润总额。因此收入、费用和利润的关系用公式可表示为:

$$收入-费用=利润 \tag{3}$$

会计等式(3)为动态会计等式,是反映企业经营成果的会计等式。

这一等式反映了一定时期内收入、费用和利润三个会计要素之间的经济关系,及在一定时期内的企业经营成果的形成过程,因此,是企业的资金运动在一定时点上的动态平衡反映,也是编制利润表的依据。

3.资产+费用=负债+所有者权益+收入

由于收入和费用的发生将分别使资产流入和流出,利润则是资产流入和流出的结果,最终带来净资产的增加。因此,可将上述会计等式(1)和(2)综合表示为

$$资产=负债+所有者权益+利润$$

或
$$资产=负债+所有者权益+收入-费用$$

即
$$资产+费用=负债+所有者权益+收入 \tag{4}$$

会计等式(4)为动静结合的会计等式,是对六项会计要素之间的内在经济关系所做的全面综合表达,表示了企业在生产经营过程中的增值情况,所以,只在会计期间内而不在会计期末存在。这个等式表明,利润在分配前是归企业的。通过利润分配,一部分向投资者分配,另一部分则作为盈余公积或未分配利润留在企业(即留存收益),最后并入所有者权益。该会计等式在利润分配后又恢复到"资产=负债+所有者权益"。

三、经济业务对会计等式的影响

会计事项,是指企业在生产经营过程中发生的,能够用货币计量的,并能引起和影响会计要素发生增减变动的经济业务。会计事项是会计处理的具体对象。因此,不是会计事项的经济业务,不必进行会计处理,例如,企业编制财务成本计划,与外单位签订供销合同等。而属于会计事项的经济业务,必须进行会计处理。但是,一般所说的经济业务习惯上指的就是会计事项。

企业在生产经营过程中会不断发生各种经济业务,例如购买原材料、支付工资、销售商品、交纳税款、分配利润等,这些经济业务的发生必然会引起会计要素在数量上的增减变化。但是,无论发生什么经济业务,都不会破坏上述资产与负债和所有者权益之间的平衡关系。也就是说,任何经济业务的发生所引起的会计恒等式中各要素的增减变化,都不会破坏"资产=负债+所有者权益"的成立。

企业日常发生的经济业务虽然种类繁多,但归纳起来不外有以下4种类型:

第一,经济业务发生,引起资产项目之间发生此增彼减,增减金额相等,平衡关系不变。

第二,经济业务发生,引起权益项目之间发生此增彼减,增减金额相等,平衡关系不变。

第三,经济业务发生,引起资产与权益项目同时增加,双方增加的金额相等,平衡关系不变。

第四,经济业务发生,引起资产与权益项目同时减少,双方减少的金额相等,平衡关系不变。

以上4种经济业务类型可用图2-1表示。

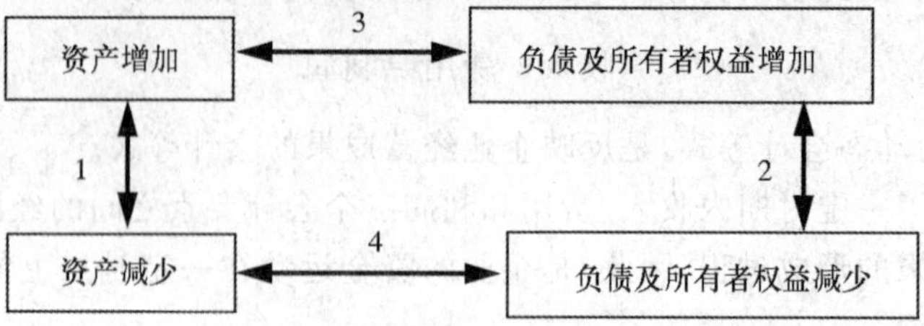

图2-1 经济业务类型

下面以银欣公司发生的经济业务为例进行说明。

例:银欣公司2017年7月31日资产、负债和所有者权益的有关项目的金额及平衡关系如表2-1所示。

表2-1 银欣公司资产、负债和所有者权益平衡表

2017年7月31日　　单位:元

资产	金额	负债及所有者权益	金额
银行存款	860 000	短期借款	200 000
应收账款	370 000	应付账款	270 000
原材料	310 000	应交税费	90 000
长期股权投资	200 000	实收资本	1 630 000
固定资产	550 000	资本公积	100 000
合计	2 290 000	合计	2 290 000

银欣公司2017年8月份发生下列经济业务:

(1)3日,用银行存款购进原材料60 000元。

这项经济业务的发生,引起资产项目之间此增彼减,一方面使公司资产项目原材料增加了60 000元;另一方面又使公司资产项目银行存款减少了60 000元,增减金额相等,这一增一减并未引起公司总资产金额发生变化。另外,这项经济业务没有涉及负债和所有者权益项目,不会引起权益总额发生变化。因此,这项经济业务的发生不会改变会计恒等式的平衡关系。

(2)8日,向银行借入短期借款200 000元,直接偿还应付账款。

这项经济业务的发生,引起负债及所有者权益项目之间此增彼减,一方面使公司负债项目短期借款增加了200 000元;另一方面又使公司负债项目应付账款减少了200 000元,增减金额相等。因此,并未引起公司负债和所有者权益总额发生变化。另外,这项经济业务没有涉及资产项目,不会引起资产总额发生变化,所以,这项经济业务的发生不会改变会计恒等式的平衡关系。

(3)18日,公司接受A公司投入的机器一台价值460 000元。

这项经济业务的发生,引起资产项目和负债与所有者权益项目同时增加,一方面使公司资产项目固定资产增加了460 000元,另一方面又使公司所有者权益项目实收资本增加了460 000元,双方增加的金额相等。因此,会计恒等式的平衡关系仍没有改变。

(4)25日,公司以银行存款上交本月应交的税费90 000元。

这项经济业务的发生，引起资产项目和负债与所有者权益项目同时减少；一方面使公司资产项目银行存款减少了 90 000 元，另一方面又使公司负债项目应交税费减少了 90 000 元，双方减少的金额相等。因此，会计恒等式的平衡关系仍没有改变。

以上经济业务的发生对"资产＝负债＋所有者权益"会计恒等式的影响如下：

期初资产总额 2 290 000＝期初(负债＋所有者权益)总额 2 290 000

(1)原材料	＋60 000	(2)短期借款	＋200 000
(1)银行存款	－60 000	(2)应付账款	－200 000
(3)固定资产	＋460 000	(3)实收资本	＋460 000
(4)银行存款	－90 000	(4)应交税费	－90 000

期末资产合计 2 660 000＝期末(负债＋所有者权益)合计 2 660 000

从上述列举的四项经济业务可以看出，银欣公司 2017 年 8 月份发生经济业务以后，资产仍然与负债和所有者权益保持着平衡关系。由此可以得出结论：任何一项经济业务的发生，无论引起会计要素发生什么样的增减变动，都不会改变会计等式的平衡关系。

将上述 4 种经济业务具体化，可表现为 9 种情况：

①资产项目此增彼减，增减金额相等，会计等式保持平衡；

②负债项目此增彼减，增减金额相等，会计等式保持平衡；

③所有者权益项目此增彼减，增减金额相等，会计等式保持平衡；

④资产项目和负债项目等额增加，会计等式保持平衡；

⑤资产项目和负债项目等额减少，会计等式保持平衡；

⑥资产项目和所有者权益项目等额增加，会计等式保持平衡；

⑦资产项目和所有者权益项目等额减少，会计等式保持平衡；

⑧负债项目增加，所有者权益项目减少，增减金额相等，会计等式保持平衡；

⑨负债项目减少，所有者权益项目增加，增减金额相等，会计等式保持平衡。

上述的举例证明了经济业务的发生虽然会导致资产和负债、所有者权益的增减变动，但资产和负债、所有者权益的平衡关系不会被打破。如果考虑收入、费用和利润要素的增减变动情况又会怎样呢？

如前所述，企业生产经营过程中取得的收入实质上是企业经济利益的流入，它将导致企业资产的增加，发生的费用将导致企业资产的减少。在会计期末，收入与费用相抵的差额即为利润或亏损，最终会导致所有者权益的增加或减少，因此，在会计期末，将利润或亏损归入所有者权益之后，上述公式可演变为：

资产＋费用＝负债＋所有者权益＋收入

或资产＝负债＋所有者权益＋收入－费用

资产＝负债＋所有者权益＋利润

资产＝负债＋所有者权益

下面通过举例可以说明，当企业发生有关收入和费用经济业务时，会计恒等式仍然成立。

(5)企业销售产品，收到销售收入价款 160 000 元，存入银行。

这项经济业务的发生，一方面使企业资产项目银行存款增加了 160 000 元，另一方面又使收入项目主营业务收入增加了 160 000 元，由于会计恒等式左右两方的资产和收入项目等额增加，所以，会计恒等式仍保持平衡。

(6)接供电部门通知，企业管理部门发生电费 3 600 元尚未支付。

这项经济业务的发生一方面使企业费用项目管理费用增加了 3 600 元，另一方面又使权益项目应付账款增加了 3 600 元，由于会计恒等式左右两方的费用和负债项目等额增加，所以会计恒等式仍保持平衡。

(7)以库存现金支付企业管理部门办公用品费 480 元。

这项经济业务的发生，一方面使企业费用项目管理费用增加了 480 元，另一方面又使资产项目库存现金减少了 480 元，由于会计恒等式左方的资产项目和费用项目等额此增彼减，相抵后为零，所以，会计恒等式仍保持平衡。

(8)企业用产品抵偿前欠光明公司的货款 79 000 元。

这项经济业务的发生，一方面使企业收入项目主营业务收入增加了 79 000 元，另一方面又使权益项目应付账款减少了 79 000 元，由于会计恒等式右方的收入项目和负债项目等额此增彼减，相抵后为零，所以，会计恒等式仍保持平衡。

从上例中可以看出，当企业发生有关收入和费用会计要素增减变动时，会计等式仍保持平衡关系。因此，"资产＝负债＋所有者权益"这一会计等式永远成立。它是设置会计科目与账户、复式记账和编制会计报表的理论依据，在会计实务中发挥着重要的作用。

◆ 会计知识链接

经济业务四种类型、九种业务

任何一项经济业务的发生，必然会引起"资产＝负债＋所有者权益"等式中各项会计要素的增减变动，归纳起来，共有四种类型、九种业务。

1. 资产和权益同增，增加的金额相等。

(1)一项资产和一项负债同增；

(2)一项资产和一项所有者权益同增。

2. 资产和权益同减，减少的金额相等。

(1)一项资产和一项负债同减；

(2)一项资产和一项所有者权益同减。

3. 资产内部有增有减，增减的金额相等。

4. 权益内部有增有减，增减的金额相等。

(1)一项负债减少，另一项负债增加；

(2)一项所有者权益减少，另一项所有者权益增加；

(3)一项负债减少，一项所有者权益增加；

(4)一项所有者权益减少，一项负债增加。

以上各种经济业务类型表明，经济业务的发生，不会破坏会计等式的平衡关系。

◆ 项目小结

1. 会计要素是指对会计对象所进行的基本分类，也是会计核算对象的具体化。我国《企业会计准则——基本准则》将会计要素分为六大类，即资产、负债、所有者权益、收入、费用和利润。

2.资产是指企业过去的交易或者事项形成的，由企业拥有或者控制的经济资源，该资源预期会给企业带来经济利益。它包括各种财产、债权和其他权利。资产按其流动性不同，分为流动资产和非流动资产。

3.负债是指企业过去的交易或者事项形成的预期会导致经济利益流出企业的现时义务。负债按其偿还期限不同，分为流动负债和长期负债。

4.所有者权益是指企业的投资人（即企业所有者）在企业资产中享有的经济利益，是企业的全部资产减去全部负债后的差额，即企业的净资产。所有者权益主要包括实收资本、资本公积、盈余公积和未分配利润。

5.收入是指企业在销售商品，提供劳务及让渡资产使用权等日常活动中形成的经济利益的总流入。收入按企业经营业务的主次不同，分为主营业务收入和其他业务收入。

6.费用是指企业为销售商品、提供劳务等日常活动中所发生的经济利益的总流出。费用按经济用途不同，分为应计入产品成本的费用和不应计入产品成本的费用。

7.利润是指企业在一定会计期间的经营成果，是企业生产经营过程中全部收入减去全部费用后的净额。利润包括营业利润、利润总额和净利润三部分。

8.会计恒等式是指表明各会计要素之间数量关系的恒等式。资产＝负债＋所有者权益。

◆ 知识拓展

人民币简介

二维码 2-1　人民币简介

复习思考题

1.什么是会计要素？

2.会计要素包括哪些内容？

3.会计要素之间有什么关系？

4.会计等式是否永远恒等？举例说明。

项目三　开设账户与复式记账

◆ 知识目标

☞能对企业简单经济业务进行分析，正确选取会计科目；

☞认识账户及其基本结构；

☞能运用借贷记账法编制会计分录；

☞能运用试算平衡原理编制试算平衡表。

◆ 技能目标

☞能对总分类账户与明细分类账户进行平行登记。

◆ 引导案例

某公司 8 月份业务资料列示：6 日以存款 20 000 元购入原材料一批，8 日购入机器设备一批价值 60 000 元，10 日公司从开户银行提取现金 2 000 元，12 日生产产品领用原材料一批计 120 000 元，26 日公司出售产品一批计 260 000 元，款项已存入银行；28 日公司以现金支付办公用品费 600 元。

上述经济业务中应设置哪些会计科目及账户？怎样进行账务处理？

任务一　设置会计科目

一、会计科目的概念

为了全面、系统地反映和监督企业发生的各项经济活动，分门别类地为经济管理提供会计信息，就需要设置会计科目。通过设置会计科目，对会计要素的具体内容进行科学分类，可以为会计信息的使用者提供科学的、详细的分类指标体系。因此，会计科目是指对会计对象的具体内容在按照会计要素分类的基础上进一步分类的项目。

设置会计科目，是正确填制会计凭证、运用复式记账、登记账簿和编制会计报表的基础。

二、设置会计科目的原则

会计科目的设置取决于企业的管理要求、管理水平、规模大小、业务繁简。既不要过于复杂烦琐，增加不必要的工作量，又不要过于简单粗糙，使各项会计要素混淆不清，不能满足会计信息使用者的需要，会计科目一经确定，应保持相对稳定。

在我国，会计科目必须根据企业会计准则，并按照国家统一会计制度的要求设置和使用。

为了更好地进行会计核算，满足经济管理对会计核算资料提供的要求，设置会计科目时应遵循以下原则。

1.全面系统性原则

任何一个会计主体设置的会计科目，必须能够全面、系统地反映会计对象的具体内容，不得有任何遗漏。

2.结合会计要素特点原则

设置会计科目，必须对会计要素的具体内容进行科学分类，以便分门别类地反映和监督各项经济业务。各单位应结合本单位经济活动的特点来确定应设置的会计科目。例如，制造业应设置“生产成本”“制造费用”会计科目，用以核算和监督制造业产品的生产过程，而商品流通企业则不设置这样的科目。

3.符合会计目标要求原则

财务会计的目标是提供有用的会计信息，满足与企业有经济利益关系的各方面了解企业财务状况和经营成果的需要，满足企业内部加强经营管理的需要。例如，企业的盈亏情况是会计信息使用者非常关心的。为此，必须设置“主营业务收入”“主营业务成本”“管理费用”“财务费用”“本年利润”等科目，用于反映盈亏的形成。为了反映企业实际拥有的资本金情况，则需要设置“实收资本”科目。

4.简明易懂原则

每个会计科目都有特定的核算内容，其名称要含义明确，通俗易懂，便于开设和运用账户，不能将不同特征的资料记入同一科目；每一个会计科目所核算的范围和内容必须有明确的界定，其名称要具有概括性。

5.统一性和灵活性相结合原则

目前会计科目(一级科目)由财政部统一制定颁布，但企业可根据自身规模的大小、业务的繁简程度等自行增设、减少或合并某些会计科目。例如制造业可增设“备用金”等会计科目。

6.适应性和稳定性相结合原则

为了便于不同时期会计资料的分析对比，会计科目的设置应保持相对稳定。同时会计科目的设置，又要有一定的前瞻性，需要根据社会经济环境的变化，及时予以修改和完善。

三、会计科目的分类

会计科目是对会计要素按其经济内容所做的进一步分类。每一个会计科目都明确反映特定的经济内容，但各个会计科目并非彼此孤立，而是互相联系、互相补充地组成一个完整的会计科目体系。为了正确地掌握和运用会计科目，可对会计科目进行适当的分类。

1.会计科目按经济内容分类

会计科目按经济内容分类是主要的、基本的分类。工业企业的会计科目按其所反映的经济内容，可以划分为六大类：资产类、负债类、共同类、所有者权益类、成本类和损益类六大类会计科目，其具体划分可参见表3-1。

根据财政部统一制定的《企业会计准则》，对企业应用的会计科目及其核算内容做出了规定，企业应按规定设置和使用会计科目。总分类科目由财政部统一制定，明细分类科目除会计制度规定设置的以外，企业可根据会计核算和管理的实际需要增设、分拆、合并某些会计科目。将企业一些常用的会计科目列表如表3-1所示。

表 3-1 会计科目表

顺序	编号	会计科目名称	顺序	编号	会计科目名称
一、资产类			37	1606	固定资产清理
1	1001	库存资金	38	1701	无形资产
2	1002	银行存款	39	1702	累计摊销
3	1012	其他货币资金	40	1703	无形资产减值准备
4	1101	交易性金融资产	41	1711	商誉
5	1121	应收票据	42	1801	长期待摊费用
6	1122	应收账款	43	1811	递延所得税资产
7	1123	预付账款	44	1901	待处理财产损溢
8	1131	应收股利	二、负债类		
9	1132	应收利息	45	2001	短期借款
10	1221	其他应收款	46	2101	交易性金融负债
11	1231	坏账准备	47	2201	应付票据
12	1321	代理业务资产	48	2202	应付账款
13	1401	材料采购	49	2203	预收账款
14	1402	在途物资	50	2211	应付职工薪酬
15	1403	原材料	51	2221	应交税费
16	1404	材料成本差异	52	2231	应付利息
17	1405	库存商品	53	2232	应付股利
18	1406	发出商品	54	2241	其他应付款
19	1407	商品进销差价	55	2314	代理业务负债
20	1408	委托加工物资	56	2401	递延收益
21	1411	周转材料	57	2501	长期借款
22	1461	融资租赁资产	58	2502	应付债券
23	1471	存货跌价准备	59	2701	长期应付款
24	1501	持有至到期投资	60	2702	未确认融资费用
25	1502	持有至到期投资减值准备	61	2711	专项应付款
26	1503	可供出售金融资产	62	2801	预计负债
27	1511	长期股权投资	63	2901	递延所得税负债
28	1512	长期股权投资减值准备	三、共同类		
29	1521	投资性房地产	64	3101	衍生工具
30	1531	长期应收款	65	3201	套期工具
31	1532	未实现融资收益	66	3202	被套期项目
32	1601	固定资产	四、所有者权益类		
33	1602	累计折旧	67	4001	实收资本
34	1603	固定资产减值准备	68	4002	资本公积
35	1604	在建工程	69	4101	盈余公积
36	1605	工程物资	70	4103	本年利润

续表 3-1

顺序	编号	会计科目名称	顺序	编号	会计科目名称
71	4104	利润分配	81	6301	营业外收入
72	4201	库存股	82	6401	主营业务成本
五、成本类			83	6402	其他业务成本
73	5001	生产成本	84	6405	税金及附加
74	5101	制造费用	85	6601	销售费用
75	5201	劳务成本	86	6602	管理费用
76	5301	研发支出	87	6603	财务费用
六、损益类			88	6701	资产减值损失
77	6001	主营业务收入	89	6711	营业外支出
78	6051	其他业务收入	90	6801	所得税费用
79	6101	公允价值变动损益	91	6901	以前年度损益调整
80	6111	投资收益			

为了便于填制会计凭证、登记账簿、查阅账目和实行会计电算化，会计科目表统一规定了会计科目的编号。

总分类科目采取“四位数制”编号：千位数码代表会计科目按会计要素区分的类别，如“1”为资产类会计科目，“2”为负债类会计科目，“3”为共同类会计科目，“4”为所有者权益类会计科目，“5”为成本类会计科目，“6”为损益类会计科目；百位数码代表每大类会计科目下的较为详细的类别；十位和个位数码一般代表会计科目的顺序号。

为了便于增加和建立某些会计科目，科目编号留有空号，企业不应随意打乱重编。企业在填制会计凭证、登记账簿时，应当填列会计科目的名称，或者同时填列会计科目的名称和编号，不应只填科目编号不填科目名称。

2. 会计科目按提供指标的详细程度分类

会计科目按提供核算指标的详细程度，可以分为总分类科目和明细分类科目。

(1)总分类科目　也称一级科目或总账科目，是对会计要素具体内容进行总括分类，提供总括核算指标的会计科目。如表 3-1 所列的会计科目都是总分类科目，总分类科目由财政部统一制定颁布。

(2)明细分类科目　也称明细科目、细目，是对总分类科目进一步分类、提供更详细、具体核算指标的会计科目。明细分类科目的设置，除制度已有规定外，各单位可根据实际情况和经营管理的需要自行设置。

如果某一总分类科目下面设置的明细分类科目较多，可增设二级科目(也称子目)。二级科目是介于总分类科目与明细分类科目之间的科目，它提供的核算指标要比总分类科目详细，但又比明细分类科目概括。

下面以“原材料”“库存商品”为例，说明它们之间的相互关系如表 3-2 所示。

表 3-2 总分类科目与明细分类科目的关系

总分类科目（一级科目）	明细分类科目	
	二级科目（子目）	三级科目（细目）
原材料	主要材料	甲材料
		乙材料
	辅助材料	调味料
		食用油
库存商品	日用品	毛巾
		香皂
	服装	男装
		女装

总分类科目和明细分类科目的关系：总分类账户是所属明细分类账户的综合，对所属的明细分类账户起着统驭、控制的作用；明细分类账户是其所属总分类账户的具体化，对其所属总分类账户起着补充说明的作用，二者结合起来就能既概括又详细地反映同一经济业务的核算内容。

任务二 开设账户

一、账户的结构

（一）开设账户的必要性

会计科目只是规定了对会计要素具体内容进行分类核算的项目或名称，还不能进行具体的会计核算，不能反映经济业务发生所引起的会计要素各项目的增减变动情况和结果。为了全面、系统、连续、序时地记录由于经济业务发生而引起的会计要素增减变动，提供各种会计信息，还必须根据规定的会计科目在账簿中开设账户。

账户是根据会计科目设置的，具有一定格式和结构，用于连续、系统、分类记录和反映会计要素增减变动情况及其结果的一种专门工具。每个账户都有一个名称，在账簿中拥有一定的账页，具有规定的账页格式。账户的设置与会计科目的分类密切相关，即根据总分类科目开设总分类账户，根据明细分类科目开设明细分类账户。由于总分类账户提供的是总括核算指标，因而一般用货币计量；明细分类账户提供的是明细分类核算指标，因而除用货币计量外，还有的用实物计量（件、千克等）。

（二）账户的基本结构

设置账户是会计核算的一种专门方法。账户是用来连续系统地记录经济业务的载体，经济业务虽然复杂多样，但所引起的各项会计要素的变动，只有增加和减少两种情况，因此，用来分类记录经济业务的账户，在结构上也相应地分为两个基本部分，即账户结构分为左方、右方两个方向，一方登记增加数，另一方登记减少数；用以分类记录各项会计要素增加和减少的数额；同时，为了反映其增减变化的结果，账户还需要设置反映结余数的部分。这样，账户的基本结构由“增加栏”、“减少栏”和“余额栏”三部分构成。这一基本结构，不论企业在实际工作中所使用的账户具体格式如何，总是一样的。

所谓账户的结构，是指在账户中如何记录经济业务所引起的各项会计要素的增减变动情况及结果，即增加记何方，减少记何方，余额在何方。账户不但要有明确的核算内容，而且要有一定的结构。

对于一个完整的账户而言，除了必须有反映增加数、减少数和余额外，还应包括其他栏目，反映其他相关内容。一般来说，一个完整的账户结构应包括下列内容：

(1)账户名称(会计科目)；

(2)日期(用以记录经济业务发生的日期)；

(3)凭证编号(表明账户记录所依据的凭证)；

(4)经济业务摘要(概括说明经济业务的内容)；

(5)增加额、减少额(说明经济业务的数量)；

(6)余额(包括期初余额和期末余额)。

账户一般格式如表 3-3 所示。

表 3-3　账户名称(会计科目)

年		凭证编号	摘要	增加金额	减少金额	余额
月	日					

为便于说明问题，可将账户的核心部分简化为“T”字形，只保留左右两方，其他略去，将余额写在下方，其简化式账户结构如图 3-1 所示。

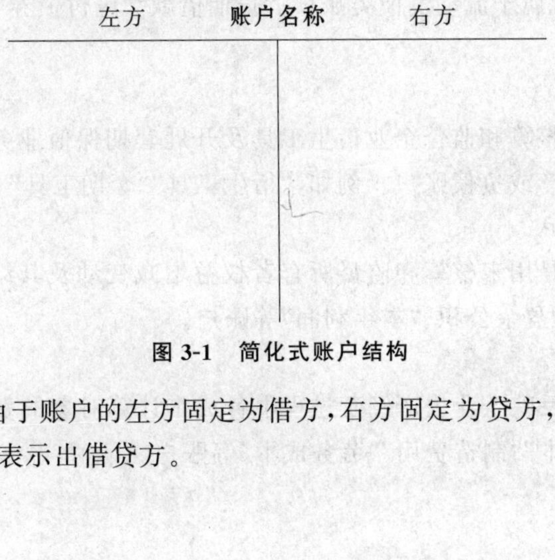

图 3-1　简化式账户结构

在借贷记账法下，由于账户的左方固定为借方，右方固定为贷方，所以，T 形账户不标“借方”和“贷方”，也能明确表示出借贷方。

账户的左方和右方分别记录增加额和减少额。增减相抵的差额即为余额。因此，每个账户一般有四个金额要素，即期初余额、本期增加发生额、本期减少发生额和期末余额。本期增加发生额和本期减少发生额是指在一定的会计期间内，账户在左右两方分别登记的增加额合计和减少额合计。本期增加发生额和本期减少发生额相抵后的差额即为本期的期末余额。如果将本期的期末余额转入下一期，就是下一期的期初余额。每个账户的本期发生额反映的是该类经济业务内容在本期内变动的情况，而余额则反映变动的结果。正常情况下，账户四项金额要素的基本关系可以用下列等式来表示：

期末余额＝期初余额＋本期增加发生额－本期减少发生额

账户的左右两方是按相反方向来记录增加额和减少额的，也就是说，如果在账户左方记录增加额，则在账户右方记录减少额；反之，如果在账户右方记录增加额，则在账户左方记录减少额。在每一个具体账户的左右两方中，究竟哪一方记录增加额，哪一方记录减少额，取决于账户的结构或性质和账户所记录的经济业务内容。账户的余额一般与账户记录增加额在同一方向。

二、账户的分类

(一)账户按所反映的经济内容分类

根据账户所反映的经济内容不同，账户可分为资产类账户、负债类账户、共同类账户、所有者权益类账户、成本类账户和损益类账户六大类。

1.资产类账户

资产类账户是指用来核算和监督企业各种资产增减变动及其结存情况的账户。按照资产的流动性，又可分为流动资产类账户和非流动资产类账户。例如："库存现金""原材料""周转材料"等账户就属于流动资产类账户；"长期股权投资""固定资产""无形资产""长期待摊费用"等账户就属于非流动资产类账户。

2.负债类账户

负债类账户是用来核算和监督企业各种负债的增减变动及其结存情况的账户。按负债偿还期限的长短不同，又可分为流动负债类账户和长期负债类账户。例如："短期借款""应付账款""应交税费"等账户就属于流动负债类账户；"长期借款""应付债券""长期应付款"等账户就属于长期负债类账户。

3.共同类账户

共同类账户是用来核算和监督企业衍生工具及开展套期保值业务套期工具、被套期项目公允价值变动形成的资产或负债账户。例如，"衍生工具""套期工具""被套期项目"等账户。

4.所有者权益类账户

所有者权益类账户是用来核算和监督所有者权益增减变动及其结存情况的账户。例如，"实收资本""资本公积""盈余公积""本年利润"等账户。

5.成本类账户

成本类账户是用来反映企业生产经营过程中各成本计算对象的费用归集，成本计算情况的账户。例如："生产成本""制造费用""劳务成本"等账户。

6. 损益类账户

损益类账户是用来反映企业应直接计入当期损益的各项收入和费用的账户。例如:“主营业务收入”“其他业务收入”“营业外收入”“管理费用”“销售费用”等账户。

(二)账户按提供指标的详细程度分类

由于账户是根据会计科目设置的,同会计科目的分类相对应,因此,账户也分为总分类账户和明细分类账户。

1. 总分类账户

总分类账户是指根据总分类科目设置的,用于对会计要素具体内容进行总括分类核算的账户,简称总账账户或一级账户。例如,“银行存款”“无形资产”账户等都是总分类账户。

2. 明细分类账户

明细分类账户是指根据明细分类科目设置的,用于对会计要素具体内容进行明细分类核算的账户,简称明细账户或二级、三级账户。例如,“应收账款”账户下设的“A 公司”和“B 公司”;“库存商品”账户下设的“甲产品”和“乙产品”等都是明细分类账户。

◆ 会计知识链接

双重性质账户的判断

1. 在借贷记账法下,可以设置双重性质账户,并根据其余额方向判断该账户性质(　　)。

A. 正确　　B. 错误

2. 下列账户中,属于双重性质账户的是(　　)。

A. 预收账款　　B. 应收账款　　C. 预付账款　　D. 应付账款

3. 具有双重性质的结算账户,到底属于资产类还是负债类,可根据(　　)的方向来判断。

A. 平均发生额　　B. 借方发生额　　C. 贷方发生额　　D. 期末余额

4. 某企业“应收账款”有关明细账借方余额为 160 000 元,贷方余额为 70 000 元,在资产负债表中,“应收账款”项目数额应为(　　)元。

A. 160 000　　B. 90 000　　C. 159 500　　D. 89 500

【参考答案】

1. A

2. ABCD

3. D

4. A

三、会计科目与账户的关系

账户和会计科目两个既有一定区别又有密切联系。

其共同点是:会计科目和账户都是按照相同的经济内容来设置的,都是对会计对象的具体内容在按照会计要素分类的基础上所做的进一步分类,账户是根据会计科目开设的。会计科目的名称就是账户的名称(两者的名称相同)。会计科目规定的核算内容就是账户应记录和反映的经济内容(反映的经济内容相同)。在实际工作中,会计人员往往把会计科目与账户通常不加以严格的区别,而是相互通用的。

会计科目和账户的区别是:会计科目是按经济内容对会计要素所做的分类;账户则是在会计科目所做分类的基础上,对经济业务内容进行全面、连续、系统记录的工具。因此,会计科目只是个名称,只能表明某项经济内容,不存在格式和结构。而账户必须具备一定的格式和结构,以便记录和反映某项经济内容的增减变动及其结果。

任务三 选用复式记账法

一、记账方法概述

记账是会计核算的基本工作,记账方法是会计核算方法的一个重要组成部分。

记账方法是指在账户中记录经济业务所采用的方法。按记录方式的不同,分为单式记账法和复式记账法。复式记账法是由单式记账法发展而来的。

(一)单式记账法

单式记账法是最早出现的一种记账方法。它是指对发生的每一项经济业务,一般只用一个账户做出单方面计量与记录,而对与此相联系的另一方面不予反映的一种记账方法。是一种比较简单,不完整的记账方法。

采用这种方法,一般只反映现金和银行存款的收付业务,以及应收、应付账款等债权、债务方面发生的经济业务事项。如以银行存款支付 2 000 元购买原材料,只在“银行存款”账户中记录减少 2 000 元,而对银行存款减少的去向,则不通过有关账户进行记录。由于这种记账方法未能形成一套完整的账户体系,账户之间也不能形成相互对应的关系,不能全面、系统地反映经济业务发生而引起的会计要素增减变动及其结果,不能反映经济业务的来龙去脉,不便于检查账户记录的正确性,因此,这种方法已经在 15 世纪中叶被复式记账法取而代之。

(二)复式记账法

复式记账法是指对发生的每一项经济业务,都以相等的金额,在相互联系的两个或两个以上账户中进行记录的记账方法。例如,用银行存款 2 000 元购买原材料。按照复式记账法的要求,必须以相等的金额,一方面要在“银行存款”账户中记录银行存款减少了 2 000 元,另一方面还要在“原材料”账户中记录原材料增加了 2 000 元。

1. 复式记账法的特点

与单式记账法相比较,复式记账法有两个明显的特点:

(1)对于每一项经济业务,都要在两个或两个以上相互关联的账户中进行全面登记。因此,通过账户记录不仅可以全面、清晰地反映出经济业务的来龙去脉,而且还能通过会计要素的增减变动,全面、系统地反映经济活动的过程和结果。

(2)由于每项经济业务发生后,都以相等的金额在有关账户中进行记录,因而便于核对账户记录,进行试算平衡,保证账户记录的正确性。

每一项经济业务的发生都是资金运动的一个具体过程，这个过程有起点和终点两个方面，只有将这两个方面所表现的资金从何处来又到何处去进行双重记录，才能完整地反映出每一具体的资金运动过程的来龙去脉。

复式记账法以会计等式“资产＝负债＋所有者权益”为理论依据。每一项经济业务的发生，都会引起会计要素各有关项目的增减变化，由于双重记录所登记的是同一资金运动的两个方面，其金额必然相等。

会计平衡等式是复式记账的基础，复式记账是会计平衡等式不断实现新的平衡的保证。

2.复式记账法的分类

在西方国家，历史上只有一种复式记账法，就是“借贷记账法”。我国过去曾采用的复式记账方法主要有：借贷记账法、增减记账法和收付记账法。借贷记账法是世界各国普遍采用的一种复式记账方法。我国《企业会计准则——基本准则》中明确规定我国统一采用借贷记账法。

增减记账法是以“增”“减”为记账符号，以“资金占用＝资金来源”为理论基础，直接反映经济业务所引起的会计要素增减变化的一种复式记账方法。是我国实务中一种特有的记账方法，曾在我国商业系统全面推行。

收付记账法是指以“收”“付”作为记账符号，反映经济业务所引起会计要素增减变动的一种记账方法。这种记账方法被我国行政事业单位预算会计长期使用。收付记账法按其记账主体不同分为资金收付记账法、财产收付记账法和现金收付记账法。

借贷记账法是以“借”和“贷”作为记账符号，在两个或两个以上相互联系的账户中，对每一项经济业务以相等的金额全面进行记录的一种复式记账方法。

3.复式记账法的基本内容

复式记账法一般由记账符号、账户设置、记账规则和试算平衡四个相互联系的基本内容所组成。各种复式记账法之间的区别，主要表现在这四个方面有所不同。

(1)记账符号　采用复式记账法，对所设立的账户都要规定记账方向。表示记账方向的记号，就是记账符号。记账符号是区分各种复式记账法的最重要的标志，如以“借”“贷”作为记账符号的复式记账法称为借贷记账法；以“增”“减”作为记账符号的复式记账法称为增减记账法；以“收”“付”作为记账符号的复式记账法称为收付记账法。

(2)账户设置　要进行复式记账，首先必须设置会计科目，然后根据会计科目开立账户，以便把发生的每一项经济业务登记到相关的账户中去。然而，不同的复式记账法对账户设置的要求也不相同。

(3)记账规则　任何一种记账方法，都必须规定适用于登记各种类型经济业务的、科学的记账规则。严格按照记账规则记账，才能保证记账内容的一致。不同的复式记账法有不同的记账规则，其中，借贷记账法的记账规则是：“有借必有贷，借贷必相等。”

(4)试算平衡　采用复式记账法，要求每笔经济业务都要以相等的金额在两个或两个以上相互联系的账户中进行登记，这样就保证了会计记录的平衡关系。如果发生不平衡现象，就表明记账出现了差错。试算平衡可以用公式表示，通过公式对会计记录的结果进行试算，以检查会计记录的正确性。不同的复式记账法，所采用的试算平衡公式也不一样。其中，借贷记账法采用“本期发生额平衡法”和“余额平衡法”进行试算。

二、借贷记账法

(一)借贷记账法的概念

借贷记账法起源于13世纪的意大利。“借”“贷”的含义,最初是从借贷资本家角度来解释的,用来表示债权和债务的增减变动。借贷资本家对于借进的款项,记在贷主名下,表示自身的债务增加;对于贷出的款项,则记在借主名下,表示自身的债权增加。这样,“借”“贷”两字分别表示债权、债务的变化。

随着社会经济的发展,经济活动的内容日益复杂,记录的经济业务不再局限于货币资金的借贷,而且扩展到财产物资的增减变化。即对非货币资金的借贷,也要求用“借”“贷”两字记录其增减变动情况,以求账簿记录的统一。这样,“借”“贷”两字逐渐失去了原来的字面含义,而演变成纯粹的记账符号,成为会计上的专业术语,用来反映资产的存在形态和权益的增减变化,用来标明记账方向。

借贷记账法是建立在“资产=负债+所有者权益”会计等式的基础上,以“借”“贷”作为记账符号,以“有借必有贷,借贷必相等”作为记账规则,反映会计要素增减变动情况的一种复式记账方法。

(二)借贷记账法的内容

1.借贷记账法的记账符号

记账符号是指用来表示经济业务的增减变动和记账方向而规定使用的符号。

(1)“借”和“贷”是抽象的记账符号　借贷记账法是以“借”和“贷”作为记账符号,用以指明记账的增减方向、账户之间的对应关系和账户余额的性质等。而与这两个文字的字义及其在会计史上的最初含义无关,不可望文生义。“借”和“贷”是会计的专门术语,并已经成为通用的国际商业语言。

(2)“借”和“贷”所表示的增减含义　“借”和“贷”作为记账符号,都具有增加和减少的双重含义。“借”和“贷”何时表示增加,何时表示减少,必须结合账户的具体性质才能准确说明。

2.借贷记账法下的账户结构

在借贷记账法下,账户的基本结构是:左方为借方,右方为贷方。但哪一方登记增加,哪一方登记减少,则要根据账户反映的经济内容的性质决定。不同性质的账户,其结构是不同的,同类性质的科目,其结构是相同的。按照会计等式“资产+费用=负债+所有者权益+收入”,把账户分为两类性质不同的账户,即资产(包括费用)类和负债及所有者权益(包括收入)类两大类别。处于等式左边的资产和费用账户属于一类,反映资金的去向,其借方记录增加,贷方记录减少。处于等式右边的负债、所有者权益和收入账户为一类,反映的是资金的来源,其借方记录减少,贷方记录增加。余额一般在登记增加的一方。每一类账户的结构具体如下:

(1)资产类账户结构　资产类账户,借方登记资产的增加额,贷方登记资产的减少额,余额在借方,表示各项资产的实有数额。

资产类账户的发生额与余额之间的关系用公式表示如下:

期末借方余额=期初借方余额+本期借方发生额合计-本期贷方发生额合计

上期的期末余额就是本期的期初余额。

资产类账户的基本结构如图 3-2 所示。

借方	资产类账户　　　贷方
期初余额×××	
本期增加额×××	本期减少额×××
本期发生额合计×××	本期发生额合计×××
期末余额×××	

图 3-2　资产类账户结构

(2)负债及所有者权益类账户结构　负债及所有者权益类账户，贷方登记其增加额，借方登记其减少额，余额在贷方，表示负债及所有者权益的实际数额。

该类账户的发生额与余额之间的关系用公式表示如下：

期末贷方余额＝期初贷方余额＋本期贷方发生额合计－本期借方发生额合计

负债及所有者权益类账户的基本结构如图 3-3 所示。

借方　　　负债及所有者权益类账户	贷方
	期初余额×××
本期减少额×××	本期增加额×××
本期发生额合计×××	本期发生额合计×××
	期末余额×××

图 3-3　负债及所有者权益类账户结构

(3)成本类账户结构　成本类账户的结构与资产类账户的结构基本相同，账户的借方登记其增加额，贷方登记其减少额或转出额。会计期末，如已发生的所有成本均已转出，则期末没有余额，如尚有一部分成本没转出，则会出现借方余额，表示期末在产品的成本数额。如果有余额，则一定为借方余额。

成本类账户基本结构如图 3-4 所示。

成本类账户

借方	贷方
期初余额×××	
本期增加额×××	本期减少额×××
本期发生额合计×××	本期发生额合计×××
期末余额×××	

图 3-4　成本类账户结构

(4)收入类账户结构　收入类账户的结构与负债及所有者权益类账户结构基本相同,账户的贷方登记增加额,借方登记其减少额或转销额。但与权益类会计科目不同的是,收入是企业在一定会计期间取得的经营业绩,不应留存到下一个会计期间,应当在当期予以结转,所以期末要将全部余额转入“本年利润”科目的贷方,以便结算本期利润,因此,收入类账户期末无余额。

收入类账户的基本结构如图 3-5 所示。

收入类账户

借方	贷方
本期减少额或转销额 ×××	本期增加额 ×××
本期发生额合计×××	本期发生额合计×××

图 3-5　收入类账户结构

(5)费用类账户结构　费用类账户的结构与资产、成本类账户的结构基本相同,账户的借方登记其增加额,贷方登记其减少额或转销额,同样,期末要将全部余额转入“本年利润”科目的借方,以便结算本期利润,因此,费用类账户期末无余额。

费用类账户的基本结构如图 3-6 所示。

费用类账户

借方	贷方
本期增加额×××	本期减少额或转销额 ×××
本期发生额合计×××	本期发生额合计×××

图 3-6　费用类账户结构

需要特别注意:由于“借”“贷”记账符号对会计等式两边的会计要素规定了增减相反的含义,因此,可以设置既具有资产性质,又具有负债性质的双重性质的账户。比如,“应收账款”和

“预收账款”可以合并为一个账户,“应付账款”和“预付账款”也可以合并为一个账户。双重性质账户的性质不是固定的,应根据账户余额的方向来判断。如果余额在借方就是资产类账户,如果余额在贷方就是权益类账户。具有双重性质的账户只是少数,绝大多数账户的性质仍是固定的。

根据以上对各类账户结构的说明,可以将账户借方和贷方所记录的经济内容加以归纳,如表 3-4 所示。

表 3-4 借贷记账法下各类账户的基本结构

账户类别	借方	贷方	余额方向
资产类	增加	减少	借方
负债类	减少	增加	贷方
所有者权益类	减少	增加	贷方
收入类	减少(或转销)	增加	无余额
成本类	增加	减少(或转销)	若有余额在借方
费用类	增加	减少(或转销)	无余额

3.借贷记账法的记账规则

(1)记账规则的原理　借贷记账法的记账规则,概括地说就是:“有借必有贷,借贷必相等”。借贷记账法的记账规则是根据以下两个方面的原理来确定的。

①根据复式记账的原理,对每一项经济业务都必须以相等的金额在两个或两个以上相互联系的账户中进行登记。

②根据借贷记账法账户结构的原理,对每一项经济业务涉及金额的增减都必须以相反的方向进行登记。

因此,借贷记账法要求对每一项经济业务都要按借贷相反的方向,以相等的金额,在两个或两个以上相互联系的账户中进行登记。也就是说,对每一项经济业务,都要在记入一个账户借方的同时,记一个或几个账户的贷方;或者在记入一个账户贷方的同时,记入另一个或几个账户的借方。而且记入借方的金额必须等于记入贷方的金额。

(2)记账规则的步骤　在运用借贷记账法的记账规则登记经济业务时,一般应按以下三个步骤进行:

①应分析经济业务中所涉及的账户名称,并判断出账户的性质;

②应根据上述分析,确定该项经济业务所涉及的账户的金额是增加还是减少;

③根据账户的结构确定应记入相关账户的借方或贷方,以及各账户应记入的金额。

下面以 M 公司 2017 年 6 月份发生的部分经济业务为例来说明借贷记账法的记账规则。

【例 3-1】6 月 5 日 M 公司从银行取得短期借款 100 000 元,存入银行。

这项经济业务的发生,一方面使公司的资产项目——银行存款增加了 100 000 元,另一方面使公司的负债项目——短期借款增加了 100 000 元。因此,这项经济业务涉及“银行存款”和“短期借款”两个账户。根据账户的性质与结构判断,“银行存款”账户应记入借方,同时,“短期借款”账户记入贷方。其登记结果如图 3-7 所示。

借	银行存款	贷
100 000		

借	短期借款	贷
		100 000

图 3-7　经济业务“T”形账户登记图

【例 3-2】6 月 8 日 M 公司接受甲公司投入资本 500 000 元，存入银行。

这项经济业务的发生，一方面使公司的资产项目——银行存款增加了 500 000 元，另一方面使公司的所有者权益项目——实收资本增加了 500 000 元。因此，这项经济业务涉及“银行存款“和”实收资本“两个账户。根据账户的性质与结构判断，“银行存款”账户应记入借方，同时，“实收资本”账户应记入贷方。其登记结果如图 3-8 所示。

借	银行存款	贷
500 000		

借	实收资本	贷
		500 000

图 3-8　经济业务“T”形账户登记图

【例 3-3】6 月 12 日 M 公司开出转账支票偿还前欠乙公司的购货款 150 000 元。

这项经济业务的发生，一方面使公司的资产项目——银行存款减少了 150 000 元，另一方使公司的负债项目——应付账款减少了 150 000 元。因此，这项经济业务涉及“银行存款”和“应付账款”两个账户。根据账户的性质与结构判断，“应付账款”账户应记入借方，同时“银行存款”账户应记入贷方。

其登记结果如图 3-9 所示。

借	应付账款	贷
150 000		

借	银行存款	贷
		150 000

图 3-9　经济业务“T”形账户登记图

【例 3-4】6 月 15 日 M 公司从银行提取库存现金 6 000 元，备用。

这项经济业务的发生，一方面使公司的资产项目——库存现金增加了 6 000 元，另一方面使公司的资产项目——银行存款减少了 6 000 元。因此，这项经济业务涉及“库存现金”和“银行存款”两个账户。根据账户的性质与结构判断，“库存现金”账户应记入借方，同时“银行存款”账户应记入贷方。其登记结果如图 3-10 所示。

借　库存现金	贷
6 000	

借　银行存款	贷
	6 000

图 3-10　经济业务“T”形账户登记图

【例 3-5】6 月 20 日 M 公司接到银行通知，已从公司存款账户支付行政管理部门耗用的水电费 4 680 元。

这项经济业务的发生，一方面使公司的费用项目——管理费用增加了 4 680 元，另一方面使公司的资产项目——银行存款减少了 4 680 元。因此，这项经济业务涉及“管理费用”和“银行存款”两个账户。根据账户的性质与结构判断，“管理费用”账户应记入借方，同时，“银行存款”账户应记入贷方。其登记结果如图 3-11 所示。

借　管理费用	贷
4 680	

借　银行存款	贷
	4 680

图 3-11　经济业务“T”形账户登记图

【例 3-6】6 月 28 日 M 公司销售产品取得销售收入 90 000 元，款项尚未收到(不考虑交纳的增值税)。

这项经济业务的发生，一方面使公司的资产项目——应收账款增加了 90 000 元，另一方面使公司的收入项目——主营业务收入增加了 90 000 元。因此，这项经济业务涉及“应收账款”和“主营业务收入”两个账户。根据账户的性质与结构判断，“应收账款”账户应记入借方，同时，“主营业务收入”账户应记入贷方。其登记结果如图 3-12 所示。

借　应收账款	贷
90 000	

借　主营业务收入	贷
	90 000

图 3-12　经济业务“T”形账户登记图

通过上述经济业务的账务处理可以看出，在借贷记账法下，不论发生哪种类型的经济业务，记入账户总是遵循“有借必有贷，借贷必相等”的记账规则。

4.账户对应关系和会计分录

(1)账户对应关系　在运用借贷记账法时，根据借贷记账法的记账规则对每项经济业务都要在两个或两个以上的账户中进行登记，于是在有关账户之间便形成了应借、应贷的关系，我们把账户之间应借、应贷的相互关系，叫作账户对应关系，把存在这种对应关系的账户称为对应账户。例如，企业用银行存款 60 000 元购买原材料。对这项经济业务要分别在“原材料”账户的借方和“银行存款”账户的贷方进行登记，这样，“原材料”和“银行存款”账户之间就发生了相互对应关系，两个账户就互为对应账户。

通过账户的对应关系，可以了解经济业务的内容，检查账务处理是否正确，发生的经济业务是否合理、合法。

(2)会计分录　记账凭证中最主要的内容是会计分录。

为了保证账户对应关系的正确性，登记账户前应先根据经济业务所涉及的账户及其借贷方向和金额编制会计分录，据以登记账户。所谓会计分录，就是指对某项经济业务应记入账户的名称、借贷方向和增减金额多少的记录(会计分录构成的三个要素)，简称分录。会计分录的书写格式是“借”在上，“贷”在下，每一个会计科目各占一行，“借”“贷”前后错位表示。会计分录是记账凭证的简化形式，有时也被称为“记账公式”，传统教学均采用这种形式。

编制会计分录时，应遵循以下基本步骤：

第一，分析这项经济业务涉及的是资产、成本、费用，还是负债、所有者权益、收入；

第二，确定涉及哪些账户，是增加还是减少；

第三，根据账户的性质和结构，确定记入哪个账户的借方，哪个账户的贷方；

第四，根据借贷记账法的记账规则，确定应借、应贷账户是否正确，借贷方金额是否相等。

根据会计分录所涉及账户数量的多少，可将会计分录分为简单会计分录和复合会计分录两种。简单会计分录是指仅涉及一个账户借方和另一个账户贷方的会计分录，即一借一贷的会计分录。

以前面 M 公司 6 月份发生的 6 笔经济业务为例，编制简单会计分录如下：

【例 3-1】借：银行存款　　100 000
　　贷：短期借款　　100 000

该笔分录的含义是：“银行存款”账簿登记在借方 100 000 元，表示增加；“短期借款”账簿登记在贷方 100 000 元，表示增加。

【例 3-2】借：银行存款　　500 000
　　贷：实收资本　　500 000

该笔分录的含义是：“银行存款”账簿登记在借方 500 000 元，表示增加；“实收资本”账簿登记在贷方 500 000 元，表示增加。

【例 3-3】借：应付账款　　150 000
　　贷：银行存款　　150 000

该笔分录的含义是：“应付账款”账簿登记在借方 150 000 元，表示减少；“银行存款”账簿登记在贷方 150 000 元，表示减少。

【例 3-4】借：库存现金　　6 000
　　贷：银行存款　　6 000

该笔分录的含义是：“库存现金”账簿登记在借方 6 000 元，表示增加；“银行存款”账簿登记在贷方 6 000 元,表示减少。

【例 3-5】借:管理费用　　4 680

　　　　贷:银行存款　　4 680

该笔分录的含义是:“管理费用”账簿登记在借方 4 680 元,表示增加;“银行存款”账簿登记在贷方 4 680 元,表示减少。

【例 3-6】借:应收账款　　90 000

　　　　贷:主营业务收入　　90 000

该笔分录的含义是:“应收账款”账簿登记在借方 90 000 元,表示增加;“主营业务收入”账簿登记在贷方 90 000 元,表示增加。

复合会计分录是指涉及三个或三个以上账户的会计分录,即一借多贷,多借一贷和多借多贷的会计分录。

【例 3-7】6 月 30 日 M 公司生产产品领用原材料 20 000 元,车间一般耗用材料 2 000 元,销售部门领用原材料 1 000 元。编制会计分录为:

借:生产成本　　20 000

　制造费用　　2 000

　销售费用　　1 000

　贷:原材料　　23 000

这项经济业务的发生,一方面,因材料出库使企业的资产项目——原材料减少 23 000 元,应记入“原材料”账户的贷方;另一方面,使企业有关的费用增加了 23 000 元,其中:一是用于产品生产所耗用的材料使费用项目——生产成本增加 20 000 元,记入“生产成本”账户的借方;二是用于车间一般耗用的材料使企业费用项目——制造费用增加 2 000 元,记入“制造费用”账户的借方;三是用于销售耗用的材料使企业费用项目——销售费用增加 1 000 元,记入“销售费用”账户的借方。

【例 3-7】就是一笔复合会计分录,它是由三个借方账户与一个贷方账户相对应组成的。实际上复合会计分录是由几笔简单会计分录组成的。因而可将其分解为若干笔简单会计分录。如【例 3-7】的复合会计分录可分解为以下三笔简单会计分录:

(1)借:生产成本　　20 000

　　贷:原材料　　20 000

(2)借:制造费用　　2 000

　　贷:原材料　　2 000

(3)借:销售费用　　1 000

　　贷:原材料　　1 000

编制复合会计分录既可以集中某项经济业务的全面情况,又可以简化记账工作,提高会计工作效率,但不允许把反映不同类型经济业务合并编制“多借多贷”的复合会计分录。

5. 借贷记账法的试算平衡

企业在日常会计记录中可能会发生错记、重记、漏记的情况,从而影响到账户之间的平衡,为了检查本期会计分录过入总分类账户后借、贷双方金额是否相等,有无错记、漏记或重复记账的情况发生,必须进行试算平衡。

(1)试算平衡的含义　试算平衡是指根据“资产＝负债＋所有者权益”的恒等关系和借贷记账法的记账规则，在某一时日(如会计期末)，将所有账户的本期发生额和期末余额进行汇总，以检查和验证所有账户记录是否正确的一种方法。在借贷记账法下，根据复式记账的基本原理，试算平衡的方法主要有两种：本期发生额试算平衡法和余额试算平衡法。

(2)试算平衡的方法

①本期发生额试算平衡法　本期发生额试算平衡法，是指将全部账户的本期借方发生额和本期贷方发生额分别加总后，利用“有借必有贷、借贷必相等”的记账规则来检验本期发生额账务处理正确性的一种试算平衡方法，其试算平衡公式如下：

全部账户本期借方发生额合计＝全部账户本期贷方发生额合计

本期发生额试算平衡法的基本原理是：在平时编制会计分录时，都是“有借必有贷，借贷必相等”，将其记入有关账户经汇总后，也必然是“借贷必相等”。

本期发生额平衡法用来检查本期发生经济业务在进行各种账务处理时的正确性。

②余额试算平衡法　余额试算平衡法是指在会计期末，账户余额在借方的全部数额和在贷方的全部数额分别加总后，利用“资产＝负债＋所有者权益”的平衡原理来检验会计处理正确性的一种试算平衡方法。其试算平衡公式如下：

全部账户的期初(期末)借方余额合计＝全部账户的期初(期末)贷方余额合计

余额试算平衡法的基本原理是：在借贷记账法下，资产账户的期末余额在借方，负债和所有者权益账户的期末余额在贷方，由于存在“资产＝负债＋所有者权益”的平衡关系，所以全部账户的借方期末余额合计数应当等于全部账户的贷方期末余额合计数。余额平衡法主要是通过各种账户余额来检查、推断账务处理的正确性。

现根据M公司相关资料及例3-1至例3-7的会计分录经过账后，编制试算平衡表如表3-5所示。

表3-5　试算平衡表

编制单位：M公司　　　　2017年6月　　　　单位：元

账户名称	期初余额		本期发生额		期末余额	
	借方	贷方	借方	贷方	借方	贷方
库存现金	2 000		6 000		8 000	
银行存款	68 000		600 000	160 680	507 320	
应收账款	80 000		90 000		170 000	
原材料	150 000			23 000	127 000	
长期股权投资	60 000				60 000	
固定资产	300 000				300 000	
短期借款		50 000		100 000		150 000
应付账款		170 000	150 000			20 000
应交税费		80 000				80 000
实收资本		300 000		500 000		800 000

续表 3-5

账户名称	期初余额		本期发生额		期末余额	
	借方	贷方	借方	贷方	借方	贷方
资本公积		60 000				60 000
生产成本			20 000		20 000	
制造费用			2 000		2 000	
管理费用			4 680		4 680	
销售费用			1 000		1 000	
主营业务收入				90 000		90 000
合　计	660 000	660 000	873 680	873 680	1 200 000	1 200 000

在编制试算平衡表时，通常应注意以下几个方面：

第一，必须保证所有账户的余额都已记入试算平衡表，并计算正确；

第二，如果试算平衡表中借贷金额不相等，可以肯定账户记录有错误，应认真查找原因，直到实现平衡为止；

第三，试算平衡表即使“期初余额”、“本期发生额”和“期末余额”都已平衡，也不能说明账户记录绝对正确（即如果试算不平衡，说明账户的记录肯定有错；如果试算平衡，说明账户的记录基本正确，但不一定完全正确），因为，有些账户记录错误并不会影响借贷双方的平衡关系。例如：①某项经济业务记错了账户，如应当记入“库存现金”账户的而误记入“银行存款”账户，借贷仍保持平衡；②漏记某项经济业务，会使本期借贷双方的发生额等额减少，借贷仍保持平衡；③重记某项经济业务，会使本期借贷双方的发生额等额增加，借贷仍保持平衡；④某项经济业务在账户记录中颠倒了记账方向，借贷仍保持平衡；⑤借方或贷方发生额中，偶尔发生多记和少记并相互抵消，借贷方仍保持平衡。

尽管某项经济业务在有关账户中被重记、漏记或记错了账户等错误，并不能通过试算平衡来发现；但试算平衡仍是检查账户记录是否正确的一种有效方法。

6. 借贷记账法的优点

（1）科学地运用了“借”和“贷”的记账符号，充分地体现出资金运动的来龙去脉这一对立统一关系，记账方法体系科学严密。

（2）“有借必有贷，借贷必相等”的记账规则，应用起来十分方便。在编制每笔会计分录时，都能清晰地看出账户之间的对应关系，便于及时检查会计记录的正确性，从而为进一步的会计处理奠定了良好的基础。

（3）由于每笔会计分录中借贷平衡，为日常会计处理自检和期末试算平衡提供方便。

◆ 会计知识链接

会计综合等式与借贷记账法的关系

凡是等式左侧的，借方登记增加，贷方登记减少，如果有余额通常是借方性质；

凡是等式右侧的，贷方登记增加，借方登记减少，如果有余额通常是贷方性质。

资产	费用	负债	所有者权益	收入
借方	贷方	借方		贷方
增加	减少	减少		增加

资产	费用	负债	所有者权益	收入
1.库存现金	1.生产成本	1.短期借款	1.实收资本	1.主营业务收入
2.银行存款	2.制造费用	2.应付票据	2.资本公积	2.其他业务收入
3.应收账款	3.主营业务成本	3.应付账款	3.盈余公积	3.投资收益
4.坏账准备	4.其他业务成本	4.预收账款	4.本年利润	4.营业外收入
5.应收票据	5.税金及附加	5.应付职工薪酬	5.利润分配	
6.预付账款	6.销售费用	6.应交税费		
7.其他应收款	7.管理费用	7.应付利息		
8.在途物资	8.财务费用	8.应付股利(利润)		
9.原材料	9.资产减值损失	9.其他应付款		
10.库存商品	10.营业外支出	10.长期借款		
11.固定资产	11.所得税费用			
12.累计折旧				
13.无形资产				
14.累计摊销				

三、总分类账户与明细分类账户及其平行登记

(一)总分类账户和明细分类账户的关系

总分类账户是指根据总分类科目设置的,用于对会计要素具体内容进行总括分类核算的账户;明细分类账户是指根据明细分类科目设置的,用于对会计要素具体内容进行明细分类核算。这就表明,总分类账户与明细分类账户是既有内在联系又有区别的两类账户。

1.总分类账户对其所属的明细分类账户起着总括控制的作用

总分类账户提供的总括核算资料是对有关明细分类账户资料的综合;明细分类账户所提供的明细核算资料是对其总分类账户资料的具体化。因此,总分类账户对其所属的明细分类账户起着统驭控制作用。

2.明细分类账户对其归属的总分类账户则起着补充说明的作用

总分类账户是对会计要素各项目增减变化的总括反映,提供总括的资料,而明细分类账户反映的是会计要素各项目增减变化的详细情况,提供了某一具体方面的详细资料,有些明细分类账户还可以提供实物数量指标和劳动量指标等。因此,明细分类账户对总分类账户具有补充说明的作用。

3.总分类账户与其所属明细分类账户在总金额上应当相等

由于总分类账户与其所属明细分类账户是根据相同的依据来进行登记,所反映的经济内

容是相同的，其金额必然相等，如“原材料”总分类账户与其所属的“燃料”“辅助材料”等明细分类账户都是反映了单位原材料的收发结存情况，因此，“原材料”总分类账户的金额与其所属的“燃料”“辅助材料”等明细分类账户的总金额应当相等。

两者所提供的核算资料相互补充，既提供总括核算指标，又提供详细核算指标，从不同的角度反映相同的经济业务。

(二)总分类账户与明细分类账户的平行登记

1.平行登记的含义

总分类账户与明细分类账户在反映会计核算指标上具有统驭和从属的关系，但在登记账簿的方法上却具有平行的关系。即总分类账户和明细分类账户的记账依据相同，都是以会计凭证为依据；它们的记账程序相同，都是根据会计凭证分别在总分类账户和明细分类账户中各自独立地进行登记；它们的记账结果应核对相符。所以，总分类账户和明细分类账户必须进行平行登记。

平行登记是将每项经济业务，根据会计凭证的记载，既在总分类账户中登记，又在其所属的明细分类账户中登记，在这两类不同账户中所登记的方向一致、金额相等、结果相符。

2.平行登记的要点

其平行登记的要点主要包括以下4个方面。

(1)记账依据相同　对发生的每一项经济业务，应根据会计凭证，既要登记有关总分类账户，又要登记其所属明细分类账户(注意：本要点仅适用于“项目六登记会计账簿”中的记账凭证账务处理程序，而科目汇总表账务处理程序、汇总记账凭证账务处理程序不适用)。

(2)记账的方向相同　记入总分类账户和记入明细分类账户的借贷方向必须相同。即总分类账户记入借方，明细分类账户也记入借方；总分类账户记入贷方，明细分类账户也记入贷方。

(3)记账期间一致　对每项经济业务在记入总分类账户和明细分类账户的过程中，可以有先有后，但必须在同一会计期间全部登记入账。

(4)记账金额相等　记入总分类账户的金额与记入所属明细分类账户的金额之和在任何情况下必须相等。

3.平行登记的检查

在会计期末，为了检查有关总分类账户与其所属的明细分类账户的记录是否正确，应按不同账户分别编制“明细分类账户本期发生额及余额表”，并与其从属的总分类账户相核对。一般来说，平行登记的结果是：总分类账户的本期发生额等于所属明细分类账户的本期发生额合计；总分类账户的期末余额等于所属的明细账期末余额合计。

(1)数量金额的格式。

(2)只有金额的格式。

以上两种格式的表格与数量金额式明细账和三栏式明细账的账页格式分别对应。编表时可按以下顺序进行：

①填写各明细账户的名称；

②填入各明细账户的期初余额、本期发生额、期末余额；

③计算出金额栏合计数。

编表后，可以根据该表进行总分类账户和明细分类账户的核对。如果核对相符，说明平行登记的结果是正确无误的；如果不符，说明记账有差错，必须查明原因后更正。

4. 平行登记示例

下面以“原材料”和“应付账款”两个账户为例，说明其平行登记的方法。

【例 3-8】M 公司 2017 年 7 月初“原材料”和“应付账款”两个总分类账户及所属明细分类账户余额如下：

“原材料”总分类账户借方余额为 70 000 元，明细分类账户中甲材料 1 000 t，每吨 50 元，计 50 000 元；乙材料 1 000 t，每吨 20 元，计 20 000 元。

“应付账款”总分类账户贷方余额为 40 000 元，其所属明细分类账户中 A 公司贷方余额为 30 000 元，B 公司贷方余额为 10 000 元。

7 月份该公司发生的材料收发业务和应付账款业务如下：

(1)7 月 5 日向 A 公司购进甲材料 800 t，单价 50 元，计 40 000 元；向 B 公司购进乙材料 600 t 单价 20 元，计 12 000 元，材料已验收入库，货款未付(不考虑增值税)。

(2)7 月 12 日公司生产产品领用甲材料 1 600 t，单价 50 元，计 80 000 元；领用乙材料 1 000 t，单价 20 元，计 20 000 元。

(3)7 月 15 日公司通过银行支付前欠 A 公司货款 30 000 元，B 公司货款 20 000 元。

根据上述经济业务，编制会计分录如下：

(1)借：原材料——甲材料　　40 000
　　　　　　——乙材料　　12 000
　　贷：应付账款——A 公司　　40 000
　　　　　　　——B 公司　　12 000

(2)借：生产成本　　100 000
　　贷：原材料——甲材料　　80 000
　　　　　　——乙材料　　20 000

(3)借：应付账款——A 公司　　30 000
　　　　　　——B 公司　　20 000
　　贷：银行存款　　50 000

根据上述资料及会计分录平行登记“原材料”和“应付账款”两个总分类账户及其所属各明细分类账户。用简易“T”形账户登记结果如图 3-13 所示。

原材料

借	贷
期初余额：70 000	
(1)　52 000	(2)100 000
期末余额：22 000	

原材料——甲

借	贷
期初余额：50 000	
(1)　40 000	(2)80 000
期末余额：10 000	

原材料——乙

借	贷
期初余额：20 000	
(1)　12 000	(2)20 000
期末余额：12 000	

应付账款

借	贷
	期初余额：40 000
(1)52 000	(3)　50 000
	期末余额：42 000

借	应付账款——A公司 贷
	期初余额：30 000
(3)52 000	(1)40 000
	(3)30 000
	期末余额：40 000

借	应付账款——B公司 贷
	期初余额：10 000
	(1)12 000
(3)2 000	
	期末余额：2 000

图 3-13 经济业务"T"形账户登记图

从上述平行登记的结果可以看出："原材料"和"应付账款"总分类账户的期初、期末余额及本期借、贷方发生额与其所属明细分类账户的期初、期末余额之和及本期借、贷方发生额之和都是相等的。利用这种相等的关系，可以核对总分类账户与明细分类账户的登记是否正确，以便及时发现错账并加以更正，从而保证账簿记录的准确无误。

◆ 项目小结

1. 会计科目是指对会计对象的具体内容在按照会计要素分类的基础上进一步分类的项目。会计科目按经济内容分类，可分为资产类、负债类、共同类、所有者权益类、成本类和损益类六大类会计科目。

2. 账户是根据会计科目设置的，具有一定格式和结构，用于分类记录和计算会计要素增减变动情况及其结果的一种载体。

3. 每个账户都有一个名称，在账簿中拥有一定的账页，具有规定的账页格式。

4. 账户的设置与会计科目的分类相关，根据总分类科目开设总分类账户，根据明细分类科目开设明细分类账户。

5. 借贷记账法是指以"借""贷"作为记账符号，以"有借必有贷，借贷必相等"作为记账规则，反映会计要素的增减变动情况的一种复式记账方法。

6. 总分类账户与明细分类账采用平行登记的方法。平行登记是指对发生的每一项经济业务，都要以会计凭证为依据，一方面记入有关总分类账户，另一方面又记入有关总分类账户所属的明细分类账户的一种方法。

◆ 知识拓展

2015 年印花税票

二维码 3-1 2015 年印花税票

复习思考题

1.什么是会计科目？会计科目如何分类？

2.简述账户和会计科目的区别与联系。

3.借贷记账法的内容有哪些？

4.什么是平行登记？平行登记的要点有哪些？

项目四 核算经济业务

◆ 知识目标

- 了解工业企业主要经营过程及其主要经济业务；
- 能根据不同的经济业务正确设置账户；
- 能正确计算采购成本、生产成本与产品销售成本；
- 能正确计算营业利润、利润总额与净利润。

◆ 技能目标

- 能熟练使用借贷记账法对工业企业供应过程、生产过程、销售过程、财务成果核算业务进行正确的账务处理。

◆ 引导案例

小李和小江大学毕业后，在学校附近开一家快餐店，两人共同出资 200 000 元，同时还借入 100 000 元，主要用于房屋租赁与装修、设备购买、各种原材料的采购、产品制作与销售、水电费与人员工资支付等。对于以上经济业务如何设置相应账户，并进行业务核算？

工业企业从事产品生产活动，首先要筹措资金，进行原材料的采购，固定资产的购置，然后进行产品的生产及销售，从而获取利润。因此工业企业的经济活动包括资金筹集、材料采购、产品生产、产品销售及财务成果形成等。由于工业企业的经济活动具有典型性和代表性，因此，本项目核算经济业务就以工业企业经济业务核算为例来进行阐述与例释借贷记账法的应用。

任务一 核算资金筹集业务

企业要进行生产经营活动，必须具有一定数量的货币资金、固定资产和无形资产等。而这些主要通过各种资金渠道，以适合企业自身的方式筹集资金，这是企业生产经营活动顺利展开的保证。

一、资金筹集的原则

(一)合理确定资金需要量，科学安排筹资时间

通过预算手段完成资金的需求量和需求时间的测定，使资金的筹措量与需要量达到平衡，防止因筹资不足而影响生产经营或因筹资过剩而增加财务费用。

(二)合理组合筹资渠道和方式,降低资金成本

综合考察国家财政资金、银行信贷资金、非银行金融机构资金、居民个人资金、企业自留资金等各种筹资渠道,分析筹资方式(吸收直接投资、发行股票、利用留存收益、向银行借款、利用商业信用、发行公司债券、融资租赁等),综合研究判断其难易程度、资金成本和筹资风险,分析各种资金来源的构成,求得资金来源的最优组合,以降低筹资的综合成本。

(三)优化资本结构,降低筹资风险

在筹资过程中合理选择和优化筹资结构,做到长、短期资本、债务资本和自有资本的有机结合,有效地规避和降低筹资中各种不确定性因素给企业带来损失的可能性。

(四)拟定好筹资方案,认真签订和执行筹资合同

在进行筹资成本、资本结构和投资效益可行性研究的基础上,拟定好筹资方案。筹资时间应与用资时间相衔接,而且要考虑资金市场的供应能力。在筹资方案的实施过程中,筹资者与出资者应按法定手续认真签订合同、协议,明确各方的责任和义务。此后,必须按照企业筹资方案和合同、协议的规定执行,恰当支付出资人报酬,按期偿还借款,维护企业信誉。

二、所有者投入资本的业务核算

(一)投入资本业务核算内容

企业通过发行股票、吸收直接投资或内部积累等方式来筹集资金,从而构成企业的所有者权益的主要部分。通过这种方式筹集到的资金一般不用归还,并可以长期周转使用。

投资者可以用货币资金、存货、固定资产、无形资产等形式向企业投资,企业对筹集到的资本金,依法享有经营权。在企业生产经营期内,投资者除依法转让外,不得以任何方式抽回资本金。因此企业的投资者实际投入企业用于经营活动的各种财产物资是投入资本业务核算的主要内容。

(二)账户设置

为了核算和监督投资者的投资,企业应设置两个主要账户:“实收资本(股本)”“资本公积”。同时在投资过程中还会涉及“银行存款”“固定资产”“无形资产”“应交税费”“应交税费——应交增值税”等账户。

1.“实收资本(股本)”账户(股份有限公司设置“股本”账户)

(1)账户性质 所有者权益类账户。

(2)核算内容 用来核算企业实收资本的增减变动及其结余情况。

(3)账户结构 该账户贷方登记增加数(企业实际收到的投资者投入的资本额,资本公积与盈余公积转增的资本额);借方登记减少数;期末余额在贷方,表示企业实收资本或股本的实有数额。

(4)明细账设置 按照投资者(或股东名册)设置明细账,进行明细分类核算。

2.“资本公积”账户

(1)账户性质 所有者权益类账户。

(2)核算内容 用来核算企业资本公积的增减变动及其结余情况。

(3)账户结构 该账户的贷方登记企业资本公积金的增加数;借方登记资本公积金的减少

数；期末余额在贷方，表示企业资本公积金的实有数额。

(4)明细账设置 按照资本公积的项目设置明细账，进行明细分类核算。

3.“银行存款”账户

(1)账户性质 资产类账户。

(2)核算内容 用来核算企业存入银行及其他金融机构的存款的增减变动情况及其结存情况。

(3)账户结构 借方登记企业银行存款的增加数；贷方登记企业银行存款的减少数；期末余额在借方，表示企业银行存款的实有数额。

(4)明细账设置 按照开户银行及存款种类分别设置“银行存款日记账”，有外币存款的企业，还应分别人民币和各种外币设置“银行存款日记账”进行明细分类核算。

4.“固定资产”账户

(1)账户性质 资产类账户。

(2)核算内容 用来核算企业固定资产的原始价值的增减变动情况及其结存情况。

(3)账户结构 借方登记企业增加(购入、其他单位投资转入、融资租入、接受捐赠及盘盈等)固定资产的原始价值；贷方登记企业减少(出售、报废和毁损以及投资转出、盘亏等)固定资产的原始价值；期末余额在借方，表示企业期末结存固定资产的原始价值。

(4)明细账设置 按照固定资产独立项目和使用部门设置固定资产卡片，进行明细分类核算。

5.“无形资产”账户

(1)账户性质 资产类账户。

(2)核算内容 用来核算企业无形资产(专利权、非专利技术、商标权、土地使用权、著作权等)的增减变动情况及其结余情况。

(3)账户结构 借方登记企业购入或自行研发的，以及其他方式取得的各种无形资产的成本；贷方登记企业减少的无形资产的成本；期末余额在借方，表示企业所拥有的无形资产的成本。

(4)明细账设置 按照无形资产的类别和项目设置明细账，进行明细分类核算。

6.“应交税费”账户

(1)账户性质 负债类账户。

(2)核算内容 用来核算企业按照税法等规定计算应交纳的各种税(如增值税、消费税、城市维护建设税、企业所得税、教育费附加等)费。

(3)账户结构 该账户的贷方登记按规定计算的应交纳的各种税费；借方登记实际交纳的各种税费；期末贷方余额为未交的税费，借方余额为多交的税费。

(4)明细账设置 按照不同的税费种类设置明细账户，进行明细分类核算。

7.“应交税费——应交增值税”二级账户

(1)账户性质 负债类账户。

(2)核算内容 用来核算企业增值税的应交、已交、转出未交、转出多交和应交未交增值税等的增减变动及其结果。

(3)账户结构 该账户的贷方登记“销项税额”“转出多交的增值税”“进项税额转出”等；借方登记“进项税额”“已交税金”“转出未交的增值税”等；期末贷方余额为应交未交的增值税，借方余额为多交的增值税。

(4)三级明细账设置 增值税一般纳税人应在“应交增值税”明细账内设置“进项税额”“销项税额抵减”“已交税金”“转出未交增值税”“减免税款”“出口抵减内销产品应纳税额”“销项税额”“出口退税”“进项税额转出”“转出多交增值税”等专栏，进行三级明细分类核算。

8.“应交税费——应交增值税(进项税额)”三级账户

(1)账户性质 属于“应交增值税”明细分类账户的借方专栏。

(2)核算内容 专门用来核算一般纳税人购进货物、加工修理修配劳务、服务、无形资产或不动产而支付或负担的、准予从当期销项税额中抵扣的增值税额。

(3)账户结构 一般纳税人购进货物、加工修理修配劳务、服务、无形资产或不动产时依据增值税专用发票而应向供应单位连同买价一起支付的增值税额记入该账户的借方；购货退回等应冲销的进项税额用“红字”记入该账户的借方。

9.“应交税费——应交增值税(销项税额)”三级账户

该三级明细分类账户是专门用来核算一般纳税人销售货物、加工修理修配劳务、服务、无形资产或不动产应收取的增值税额情况的账户。企业因销售业务的发生应向对方预收取的增值税额记入该账户的贷方。

◆ 会计知识链接

增值税会计核算

根据财会[2016]22号文件规定，增值税一般纳税人应当在“应交税费”科目下设置“应交增值税”“未交增值税”“预交增值税”“待抵扣进项税额”“待认证进项税额”“待转销项税额”“增值税留抵税额”“简易计税”“转让金融商品应交增值税”“代扣代交增值税”等明细科目。

(一)增值税，一般纳税人应在“应交增值税”明细账内设置“进项税额”“销项税额抵减”“已交税金”“转出未交增值税”“减免税款”“出口抵减内销产品应纳税额”“销项税额”“出口退税”“进项税额转出”“转出多交增值税”等专栏。其中：

1.“进项税额”专栏，记录一般纳税人购进货物、加工修理修配劳务、服务、无形资产或不动产而支付或负担的、准予从当期销项税额中抵扣的增值税额；

2.“销项税额抵减”专栏，记录一般纳税人按照现行增值税制度规定因扣减销售额而减少的销项税额；

3.“已交税金”专栏，记录一般纳税人当月已交纳的应交增值税额；

4.“转出未交增值税”和“转出多交增值税”专栏，分别记录一般纳税人月度终了转出当月应交未交或多交的增值税额；

5.“减免税款”专栏，记录一般纳税人按现行增值税制度规定准予减免的增值税额；

6.“出口抵减内销产品应纳税额”专栏，记录实行“免、抵、退”办法的一般纳税人按规定计算的出口货物的进项税抵减内销产品的应纳税额；

7.“销项税额”专栏，记录一般纳税人销售货物、加工修理修配劳务、服务、无形资产或不动产应收取的增值税额；

8.“出口退税”专栏，记录一般纳税人出口货物、加工修理修配劳务、服务、无形资产按规定退回的增值税额；

9."进项税额转出"专栏,记录一般纳税人购进货物、加工修理修配劳务、服务、无形资产或不动产等发生非正常损失以及其他原因而不应从销项税额中抵扣、按规定转出的进项税额。

(二)"未交增值税"明细科目,核算一般纳税人月度终了从"应交增值税"或"预交增值税"明细科目转入当月应交未交、多交或预缴的增值税额,以及当月交纳以前期间未交的增值税额。

(三)"预交增值税"明细科目,核算一般纳税人转让不动产、提供不动产经营租赁服务、提供建筑服务、采用预收款方式销售自行开发的房地产项目等,以及其他按现行增值税制度规定应预缴的增值税额。

(四)"待抵扣进项税额"明细科目,核算一般纳税人已取得增值税扣税凭证并经税务机关认证,按照现行增值税制度规定准予以后期间从销项税额中抵扣的进项税额。包括:一般纳税人自 2016 年 5 月 1 日后取得并按固定资产核算的不动产或者 2016 年 5 月 1 日后取得的不动产在建工程,按现行增值税制度规定准予以后期间从销项税额中抵扣的进项税额;实行纳税辅导期管理的一般纳税人取得的尚未交叉稽核比对的增值税扣税凭证上注明或计算的进项税额。

(五)"待认证进项税额"明细科目,核算一般纳税人由于未经税务机关认证而不得从当期销项税额中抵扣的进项税额。包括:一般纳税人已取得增值税扣税凭证、按照现行增值税制度规定准予从销项税额中抵扣,但尚未经税务机关认证的进项税额;一般纳税人已申请稽核但尚未取得稽核相符结果的海关缴款书进项税额。

(六)"待转销项税额"明细科目,核算一般纳税人销售货物、加工修理修配劳务、服务、无形资产或不动产,已确认相关收入(或利得)但尚未发生增值税纳税义务而需于以后期间确认为销项税额的增值税额。

(七)"增值税留抵税额"明细科目,核算兼有销售服务、无形资产或者不动产的原增值税一般纳税人,截止到纳入营改增试点之日前的增值税期末留抵税额按照现行增值税制度规定不得从销售服务、无形资产或不动产的销项税额中抵扣的增值税留抵税额。

(八)"简易计税"明细科目,核算一般纳税人采用简易计税方法发生的增值税计提、扣减、预缴、缴纳等业务。

(九)"转让金融商品应交增值税"明细科目,核算增值税纳税人转让金融商品发生的增值税额。

(十)"代扣代交增值税"明细科目,核算纳税人购进在境内未设经营机构的境外单位或个人在境内的应税行为代扣代缴的增值税。

小规模纳税人只需在"应交税费"科目下设置"应交增值税"明细科目,不需要设置上述专栏及除"转让金融商品应交增值税""代扣代交增值税"外的明细科目。

(三)账务处理

本项目案例均为 2017 年黄河公司发生的部分经济业务。

【例 4-1】黄河公司收到甲公司 500 000 元的货币资金投资,款项已存入银行。

【分析】该交易或事项:一方面,使企业的资产项目——银行存款增加 500 000 元,应记入"银行存款"账户的借方;另一方面,使甲公司对企业投入的所有者权益项目——实收资本增加 500 000 元,记入"实收资本"账户的贷方。

公司在进行账务处理时，编制的会计分录为

借：银行存款　　500 000

　贷：实收资本——甲公司　　500 000

【注】该交易或事项属于收款业务，应填制收款凭证。

【例 4-2】黄河公司收到乙公司投入全新的设备一台，投资方提供的增值税专用发票列示其价值 500 000 元，增值税为 85 000 元，双方协商作价 585 000 元，合同约定的固定资产价值与公允价值一致。

【分析】该交易或事项：一方面，一是使企业的资产项目——固定资产增加 500 000 元，应记入"固定资产"账户的借方；二是使企业应抵扣增值税额——进项税额增加 85 000 元，应记入"应交税费——应交增值税（进项税额）"账户的借方。另一方面，使乙公司对企业投入的所有者权益项目——实收资本增加 585 000 元，记入"实收资本"账户的贷方。

公司在进行账务处理时，编制的会计分录为

借：固定资产——机器设备　　500 000

　　应交税费——应交增值税（进项税额）　　85 000

　贷：实收资本——乙公司　　585 000

【注】该交易或事项属于转账业务，应填制转账凭证。

【例 4-3】黄河公司收到丙公司一项专有技术投资，经评估确认其价值为 200 000 元。

【分析】该交易或事项：一方面，使企业的资产项目——无形资产增加 200 000 元，应记入"无形资产"账户的借方。另一方面，使丙公司对企业所有者权益项目——实收资本增加 200 000 元，记入"实收资本"账户的贷方。

公司在进行账务处理时，编制的会计分录为

借：无形资产——非专利技术　　200 000

　贷：实收资本 ——丙公司　　200 000

【注】该交易或事项属于转账业务，应填制转账凭证。

【例 4-4】黄河公司收到丁公司投入资金 4 500 000 元，合同约定占黄河公司注册资本的份额为 20%，款项已存入银行。黄河公司的注册资本为 20 000 000 元。

【分析】该交易或事项：一方面，使企业的资产项目——银行存款增加 4 500 000 元，应记入"银行存款"账户的借方。另一方面，一是使企业所有者权益项目——实收资本增加 4 000 000（20 000 000×20%）元，记入"实收资本"账户的贷方；二是差额部分使所有者权益项目——资本公积增加 500 000 元，记入"资本公积"账户的贷方。

公司在进行账务处理时，编制的会计分录为

借：银行存款　　4 500 000

　贷：实收资本——丁公司　　4 000 000

　　　资本公积　　500 000

【注】该交易或事项属于收款业务，应填制收款凭证。

【例 4-5】经批准，黄河公司将资本公积 400 000 元转增资本金。

【分析】该交易或事项：一方面，使企业的所有者权益项目——实收资本增加 400 000 元，应记入“实收资本”账户的贷方。另一方面,使企业所有者权益项目——资本公积减少400 000元,记入“资本公积”账户的借方。

公司在进行账务处理时,编制的会计分录为

借:资本公积　　400 000

　贷:实收资本　　400 000

【注】该交易或事项属于转账业务,应填制转账凭证。

◆ 会计工作技能链接

关于结转未交增值税

一、一般纳税人应交税费——应交增值税账簿设置

1. 为了核算企业应交增值税的发生、抵扣、进项转出、计提、交纳、退还等情况,应在“应交税费”科目下设置“应交增值税”和“未交增值税”等明细科目。

一般纳税人在“应交税费——应交增值税”明细账的借、贷方设置分析项目,在借方分析栏内设“进项税额”“已交税金”“转出未交增值税”等项目;在贷方分析栏内设“销项税额”“出口退税”“进项税额转出”“转出多交增值税”等项目。

一般纳税人在应交税费下设置“未交增值税”明细账,将多缴税金从“应交增值税”的借方余额中分离出来,解决了多缴税额和未抵扣进项税额混为一谈的问题,使增值税的多缴、未缴、应纳、欠税、留抵等项目一目了然,为申报表的正确编制提供了条件。

“进项税额”专栏,记录企业购入货物或接受应税劳务而支付的、准予从销项税额中抵扣的增值税额。企业购入货物或接受应税劳务支付的进项税额,用蓝字登记;退回所购货物应冲销的进项税额,用红字登记。

“已交税金”专栏,记录企业已交纳的增值税额。企业已交纳的增值税额用蓝字登记;退回多交的增值税额用红字登记。

“销项税额”专栏,记录企业销售货物或提供应税劳务应收取的增值税额。企业销售货物或提供应税劳务应收取的销项税额,用蓝字登记;退回销售货物应冲销销项税额,用红字登记。

“出口退税”专栏,记录企业出口适用零税率的货物,向海关办理报关出口手续后,凭出口报关单等有关凭证,向税务机关申报办理出口退税而收到退回的税款。出口货物退回的增值税额,用蓝字登记;出口货物办理退税后发生退货或者退关而补交已退的税款,用红字登记。

“进项税额转出”专栏,记录企业的购进货物、在产品、产成品等发生非正常损失以及其他原因而不应从销项税额中抵扣,按规定转出的进项税额。

2. 在“应交税费——应交增值税”科目下还需设“转出未交增值税”和“转出多交增值税”专栏,分别记录一般纳税企业月终转出未交或多交的增值税。

3. 月份终了,企业应将当月发生的应交未交增值税额自“应交税费——应交增值税”科目转入“未交增值税”明细科目,

借:应交税费——应交增值税(转出未交增值税)

　贷:应交税费——未交增值税

将本月多交的增值税自“应交税费——应交增值税”科目转入“未交增值税”明细科目，

借：应交税费——未交增值税

　贷：应交税费——应交增值税(转出多交增值税)

4. 当月上交本月增值税时，仍应借记“应交税费——应交增值税(已交税金)”科目，贷记“银行存款”科目。

二、一般纳税人账务处理

1. 月份终了，企业应将当月发生的应交未交增值税额自“应交增值税”转入“未交增值税”，这样“应交增值税”明细账不出现贷方余额，会计分录为：

借：应交税费——应交增值税(转出未交增值税)

　贷：应交税费——未交增值税

2. 月份终了，企业将本月多交的增值税自“应交增值税”转入“未交增值税”，即：

借：应交税费——未交增值税

　贷：应交税费——应交增值税(转出多交增值税)

3. 当月缴纳本月实现的增值税(例如开具专用缴款书预缴税款)时，

借：应交税费——应交增值税(已交税金)

　贷：银行存款

4. 当月上交上月或以前月份实现的增值税时，如常见的申报期申报纳税、补缴以前月份欠税，

借：应交税费——未交增值税

　贷：银行存款

5. “应交税费——未交增值税”科目的期末借方余额反映多缴的增值税，贷方余额反映未缴的增值税。

三、借入资金的业务核算

(一)核算内容

企业生产经营过程中，为补充经营资金的不足，可以通过从银行或者其他金融机构借款的方式筹集资金，并按借款协议约定的利率承担支付利息及到期归还借款本金的义务。借入资金按偿还期限的长短可分为短期借款和长期借款。短期借款在企业一般称为流动资金借款，偿还期在一年以内；长期借款一般要有特定的项目，如购置大型设备、技术改造等，偿还期在一年以上(不含一年)。短期借款形成企业的流动负债，长期借款形成企业的长期负债。

借入的款项必须按规定支付利息，长期借款的利息核算较为复杂，将在后续课程“财务会计”中介绍。借款的核算内容主要包括三个方面：取得借款的核算、借款利息的核算、归还借款的核算。

(二)账户设置

为了核算和监督企业向银行或其他金融机构借入资金而形成的负债，企业应设置“短期借款”“财务费用”“应付利息”“长期借款”等账户。

1.“短期借款”账户

(1)账户性质 负债类账户。

(2)核算内容 用来核算企业向银行或其他金融机构借入的期限在一年以内(含一年)的各种借款的取得和归还及余额情况。

(3)账户结构 贷方登记企业借入的短期借款;借方登记企业归还的短期借款;期末余额在贷方,表示企业尚未偿还的短期借款。

(4)明细账设置 按照借款种类、债权人和币种等设置明细账,进行明细分类核算。

2.“应付利息”账户

(1)账户性质 负债类账户。

(2)核算内容 用来核算企业因借入资金而发生利息的应付、偿还及余额情况,包括短期借款、分期付息到期还本的长期借款与企业债券等应支付的利息。

(3)账户结构 贷方登记应按月计算预先提取的应付而未支付利息的增加数;借方登记应付而未支付利息的减少数;期末余额在贷方,表示企业已经预提,但尚未归还的应付而未支付利息的累计数。

(4)明细账设置 按照债权人设置明细账,进行明细分类核算。

3.“长期借款”账户

(1)账户性质 负债类账户。

(2)核算内容 用来核算企业向银行或其他金融机构借入的期限超过一年的各种借款。

(3)账户结构 贷方登记企业借入的长期借款、计提的利息(到期一次还本付息的长期借款计提的利息);借方登记企业归还的长期借款本息;期末余额在贷方,表示企业尚未偿还的长期借款本息。

(4)明细账设置 按照贷款人和币种等设置明细账,进行明细分类核算。

4.“财务费用”账户

(1)账户性质 损益类(费用类)账户。

(2)核算内容 用来核算企业为筹集资金所发生的筹资费用情况,包括借款利息支出(减存款利息收入)和相关手续费等。

(3)账户结构 借方登记企业发生的筹资发生的利息支出、支付的手续费等各项财务费用增加数;贷方登记发生的应冲减财务费用的利息收入和结转到“本年利润”账户的财务费用转销数;期末结转后该账户无余额。通常在财务软件中为了利于财务报表取数正确,利息收入一般在借方用红字显示。

(4)明细账设置 按照费用项目设置明细账,进行明细分类核算。

(三)账务处理

【例 4-6】黄河公司于 10 月 1 日向银行借入一笔生产经营临时用短期借款 200 000 元,期限 3 个月,年利率 12%。根据和银行签署的借款协议,该项借款的本金到期后一次性归还。

①10 月 1 日借入短期借款时

【分析】该交易或事项:一方面,使企业的资产项目——银行存款增加 200 000 元,应记入“银行存款”账户的借方;另一方面,使企业负债项目——短期借款增加 200 000 元,记入“短期借款”账户的贷方。

公司在进行账务处理时,编制的会计分录为

借:银行存款　　200 000

　贷:短期借款　　200 000

【注】该交易或事项属于收款业务,应填制收款凭证。

②10 月末和 11 月末计提应计利息时

【分析】该交易或事项:一方面,使企业的费用项目——财务费用增加 2 000 元,应记入“财务费用”账户的借方;另一方面,使企业负债项目——应付利息增加 2 000 元,记入“应付利息”账户的贷方。

公司在进行账务处理时,编制的会计分录为

借:财务费用——利息费用　　2 000

　贷:应付利息　　2 000

【注】该交易或事项属于转账业务,应填制转账凭证。

③12 月末,支付当月银行借款利息时

【分析】该交易或事项:一方面,使企业的费用项目——财务费用增加 2 000 元,应记入“财务费用”账户的借方;另一方面,使企业资产项目——银行存款减少 2 000 元,记入“银行存款”账户的贷方。

公司在进行账务处理时,编制的会计分录为

借:财务费用——利息费用　　2 000

　贷:银行存款　　2 000

【注】该交易或事项属于付款业务,应填制付款凭证。

④12 月末,支付 10 月和 11 月银行借款利息时

【分析】该交易或事项:一方面,使企业负债项目——应付利息减少 4 000 元,记入“应付利息”账户的借方;另一方面,使企业资产项目——银行存款减少 4 000 元,记入“银行存款”账户的贷方。

公司在进行账务处理时,编制的会计分录为

借:应付利息　　4 000

　贷:银行存款　　4 000

【注】该交易或事项属于付款业务,应填制付款凭证。

⑤12 月末,支付本季度的银行借款利息时(③④合并)

【分析】该交易或事项:一方面,一是使企业的费用项目——财务费用增加 2 000 元,应记入“财务费用”账户的借方;二是使企业负债项目——应付利息减少 4 000 元,记入“应付利息”账户的借方。另一方面,使企业资产项目——银行存款减少 6 000 元,记入“银行存款”账户的贷方。

公司在进行账务处理时,编制的会计分录为

借:财务费用——利息费用　　2 000

　　应付利息　　4 000

　贷:银行存款　　6 000

【注】该交易或事项属于付款业务,应填制付款凭证。

⑥12 月 31 日到期偿还银行借款本金

【分析】该交易或事项:一方面,使企业负债项目——短期借款减少 200 000 元,记入“短期

借款”账户的借方；另一方面，使企业资产项目——银行存款减少 200 000 元，记入“银行存款”账户的贷方。

公司在进行账务处理时，编制的会计分录为

借：短期借款　　200 000

　贷：银行存款　　200 000

【注】该交易或事项属于付款业务，应填制付款凭证。

⑦12 月 31 日到期偿还银行借款本金和利息时（⑤⑥合并）

【分析】该交易或事项：一方面，一是使企业负债项目——短期借款减少 200 000 元，记入“短期借款”账户的借方；二是使企业的费用项目——财务费用增加 2 000 元，应记入“财务费用”账户的借方；三是使企业负债项目——应付利息减少 4 000 元，记入“应付利息”账户的借方。另一方面，使企业资产项目——银行存款减少 206 000 元，记入“银行存款”账户的贷方。

公司在进行账务处理时，编制的会计分录为

借：短期借款　　200 000

　　财务费用——利息费用　　2 000

　　应付利息　　4 000

　贷：银行存款　　206 000

【注】该交易或事项属于付款业务，应填制付款凭证。

【例 4-7】黄河公司因购建厂房，向银行借入一笔三年期的借款 10 000 000 元，款项已存入银行。

【分析】该交易或事项：一方面，使企业的资产项目——银行存款增加 10 000 000 元，应记入“银行存款”账户的借方；另一方面，使企业负债项目——长期借款增加10 000 000 元，记入“长期借款”账户的贷方。

公司在进行账务处理时，编制的会计分录为

借：银行存款　　10 000 000

　贷：长期借款　　10 000 000

【注】该交易或事项属于收款业务，应填制收款凭证。

◆ 会计工作技能链接

关于应付利息的账务处理

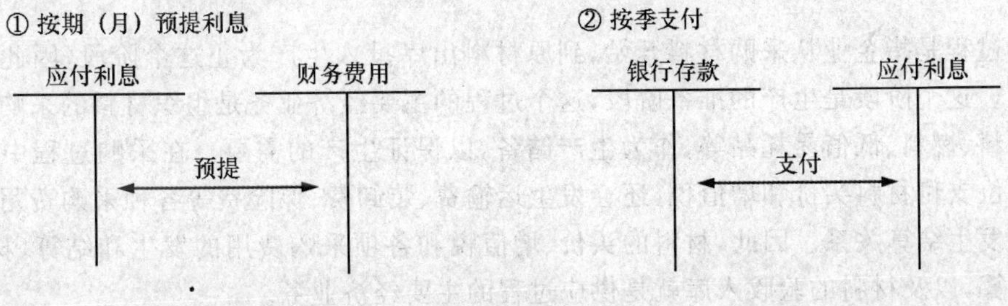

【案例】甲公司于 2017 年 1 月 1 日向建设银行借入一笔生产经营用短期借款，共计

120 000元,期限为9个月,年利率为8%。根据与银行签署的借款协议,该项借款的本金到期后一次归还,利息分月预提,按季支付。甲公司的有关会计处理如下:

1.1月1日借入短期借款时:

借:银行存款　　120 000

　贷:短期借款——建设银行　　120 000

2.1月末,计提1月份应计利息时:

本月应计提的利息金额=120 000×8%÷12=800(元)

本例中,短期借款利息800元属于企业的筹资费用,应计入"财务费用"科目。

借:财务费用——利息支出　　800

　贷:应付利息——短期借款利息　　800

2月末计提2月份利息费用的处理与1月份相同。

3.3月末支付第一季度银行借款利息时:

借:应付利息——短期借款利息　　1 600

　财务费用——利息支出　　800

　贷:银行存款　　2 400

本例中,1—2月已经计提的利息为1 600元,再加上3月份应该承担的利息800元,实际支付利息2 400元。贷记"银行存款"科目。

第二、三季度的会计处理同上。

4.10月1日偿还银行借款本金时:

借:短期借款——建设银行　　120 000

　贷:银行存款　　120 000

5.如果上述借款期限是8个月,则到期日为9月1日,8月末之前的会计处理与上述相同。9月1日偿还银行借款本金,同时支付7月和8月已提未付利息:

借:短期借款——建设银行　　120 000

　应付利息——短期借款利息　　1 600

　贷:银行存款　　121 600

任务二　核算供应过程业务

一、供应过程的主要经济业务

供应过程是指企业从采购材料开始,到原材料出库投入生产为止这个阶段,因此,也称为供应阶段。这个阶段是生产的准备阶段,这个过程的主要经济业务是组织材料的采购,即购买各种原材料、燃料、低值易耗品等,作为生产储备,以保证生产的需要。在采购过程中,企业要向有关单位支付材料买价和增值税,还会发生运输费、装卸费、保险费等各种采购费用,还要同有关单位发生结算关系。因此,材料的买价、增值税和各项采购费用的发生和结算,材料采购成本的计算,以及材料的验收入库就是供应过程的主要经济业务。

二、应设置的主要账户

在实际成本核算方法下，企业供应过程的业务核算需要设置的主要账户有“在途物资”“原材料”“应付票据”“应付账款”“预付账款”“银行存款”“应交税费”等。

1.“在途物资”账户

(1)账户性质　资产类账户。

(2)核算内容　在材料日常核算采用实际成本核算的企业，用来核算材料物资在采购过程中发生的买价和采购费用并据以计算其采购成本。

(3)账户结构　该账户的借方登记外购材料的实际采购成本(包括买价和采购费用)；贷方登记已验收入库转入“原材料”账户借方的实际采购成本；期末余额在借方，表示尚未验收入库的在途物资的实际采购成本。

(4)明细账设置　为计算不同物资的采购成本，应按物资品种或类别设置明细账户，进行明细分类核算。

2.“原材料”账户

(1)账户性质　资产类账户。

(2)核算内容　在材料日常核算采用实际成本核算的企业，用来核算企业库存的各种材料实际成本的增减变动及其结余情况。

(3)账户结构　在实际成本法下即材料日常核算采用实际成本核算(《财务会计》中分实际成本法与计划成本法，《基础会计》不考虑计划成本法)该账户的借方登记已验收入库材料的实际成本；贷方登记发出材料的实际成本；期末余额在借方，表示库存各种材料的实际成本。

(4)明细账设置　按照材料种类、名称和规格设置明细账户，进行明细分类核算。

3.“应付账款”账户

(1)账户性质　负债类账户。

(2)核算内容　用来核算企业在采购材料等物资过程中，与供应单位发生的结算债务的增减变动及其余额。

(3)账户结构　该账户的贷方登记因购买材料、商品或接受劳务供应等而发生的应付未付的款项；借方登记已经支付或已开出承兑商业汇票抵付供应单位的应付款项；期末余额一般在贷方，表示期末尚未支付给供应单位的款项。

(4)明细账设置　按照供应单位(债权人)设置明细账户，进行明细分类核算。

4.“应付票据”账户

(1)账户性质　负债类账户。

(2)核算内容　用来核算企业采用商业汇票(商业承兑汇票和银行承兑汇票)结算方式购买材料、商品和接受劳务等，与供应单位发生的结算债务的增减变动及其余额。

(3)账户结构　该账户贷方登记企业开出商业汇票的票面金额；借方登记票据到期实际支付的款项；期末余额在贷方，表示尚未到期的应付票据款项。

(4)明细账设置　按债权人和票据种类设置明细账户，进行明细分类核算。

(5)备查账设置　企业应设置应付票据备查账，详细登记每一个企业开出的商业汇票(应付票据)的种类、号数、出票日期、到期日、交易合同号和收款人姓名或单位名称以及付款日期和金额等资料。应付票据到期结清时，在备查账簿内中应予以注销。

◆ 会计知识链接

“银行承兑汇票”结算注意事项

企业用“银行承兑汇票”进行结算，银行要依据规定按照票面金额的5%向出票人收取承兑手续费。如果到期企业无力支付或不足支付票款，银行见票无条件付款，但银行要对出票人加收利息。所以，企业应将“银行承兑汇票”放在备查账中，在票据到期前将足额款项存入银行，到期支付。

5.“预付账款”账户

(1)账户性质　资产类账户。

(2)核算内容　用来核算企业按照购货合同规定向供应单位预付购货款项而与供应单位发生的债权结算的增减变动及其余额。

(3)账户结构　该账户借方登记按照合同规定向供应单位预付以及补付的款项；贷方登记收到所购货物时应冲销的以及退回多付的款项；期末如有借方余额，表示企业尚未收到货物的预付款项；期末如为贷方余额，表示企业收到货物的款项大于预付款项尚未补付的购货款项。

(4)明细账设置　按照供应单位设置明细账，进行明细分类核算。

三、供应过程的业务核算举例

1.材料采购成本的构成

外购材料物资的采购成本是指为采购原材料而实际发生的各项费用。企业的材料采购成本包括如下内容：

(1)材料的买价　指进货发票所开列的货款金额。

(2)运杂费　包括运输费、装卸费、包装费、保险费、仓储费等。

(3)运输途中的合理损耗　指企业与供应或运输部门所签订的合同中规定的合理损耗或必要的自然损耗。

(4)入库前的挑选整理费用　指购入的材料在入库前需要挑选整理而发生的费用，包括挑选过程中所发生的工资、费用支出和必要的损耗，但要扣除下脚残料的价值。

(5)购入材料负担的相关税金(如关税等)、外汇差价及其他费用等。

其中第2—5项为采购费用。因此材料采购成本也可表述为：

材料采购成本＝买价＋采购费用

另外，根据重要性的原则，实际工作中对某些本应计入材料采购成本的采购费用，如采购人员的差旅费、市内采购材料的运杂费、专设采购机构的经费等，一般不计入材料采购成本，而是列作管理费用。

2.材料采购费用的分配

在采购过程中发生的采购费用，对于可以直接归属于有关对象的直接费用，应直接计入相关材料的采购成本；几种材料共同发生的采购费用，则应采用适当的方法按一定的分配标准进行分配计入各种材料的采购成本，实际工作中，可根据具体情况选择重量、体积、件数、买价等作为分配标准。分配共同发生的采购费用时，应先计算采购费用分配率，再计算各种材料应负担的采购费用。分配公式如下：

采购费用分配率＝采购费用总额÷各种材料的重量、买价等分配标准之和

某种材料应负担的采购费用＝该种材料的重量(买价)等分配标准×采购费用分配率

3. 供应过程的业务核算举例

【例 4-8】黄河公司从 A 公司购入甲材料一批，增值税专用发票上记载的货款为 200 000 元，增值税额 34 000 元，另对方代垫运费 1 110 元(收到运输部门开出的增值税专用发票，专用发票上记载的税率为 11%，以下涉及运费的相同)和保险费 800 元，全部款项已用转账支票付讫，材料已验收入库。

【分析】该交易或事项：一方面，一是因原材料入库使企业的资产项目——原材料增加 201 800(200 000＋1 000＋800)元，应记入“原材料”账户的借方；二是使企业具有垫付性质的并可以抵扣的增值税进项税额增加了 34 110(34 000＋110)元，应记入“应交税费——应交增值税(进项税额)”账户的借方。另一方面，使企业资产项目——银行存款减少，记入“银行存款”账户的贷方。

公司在进行账务处理时，应编制的会计分录为

借：原材料——甲材料	201 800	
应交税费——应交增值税(进项税额)	34 110	
贷：银行存款		235 910

【注】该交易或事项属于付款业务，应填制付款凭证。

◆ 会计知识链接

增值税的代收代缴

购买材料所应该支付的增值税由卖方代收代缴，买方如果暂时未付款或者签发商业汇票，卖方则有义务代缴，买方只欠卖方的全部款项(价税合计)，但不欠国家税款，所以，借记“应交税费——应交增值税”，贷记“应付账款”或“应付票据”，将来支付前欠货款时，则借记“应付账款”或“应付票据”，贷记“银行存款”。

【例 4-9】黄河公司从 B 公司采购甲材料 900 kg，增值税专用发票上记载的货款为 18 000 元，增值税额 3 060 元；购买乙材料 700 kg，增值税专用发票上记载的货款为 7 000 元，增值税额 1 190 元；甲、乙材料共发生装卸费 800 元，甲材料的保险费 500 元。全部款项已用转账支票付讫，材料已验收入库。假设装卸费以甲、乙两种材料的重量比例作为分配标准。

【分析】分配装卸费如下：

分配率＝800÷(900＋700)＝0.5

甲材料应分配的装卸费＝900×0.5＝450(元)

乙材料应分配的装卸费＝700×0.5＝350(元)

甲材料的实际成本为18 000＋450＋500＝18 950(元)

乙材料的实际成本为7 000＋350＝7 350(元)

需要注意：当采购费用分配率不是整数时，通常保留2位小数，尾差由排在末尾材料负担。

该交易或事项：一方面，一是因原材料入库使企业的资产项目——原材料增加26 300元，其中：甲材料的成本为18 950元，乙材料的成本为7 350元，应记入"原材料"账户的借方；二是使企业具有垫付性质的并可以抵扣的增值税进项税额增加了4 250(3 060＋1 190)元，应记入"应交税费——应交增值税(进项税额)"账户的借方。另一方面，使企业资产项目——银行存款减少，记入"银行存款"账户的贷方。

公司在进行账务处理时，应编制的会计分录为

借：原材料——甲材料　　18 950

——乙材料　　7 350

应交税费——应交增值税(进项税额)　　4 250

贷：银行存款　　30 550

【注】该交易或事项属于付款业务，应填制付款凭证。

需要注意：结转入库材料实际成本时，除了登记"原材料"总分类账户外，还要分别登记甲材料和乙材料的明细账，并且，既要登记入库材料的数量，又要登记单价和金额。

【例4-10】黄河公司从C公司购进丙材料一批，增值税专用发票上标明的货款为50 000元，增值税为8 500元，另供货单位代垫运费555元(收到运输货物增值税专用发票，增值税专用发票上记载的价款为500元，增值税额55元)。购货价款及运费签发一张金额为59 055元，付款期限为3个月商业承兑汇票，材料尚未运抵企业。

①企业采购材料时

【分析】该交易或事项：一方面，一是因购进的材料尚未验收入库，使企业的资产项目——在途物资增加50 500(50 000＋500)元，应记入"在途物资"账户的借方；二是使企业具有垫付性质的并可以抵扣的增值税进项税额增加了8 555(8 500＋55)元，应记入"应交税费——应交增值税(进项税额)"账户的借方；另一方面，使企业负债项目——应付票据增加59 055元，记入"应付票据"账户的贷方。

根据增值税专用发票编制会计分录

借：在途物资——丙材料　　50 500

应交税费——应交增值税(进项税额)　　8 555

贷：应付票据——C公司　　59 055

【注】该交易或事项属于转账业务，应填制转账凭证。

②材料到达，验收入库时

【分析】该交易或事项：一方面，一是因原材料入库使企业的资产项目——原材料增加50 500元；另一方面，使企业资产项目——在途物资减少50 500元，记入"在途物资"账户的贷方。

根据收料单编制会计分录

借:原材料——丙材料　　50 500

　贷:在途物资——丙材料　　50 500

【注】该交易或事项属于转账业务,应填制转账凭证。

③商业承兑汇票到期,支付商业汇票款时

【分析】该交易或事项:一方面,使企业的负债项目——应付票据减少 59 055 元,应记入“应付票据”账户的借方;另一方面,使企业资产项目——银行存款减少 59 055 元,记入“银行存款”账户的贷方。

支付商业汇票款,根据付款凭证编制会计分录为

借:应付票据——C 公司　　59 055

　贷:银行存款　　59 055

【注】该交易或事项属于付款业务,应填制付款凭证。

【例 4-11】黄河公司根据协议从 D 公司购进甲材料一批,增值税专用发票上标明的货款为 40 000 元,增值税额 6 800 元。材料尚未运抵企业,款项也尚未支付。

①企业采购材料时

【分析】该交易或事项:一方面,一是因购进的材料尚未验收入库,使企业的资产项目——在途物资增加 40 000 元,应记入“在途物资”账户的借方;二是使企业具有垫付性质的并可以抵扣的增值税进项税额增加了 6 800 元,应记入“应交税费——应交增值税(进项税额)”账户的借方。另一方面,使企业负债项目——应付账款增加 46 800 元,记入“应付账款”账户的贷方。

根据增值税专用发票编制会计分录

借:在途物资——甲材料　　40 000

　应交税费——应交增值税(进项税额)　　6 800

　贷:应付账款——D 公司　　46 800

【注】该交易或事项属于转账业务,应填制转账凭证。

②材料运达,验收入库时

【分析】该交易或事项:一方面,一是因原材料入库使企业的资产项目——原材料增加 40 000 元;另一方面,使企业资产项目——在途物资减少 40 000 元,记入“在途物资”账户的贷方。

根据收料单编制会计分录

借:原材料——甲材料　　40 000

　贷:在途物资——甲材料　　40 000

【注】该交易或事项属于转账业务,应填制转账凭证。

③归还所欠 D 公司款项时

【分析】该交易或事项:一方面,使企业的负债项目——应付账款减少 40 000 元,应记入“应付账款”账户的借方;另一方面,使企业资产项目——银行存款减少 40 000 元,记入“银行存款”账户的贷方。

根据付款凭证编制会计分录为

借:应付账款——D公司　　　　46 800

　贷:银行存款　　　　46 800

【注】该交易或事项属于付款业务,应填制付款凭证。

【例4-12】黄河公司根据协议购进乙材料一批,材料已验收入库,月末发票账单尚未收到,结合以往实际情况,以暂估价值51 000元入账。

①月末暂估入账时

【分析】该交易或事项:一方面,因原材料入库使企业的资产项目——原材料增加51 000元(暂估价值),应记入“原材料”账户的借方;另一方面,使企业负债项目——应付账款增加51 000元,记入“应付账款”账户的贷方。

借:原材料——乙材料　　　　51 000

　贷:应付账款——暂估应付账款　　　　51 000

【注】该交易或事项属于转账业务,应填制转账凭证。一般原材料只暂估金额,不暂估税额。

②下月初红字冲销暂估入账时

借:原材料——乙材料　　　　[51 000]

　贷:应付账款——暂估应付账款　　　　[51 000]

【注】该交易或事项属于转账业务,应填制转账凭证。

③发票账单到达后,按增值税专用发票上的记载货款为50 000元,增值税额8 500元,供货单位代垫运费2 220元(收到运输货物增值税专用发票),开出转账支票支付所购货物款项及运费60 720元。

【分析】该交易或事项:一方面,一是因原材料入库使企业的资产项目——原材料增加52 000(50 000+2 000)元,应记入“原材料”账户的借方;二是使企业具有垫付性质的并可以抵扣的增值税进项税额增加了8 720(8 500+220)元,应记入“应交税费——应交增值税(进项税额)”账户的借方。另一方面,使企业资产项目——银行存款减少60 720元,记入“银行存款”账户的贷方。

用银行存款付讫货物款项时,编制的会计分录

借:原材料——乙材料　　　　52 000

　应交税费——应交增值税(进项税额)　　　　8 720

　贷:银行存款　　　　60 720

【注】该交易或事项属于付款业务,应填制付款凭证。

【例4-13】黄河公司根据合同规定,以银行存款100 000元预付E工厂购买乙材料款。

①预先支付货款时

【分析】该交易或事项:一方面,使企业的资产项目——预付账款增加100 000元,应记入“预付账款”账户的借方;另一方面,使企业资产项目——银行存款减少100 000元,记入“银行存款”账户的贷方。

根据预付款收据编制的会计分录为

借:预付账款——E工厂　　　　100 000

　贷:银行存款　　　　100 000

【注】该交易或事项属于付款业务,应填制付款凭证。

②乙材料验收入库,供应单位增值税专用发票载明价款 90 000 元;增值税款 15 300 元,价税合计为 105 300 元。

【分析】该交易或事项:一方面,一是因原材料入库使企业的资产项目——原材料增加 90 000 元,应记入“原材料”账户的借方;二是使企业具有垫付性质的并可以抵扣的增值税进项税额增加了 15 300 元,应记入“应交税费——应交增值税(进项税额)”账户的借方。另一方面,使企业资产项目——预付账款减少 105 300 元,记入“预付账款”账户的贷方。

根据收料单、增值税专用发票编制的会计分录为

借:原材料——乙材料　　90 000

　应交税费——应交增值税(进项税额)　　15 300

　贷:预付账款——E 工厂　　105 300

【注】该交易或事项属于转账业务,应填制转账凭证。

③所购货物价款为 105 300 元,而预先支付了 100 000 元,需要补付货款 5 300 元。

【分析】该交易或事项:一方面,使企业的资产项目——预付账款增加 5 300 元,应记入“预付账款”账户的借方;另一方面,使企业资产项目——银行存款减少 5 300 元,记入“银行存款”账户的贷方。

补付货款时,编制的会计分录为

借:预付账款——E 工厂　　5 300

　贷:银行存款　　5 300

【注】该交易或事项属于付款业务,应填制付款凭证。

◆ 会计工作技能链接

关于预付费用的会计处理

预付费用是指企业已经支付,但尚未受益的费用。它又被称为递延费用,是指预先支付货币资金而由其后几个会计期间共同受益的项目。

一般情况下数额较小,直接计入当期损益。

大额的通过预付账款处理,预付金额比较大的报刊费、预付全年房屋或设备的租金、预付全年的财产保险费等,在预先支付货币资金时不确认费用,而确认资产(如“预付账款”),以此资产反映企业因支付货币资金而享有在未来期间获得某种收益的权利,然后在后续若干个受益期间分期确认费用(即对递延费用的期末账项调整),并同时摊销原确认的资产(如“预付账款”)价值。

例如:年初预付全年书报杂志费 120 000 元

预付时:

借:预付账款——报刊费　　120 000

　贷:银行存款　　120 000

每个月分配预付费用时:

借：管理费用——办公费　　4 000
　　制造费用——办公费　　6 000
　贷：预付账款——报刊费　　10 000

预付账款明细科目，一般为对方单位的名称，如预付给××单位材料款，借方明细科目就是“××单位”，方便结算。本例设置为“报刊费”，是因为这类已经确定支付的款项不再收回，仅仅是因为数额比较大需本企业要按照受益期分摊，所以，企业通常以预付费用的种类设置明细科目。类似的还有预付的保险费、暖气费等。期末也无需计提坏账准备。

任务三　核算生产过程业务

一、生产过程的主要经济业务

生产过程是产品的制造过程，它是工业企业主要经营过程的第二阶段，是工业企业的中心环节，在这一过程中，要消耗材料物资，支付职工的工资薪酬等，发生房屋、机器设备等资产的磨损和因经营管理活动发生的各项费用，这些都形成了企业的生产费用，这些生产费用，有的是直接为生产产品而发生的，有的是间接为生产产品而发生的。对于这些费用，必须先按一定的方法先进行归集，然后按一定标准进行分配从而计算出产品的生产成本。因此，生产过程核算的内容主要包括生产费用的发生与归集和产品成本的计算。

二、应设置的主要账户

为了核算和监督生产费用的发生并进行合理归集，一般要设置“生产成本”“制造费用”两个主要账户，此外，还会涉及“应付职工薪酬”“累计折旧”“库存商品”“原材料”“管理费用”“销售费用”“财务费用”等账户。由于“财务费用”账户、“原材料”账户在前面的任务中进行了介绍，“销售费用”账户将在任务四中进行介绍，现进行其他账户的介绍。

1.“生产成本”账户

(1)账户性质　成本类账户。

(2)核算内容　用来归集产品(《成本会计》中工业企业生产的产品包括生产各种产成品、自制半成品、提供工业性劳务及自制材料、工具、设备等)生产过程中发生的，应计入产品成本的各项费用，作为产品生产成本计算的依据。

(3)账户结构　该账户借方登记应计入产品成本的各项费用，包括平时登记应直接计入产品成本的直接材料费和直接人工费用，以及期末分配转入制造费用；贷方登记生产完工并已验收入库转入“库存商品”借方账户的产品生产成本转出额；期末余额在借方，表示尚未加工完成的各项在产品的成本。

(4)明细账设置　按成本计算对象(通常以产品品种)设置明细账，并按规定的成本项目设置专栏进行明细分类核算。

2."制造费用"账户

(1)账户性质 成本类账户。

(2)核算内容 用以核算企业在生产车间(分厂)范围内为组织和管理产品生产而发生的不便于直接计入"生产成本"账户各项间接费用。包括生产车间管理人员的职工薪酬,生产车间固定资产的折旧费、办公费、水电费、机物料消耗、劳动保护费等。

(3)账户结构 借方登记实际发生的各项间接费用;贷方登记期末经分配转入"生产成本"账户借方的间接费用转出额;期末,该账户借方归集多少间接费用,都应按照适当的分配标准分配给各有关的成本计算对象,从其贷方转出;期末分配转出后,一般应无余额(除季节性生产企业外)。

(4)明细账设置 按不同车间设置明细账户,并在账内按费用项目设置专栏,进行明细分类核算。

3."管理费用"账户

(1)账户性质 损益类(费用类)账户。

(2)核算内容 用来核算企业行政管理部门为组织和管理生产经营所发生的各项费用,包括企业在筹建期间内发生的开办费、董事会和行政管理部门在企业的经营管理中发生的或者应由企业统一负担的公司经费、董事会费、聘请中介机构费、咨询费、诉讼费、业务招待费、技术转让费、矿产资源补偿费、研究费用、排污费等。

企业生产车间(部门)和行政管理部门等发生的固定资产修理费用等后续支出,也在本账户核算。

(3)账户结构 借方登记企业发生的各种管理费用;贷方登记期末转入"本年利润"账户借方的管理费用转出额;期末结转后该账户无余额。

(4)明细账设置 按费用项目设置明细账户,进行明细分类核算。

4."应付职工薪酬"账户

(1)账户性质 负债类账户。

(2)核算内容 用来核算企业根据有关规定应付给职工的各种薪酬(包括职工工资、奖金、津贴和补贴、职工福利费、社会保险费、住房公积金、工会经费,职工教育经费,非货币性福利等)及其企业与职工之间的结算情况。

(3)账户结构 贷方登记本月结算的应付给职工的各种薪酬(或月末计算分配的职工薪酬);借方登记本月实际支付的职工薪酬;月末本账户如有余额,表示本月应付职工薪酬与实际已支付职工薪酬之间的差额;月末如为贷方余额,表示本月应付而未付的职工薪酬;月末如为借方余额,表示本月多支付的职工薪酬。

(4)明细账设置 该账户应按"工资""职工福利""社会保险费""住房公积金""工会经费""职工教育经费""非货币性福利""辞退福利"等设置明细账户,进行明细分类核算。

5."累计折旧"账户

(1)账户性质 资产类账户,是"固定资产"账户的调整账户。

(2)核算内容 该账户用来核算企业的固定资产在生产过程中由于使用、自然作用以及技术进步等原因,逐渐地损耗而转移到产品成本或当期费用中的那部分价值。固定资产折旧费是企业生产经营过程中发生的费用,将随着销售产品取得收入而得到补偿。

(3)账户结构 贷方登记本月固定资产计算提取的折旧额;借方登记固定资产因出售、毁损、报废等原因减少时应注销的该固定资产提取的折旧额；期末余额在贷方，表示企业现有固定资产已计提的累计额。

(4)明细账设置　累计折旧有明细分类核算，但习惯上不写明细科目。

6."库存商品"账户

(1)账户性质　资产类账户。

(2)核算内容　用来核算企业生产完工验收入库并可供销售的产品增减变动及结存情况。

(3)账户结构　借方登记已经完工验收入库产品的实际成本；贷方登记因销售出库的产品的实际成本；期末余额在借方，表示库存商品的实际成本。

(4)明细账设置　按产品的品种、规格、名称或类别设置明细账户，进行明细分类核算。

三、生产过程的业务核算举例

(一)成本费用的归集

以下是黄河公司12月份生产过程经济业务。

【例4-14】黄河公司根据当月领料凭证，编制本月材料耗用汇总表，见表4-1。

表4-1　材料耗用汇总表

年　月　日　　　　单位：元

用途	甲材料		乙材料		丙材料		合计金额(元)
	数量(kg)	金额(元)	数量(kg)	金额(元)	数量(kg)	金额(元)	
一、产品生产耗用	8 000	120 000	6 000	48 000	1 500	15 000	183 000
其中：A产品	5 000	75 000	4 000	32 000	1 000	10 000	117 000
B产品	3 000	45 000	2 000	16 000	500	5 000	66 000
二、车间一般耗用	1 000	15 000	1 500	12 000			27 000
三、厂部管理耗用					2 000	20 000	20 000
合　计	9 000	135 000	7 500	60 000	3 500	35 000	230 000

【分析】该交易或事项：一方面，因材料出库使企业的资产项目——原材料减少230 000元，其中：甲材料135 000元，乙材料60 000元，丙材料35 000元，应记入"原材料"账户的贷方；另一方面，使企业有关的费用增加了230 000元，其中：一是用于产品生产所耗用的材料使费用项目——A产品生产成本增加117 000元、B产品生产成本增加66 000元，记入"生产成本"账户的借方；二是用于车间一般耗用的材料使企业费用项目——制造费用增加27 000元，记入"制造费用"账户的借方；三是用于厂部管理耗用的材料使企业费用项目——管理费用增加20 000元，记入"管理费用"账户的借方。

公司根据材料耗用汇总表，应编制如下会计分录：

借：生产成本——A产品　　117 000

　　　　　　——B产品　　66 000

　　制造费用——材料费　　27 000

　　管理费用——材料费　　20 000

贷:原材料——甲材料 135 000

——乙材料 60 000

——丙材料 35 000

【注】该交易或事项属于转账业务,应填制转账凭证。

【例 4-15】黄河公司本月根据各车间、部门考勤表和工资结算单编制的工资费用分配表上显示:应付工资总额 343 200 元,其中产品生产人员工资为 216 000 元(生产 A 产品工人工资 144 000 元,生产 B 产品工人工资 72 000),车间管理人员工资为 48 000 元,企业行政管理人员工资为 60 000 元,专设销售机构的人员工资为 19 200 元。

【分析】该交易或事项:一方面,因企业应付而未付职工工资使企业的负债项目——应付职工薪酬增加 343 200 元,应记入“应付职工薪酬——工资”账户的贷方;另一方面,使企业的有关费用项目增加了 343 200 元,其中:一是用于产品生产所应支付的职工薪酬使费用项目——A 产品生产成本增加 144 000 元、B 产品生产成本增加 72 000 元,记入“生产成本”账户的借方;二是用于车间管理人员所应支付的职工薪酬使企业费用项目——制造费用增加 48 000 元,记入“制造费用”账户的借方;三是用于企业行政管理人员所应支付的职工薪酬使企业费用项目——管理费用增加 60 000 元,记入“管理费用”账户的借方;四是用于专设销售机构的人员所应支付的职工薪酬使企业费用项目——销售费用增加 19 200 元,记入“销售费用”账户的借方。

公司在进行账务处理时,应编制的会计分录为

借:生产成本——A 产品 144 000

——B 产品 72 000

制造费用——工资 48 000

管理费用——工资 60 000

销售费用——工资 19 200

贷:应付职工薪酬——工资 343 200

【注】该交易或事项属于转账业务,应填制转账凭证。

【例 4-16】黄河公司以银行存款支付职工医药费、困难补助等各种福利费共计 68 640 元。当月计提职工福利费,其中:A 产品生产工人福利费 28 800 元,B 产品生产工人福利费 14 400 元,车间管理人员福利费 9 600 元,企业行政管理人员福利费 12 000 元,专设销售机构的人员福利费 3 840 元。

①企业实际支付福利费时

【分析】该交易或事项:一方面,使企业负债项目——应付职工薪酬(职工福利)减少 68 640 元,应记入“应付职工薪酬——职工福利”账户的借方;另一方面,使企业资产项目——银行存款 68 640 元,记入“银行存款”账户的贷方。

借:应付职工薪酬——职工福利 68 640

贷:银行存款 68 640

【注】该交易或事项属于付款业务,应填制付款凭证。

②计提职工福利费时

【分析】该交易或事项:一方面,因企业应付而未付职工薪酬,使企业的负债项目——应付职工薪酬增加 68 640 元,应记入“应付职工薪酬——职工福利”账户的贷方;另一方面,使企业

的有关费用项目增加了 68 640 元，其中：一是用于产品生产所应支付的职工薪酬使企业费用项目——A 产品生产成本增加 28 800 元、B 产品生产成本增加 14 400 元，记入"生产成本"账户的借方；二是用于车间管理人员所应支付的职工薪酬使企业费用项目——制造费用增加 9 600 元，记入"制造费用"账户的借方；三是用于企业行政管理人员所应支付的职工薪酬使企业费用项目——管理费用增加 12 000 元，记入"管理费用"账户的借方；四是用于专设销售机构的人员所应支付的职工薪酬使企业费用项目——销售费用增加 3 840 元，记入"销售费用"账户的借方。

借：生产成本——A 产品　　28 800
　　　　　　——B 产品　　14 400
　　制造费用——福利费　　9 600
　　管理费用——福利费　　12 000
　　销售费用——福利费　　3 840
　贷：应付职工薪酬——职工福利　　68 640

【注】该交易或事项属于转账业务，应填制转账凭证。

【例 4-17】根据国家规定的计提标准计算，黄河公司本月应向社会保险经办机构缴纳职工基本养老保险 68 640 元，职工基本医疗保险 27 456 元；本月计提社会保险费，其中生产工人社会保险费为 60 480 元（A 产品生产工人社会保险费为 40 320 元，B 产品生产工人社会保险费为 20 160 元），车间管理人员社会保险费 13 440 元，企业行政管理人员社会保险费 16 800 元，专设销售机构的人员社会保险费 5 376 元。

【分析】该交易或事项：一方面，因企业应付而未付职工薪酬（社会保险费），使企业负债项目——应付职工薪酬（社会保险费）增加 96 096 元，其中：养老保险费 68 640 元、医疗保险费 27 456 元，应记入"应付职工薪酬——社会保险费"账户的贷方；另一方面，使企业的有关费用项目增加了 96 096 元，其中：一是用于产品生产所应支付的职工薪酬使企业费用项目——A 产品生产成本增加 40 320 元、B 产品生产成本增加 20 160 元，记入"生产成本"账户的借方；二是用于车间管理人员所应支付的职工薪酬使企业费用项目——制造费用增加 13 440 元，记入"制造费用"账户的借方；三是用于企业行政管理人员所应支付的职工薪酬使费用项目——管理费用增加 16 800 元，记入"管理费用"账户的借方；四是用于专设销售机构的人员所应支付的职工薪酬使企业费用项目——销售费用增加 5 376 元，记入"销售费用"账户的借方。

借：生产成本——A 产品　　40 320
　　　　　　——B 产品　　20 160
　　制造费用——保险费　　13 440
　　管理费用——保险费　　16 800
　　销售费用——保险费　　5 376
　贷：应付职工薪酬——社会保险费（养老保险）　　68 640
　　　　　　　　　——社会保险费（医疗保险）　　27 456

【注】该交易或事项属于转账业务，应填制转账凭证。

【例 4-18】黄河公司根据"工资结算汇总表"结算本月应付职工工资总额 286 000 元，代扣企业代垫职工家属医药费 6 000 元，实发 280 000 元。

①提取现金时

【分析】该交易或事项：一方面，使企业的资产项目——库存现金增加 280 000 元，应记入“库存现金”账户的借方；另一方面，使企业资产项目——银行存款减少 280 000 元，记入“银行存款”账户的贷方。

借：库存现金 280 000

　贷：银行存款 280 000

【注】该交易或事项属于付款业务，应填制付款凭证。

②现金发放工资时

【分析】该交易或事项：一方面，使企业的资产项目——库存现金减少 280 000 元，应记入“库存现金”账户的贷方；另一方面，使企业欠职工的薪酬性债务项目——应付职工薪酬减少 280 000 元，记入“应付职工薪酬”账户的借方。

借：应付职工薪酬——工资 280 000

　贷：库存现金 280 000

【注】该交易或事项属于付款业务，应填制付款凭证。

③发放工资时扣医药费

【分析】该交易或事项：一方面，使企业的资产项目——其他应收款减少 6 000 元，应记入“其他应收款”账户的贷方；另一方面，使企业欠职工的薪酬性债务项目——应付职工薪酬减少 6 000 元，记入“应付职工薪酬”账户的借方。

借：应付职工薪酬——工资 6 000

　贷：其他应收款 6 000

【注】该交易或事项属于转账业务，应填制转账凭证。

【例 4-19】黄河公司本月按照期初应计折旧固定资产总值和确定的折旧方法应提取的折旧额为 37 300 元。其中生产车间所用固定资产应提取的折旧为 30 600 元，行政管理部门所用固定资产应提取的折旧为 4 800 元，专设销售机构的折旧费 1 900 元。

【分析】该交易或事项：一方面，使企业的费用项目增加 37 300 元，其中：一是生产车间固定资产的折旧使费用项目——制造费用增加 30 600 元，记入“制造费用”账户的借方；二是企业行政管理部门用固定资产的折旧使费用项目——管理费用增加 4 800 元，记入“管理费用”账户的借方；三是专设销售机构用固定资产的折旧使费用项目——销售费用增加 1 900 元，记入“销售费用”账户的借方。另一方面，固定资产磨损，价值减少使企业固定资产项目的备抵项目——累计折旧增加 37 300 元，记入“累计折旧”账户的贷方。

公司在进行账务处理时，应编制的会计分录为

借：制造费用——折旧费 30 600

　　管理费用——折旧费 4 800

　　销售费用——折旧费 1 900

　贷：累计折旧 37 300

【注】该交易或事项属于转账业务，应填制转账凭证。

【例 4-20】黄河公司收到实诚建筑公司开来的增值税专用发票上注明：生产车间及行政办

公楼的修缮价款 50 000 元,税额 3 000 元;款项用银行存款支付。

【分析】该交易或事项:一方面,一是使企业的费用项目——管理费用增加 50 000 元,应记入“管理费用”账户的借方;二是使企业具有垫付性质的并可以抵扣的增值税进项税额增加了 3 000 元,应记入“应交税费——应交增值税(进项税额)”账户的借方。另一方面,使企业的资产项目——银行存款减少 53 000 元,记入“银行存款”账户的贷方。

公司在进行账务处理时,应编制的会计分录为

借:管理费用——维修费　　50 000
　应交税费——应交增值税(进项税额)　　3 000
　贷:银行存款　　53 000

【注】该交易或事项属于付款业务,应填制付款凭证。

【例 4-21】厂部王晓辉出差,向财会部门预借差旅费 3 000 元,支付给现金。

【分析】该交易或事项:一方面,一是使企业的资产项目——其他应收款增加 3 000 元,应记入“其他应收款”账户的借方;另一方面,使企业的资产项目——库存现金减少 3 000 元,记入“库存现金”账户的贷方。

公司在进行账务处理时,应编制的会计分录为

借:其他应收款——王晓辉　　3 000
　贷:库存现金　　3 000

【注】该交易或事项属于付款业务,应填制付款凭证。

【例 4-22】王晓辉出差回来报销差旅费 2 600 元,交回现金 400 元。

【分析】该交易或事项:一方面,一是使企业的费用项目——管理费用增加 2 600 元,应记入“管理费用”账户的借方;二是使企业的资产项目——库存现金增加了 400 元,记入“库存现金”账户的借方。另一方面,使企业的资产项目——其他应收款减少 3 000 元,记入“其他应收款”账户的贷方。

公司在进行账务处理时,应编制的会计分录为

借:库存现金　　400
　管理费用——差旅费　　2 600
　贷:其他应收款——王晓辉　　3 000

【注】该交易或事项属于转账业务,应填制转账凭证。

◆ 会计知识链接

报销差旅费凭证填制

1.【例 4-22】如果采用专用记账凭证,需要编制一张收款凭证和一张转账凭证;而采用通用记账凭证,编制一张凭证即可。

2.实际工作中,也有可能出现借款不足,补付现金的情况,【例 4-22】中的差旅费是 3 600 元,则分录如下:

借:管理费用——差旅费　　3 600
　贷:其他应收款——王晓辉　　3 000
　　库存现金　　600

如果采用专用记账凭证,需要编制一张付款凭证和一张转账凭证;而采用通用记账凭证,只需编制一张凭证。

3.如果出差未借款的情况,分录如下:

借:管理费用——差旅费　　2 600

　贷:库存现金　　2 600

无论用专用记账凭证或者通用记账凭证,只需编制一张付款凭证。

【例4-23】黄河公司收到自来水公司的开来的增值税专用发票,上注明:价款30 000元,税额3 300元;根据耗用量分配水费:生产车间负担21 000元,行政管理部门负担9 000元;款项已通过银行存款支付。

【分析】该交易或事项:一方面,使企业的费用项目增加30 000元,其中:一是生产车间用水使费用项目——制造费用增加21 000元,记入"制造费用"账户的借方;二是企业行政管理部门用水使费用项目——管理费用增加9 000元,记入"管理费用"账户的借方;三是使企业具有垫付性质的并可以抵扣的增值税进项税额增加了3 300元,应记入"应交税费——应交增值税(进项税额)"账户的借方。另一方面,使企业的资产项目——银行存款减少33 000元,记入"银行存款"账户的贷方。

该公司进行账务处理时,应编制的会计分录为

借:制造费用——水电费　　21 000

　管理费用——水电费　　9 000

　应交税费——应交增值税(进项税额)　　3 300

　贷:银行存款　　33 300

【注】该交易或事项属于付款业务,应填制付款凭证。

(二)制造费用的分配结转

【例4-24】本期中发生的制造费用记入"制造费用"总分类账户见表4-2,归集的制造费用按生产工人工资进行分配。

表4-2 制造费用总分类账

20××年××月××日　　单位:元

20××年		凭证号	摘　要	借方	贷方	借或贷	余额
月	日						
略	略	略	车间一般耗用材料	27 000		借	27 000
			车间管理人员工资	48 000		借	75 000
			车间管理人员福利费	9 600		借	84 600
			车间管理人员养老保险	13 440		借	98 040
			计提折旧费用	30 600		借	128 640
			支付车间水电费	21 000		借	149 640

制造费用分配率=制造费用总额 ÷ 生产工人工资总额=149 640÷(144 000+72 000)=0.692 777 78

A产品应负担的制造费用=A产品生产工人工资×分配率

=144 000×0.692 777 78

=99 760(元)

B产品应负担的制造费用=B产品生产工人工资×分配率

=72 000×0.692 777 78

=49 880(元)

将分配的制造费用填入表4-3。

表4-3 制造费用分配表

单位:元

产品名称	生产工人工资	分配率	分配金额
A产品	144 000		99 760
B产品	72 000		49 880
合 计	216 000	0.692 777 78	149 640

【分析】该交易或事项:一方面,经过计算分配将间接费用转化为直接费用,使企业的费用项目——生产成本增加149 640元,应记入"生产成本"账户的借方;另一方面,经过转销使企业的另一费用项目——制造费用减少149 640元,记入"制造费用"账户的贷方。

根据制造费用分配表进行账务处理时,编制的会计分录为

借:生产成本——A产品　　99 760

　　　　　——B产品　　49 880

　贷:制造费用　　149 640

【注】该交易或事项属于转账业务,应填制转账凭证。

(三)完工产品成本的结转

【例4-25】黄河公司本期生产的A、B两种产品生产成本情况见生产成本明细分类账表4-4和表4-5,其中A产品没有全部完工,完工产品280件,在产品成本按年初固定数确定,即直接材料18 000元,直接人工费72 000元,制造费用6 000元。B产品月初和月末不计算在产品成本,本月投产120件全部完工,验收入库。

表4-4 生产成本明细分类账

产品名称:A产品　　单位:元

20××年		凭证号	摘 要	直接材料费	直接人工费	制造费用	合计
月	日						
××	××		期初在产品成本	18 000	72 000	6 000	96 000
		1	生产耗用材料	117 000			213 000
		2	生产工人工资		144 000		357 000
		4	生产工人福利费		28 800		385 800
		5	生产工人养老保险		40 320		426 120
		14	分配制造费用			99 760	525 880
			合 计	135 000	285 120	105 760	525 880

表 4-5 生产成本明细分类账

产品名称:B产品　　　　单位:元

20××年 月	日	凭证号	摘 要	直接材料费	直接人工费	制造费用	合计
××	××	1	生产耗用材料	66 000			66 000
		2	生产工人工资		72 000		138 000
		4	生产工人补贴		14 400		152 400
		5	生产工人养老保险		20 160		172 560
		14	分配制造费用			49 880	222 440
			合 计	66 000	106 560	49 880	222 440

根据A、B产品生产成本明细分类账,分别编制生产成本计算单:

表 4-6 生产成本计算单

产品名称:A产品　　　　年　月　日　　　　单位:元

摘 要	成本项目 直接材料费	直接人工费	制造费用	合 计
月初在产品成本	18 000	72 000	6 000	96 000
本月生产费用	117 000	213 120	99 760	429 880
合 计	135 000	285 120	105 760	525 880
完工产品成本	117 000	213 120	99 760	429 880
月末在产品成本	18 000	72 000	6 000	96 000

表 4-7 生产成本计算单

产品名称:B产品　　　　年　月　日　　　　单位:元

摘 要	成本项目 直接材料费	直接人工费	制造费用	合 计
月初在产品成本	0	0	0	0
本月生产费用	66 000	106 560	49 880	222 440
合 计	66 000	106 560	49 880	222 440
完工产品成本	66 000	106 560	49 880	222 440
月末在产品成本	0	0	0	0

【分析】该交易或事项:一方面,使企业的资产项目——库存商品增加652 320元,应记入"库存商品"账户的借方;另一方面,使企业费用项目——生产成本减少652 320元,记入"生产成本"账户的贷方。

根据生产成本计算单公司在进行账务处理时,应编制的会计分录为

借:库存商品——A产品　　　　429 880

　　　　　——B产品　　　　222 440

贷:生产成本——A 产品　　　　　　　429 880

　　　　　——B 产品　　　　　　　222 440

【注】该交易或事项属于转账业务,应填制转账凭证。

◆ 会计知识链接

实际中产品出入库

在实际工作中,随着产品陆续完工,经过验收合格后随时入库,另外由于销售等原因,商品也会陆续出库,仓库保管员平时只记入库、出库和结存的数量,而不记金额。月末,由会计计算完工入库产品成本而增加的成本金额和因销售等原因使库存减少的成本金额以及库存商品的余额。

平均年限法计提折旧

我国允许企业选用的折旧方法只有以下 4 种,直线法、工作量法、双倍余额递减法、年数总和法。折旧方法一经确定,不得随意变更,如要变更需在财务报表的附注中加以说明。其中:平均年限法又称直线法,是最简单并且常用的一种方法。此法是以固定资产的原价减去预计净残值除以预计使用年限,求得每年的折旧费用。在各使用年限中,固定资产转移到产品成本中的价值均是相等的,折旧的累计额呈直线上升的趋势。这种方法具有易懂和易操作的优点,但它也存在着一些明显的局限性。它忽略了“何时受益,何时付费”的配比原则。

1. 计算公式

年折旧率 ＝(1－预计净残值率)÷ 预计使用寿命(年)× 100％

月折旧额 ＝ 固定资产原价× 年折旧率 ÷ 12

企业应当自固定资产投入使用月份的次月起计算折旧;停止使用的固定资产,应当自停止使用月份的次月起停止计算折旧。

企业应当根据固定资产的性质和使用情况,合理确定固定资产的预计净残值。固定资产的预计净残值一经确定,不得变更。

2. 年限平均法优点

平均年限法最大的优点是简单明了,易于掌握,简化了会计核算。因此在实际工作中得到了广泛的应用。

3. 年限平均法不足

首先,固定资产在使用前期操作效能高,使用资产所获得收入比较高。根据收入与费用配比的原则,前期应提的折旧额应该相应的比较多。

其次,固定资产使用的总费用包括折旧费和修理费两部分。通常在固定资产使用后期的修理费会逐渐增加。而平均年限法的折旧费用在各期是不变的。这造成了总费用逐渐增加,不符合配比的原则。

再次,平均年限法未考虑固定资产的利用程度和强度,忽视了固定资产使用磨损程度的差异及工作效能的差异。

最后,平均年限法没有考虑到无形损耗对固定资产的影响。

4. 年限平均法适用范围

在实际工作中，又有哪些固定资产使用平均年限法比较合适呢？根据影响折旧方法的合理性因素，当一项固定资产在各期使用情况大致相同，其负荷程度也大致相同时，修理和维护费用在资产的使用期内没有显著的变化，资产的收入在整个年限内差不多时，满足或部分满足这些条件时，选择平均年限法比较合理。在实际工作中，平均年限法适用于房屋，建筑物等固定资产折旧的计算。

5. 企业在固定资产的预计使用寿命时，应考虑以下因素：

(1)该固定资产的预计生产能力或实物产量。

(2)该固定资产的有形损耗，如因设备使用中发生磨损，房屋建筑物受到自然侵蚀等。

(3)该固定资产的无形损耗，如因新技术的进步而使现有的资产技术水平相对陈旧、市场需求变化使产品过时等。

(4)有关固定资产使用的法律或者类似的限制。

6. 最新固定资产折旧年限计算

《中华人民共和国企业所得税法实施条例》第六十条规定：除国务院财政、税务主管部门另有规定外，固定资产计算折旧的最低年限如下：(1)房屋、建筑物，为20年；(2)飞机、火车、轮船、机器、机械和其他生产设备，为10年；(3)与生产经营活动有关的器具、工具、家具等，为5年；(4)飞机、火车、轮船以外的运输工具，为4年；(5)电子设备，为3年。

任务四 核算销售过程业务

一、销售过程的主要经济业务

销售过程是工业企业生产经营过程的最后阶段。企业所生产的产品，必须通过市场销售才能使产品的价值得以实现。企业在销售过程中，应根据等价交换的原则出售产品获取价款或债权，实现收入；同时，在销售过程中，还会因销售产品发生各种包装费、运杂费、广告宣传费等销售费用；还应按照国家税法规定的税种、税率计算缴纳销售税金；结转已售产品生产成本等。另外，企业在销售产品的同时还会发生一些其他销售业务，如多余材料的出售、出租固定资产、包装物等，这些都是销售业务应核算的内容。

因此，销售业务核算的内容应包括营业(商品、材料销售等)收入的确认与计量以及形成的款项的结算、营业成本的计算与结转、销售费用的确认与归集、税金及附加的计算与缴纳。

二、应设置的主要账户

为了正确反映销售过程核算的内容，企业应设置和运用以下账户。

1.“主营业务收入”账户

(1)账户性质 损益类(收入类)账户。

(2)核算内容 用来核算企业在销售商品、提供劳务等主营业务所实现的收入及收入的结转。

(3)账户结构 贷方登记企业本期销售商品(包括产成品、自制半成品等)所实现的主营业务收入；借方登记发生的销售退回应冲减的收入和期末转入“本年利润”账户的收入结转数；期末结转后，该账户应无余额。

(4)明细账设置 按照主营业务的类别、产品名称设置明细账，进行明细分类核算。

2.“其他业务收入”账户

(1)账户性质 损益类(收入类)账户。

(2)核算内容 用来核算企业确认的除主营业务以外的其他销售或其他业务所实现的收入(包括出租固定资产、出租无形资产、出租包装物、销售材料等实现的收入)及收入的结转。

(3)账户结构 贷方登记企业本期实现的其他业务收入；借方登记期末结转到“本年利润”账户的其他业务收入的转出数；期末结转后该账户应无余额。

(4)明细账设置 按照其他业务收入的种类设置明细账，进行明细分类核算。

3.“主营业务成本”账户

(1)账户性质 损益类(费用类)账户。

(2)核算内容 用来核算企业与主营业务收入配比应确认的主营业务成本(如已经销售产品的制造成本、已经确认劳务收入的劳务成本等)的发生和结转。

(3)账户结构 借方登记从“库存商品”“劳务成本”账户转入的本期已经销售商品的生产成本或已实现的劳务成本；贷方登记当期发生销售退回的产品成本和期末转入“本年利润”账户的本期已销商品生产成本的转出数；期末结转后该账户应无余额。

(4)明细账设置 按照主营业务收入账户对应设置明细账，进行明细分类核算。

4.“其他业务成本”账户

(1)账户性质 损益类(费用类)账户。

(2)核算内容 用来核算企业与其他业务收入配比的其他销售或其他业务成本的发生和结转。

(3)账户结构 借方登记从相关账户(原材料、无形资产、累计摊销等账户)转入的本期已发生的其他业务成本；贷方登记期末结转到“本年利润”账户的本期已发生其他业务成本的转出数；期末结转后该账户应无余额。

(4)明细账设置 按照其他业务成本的种类设置明细账，并进行明细分类核算。

5.“税金及附加”账户

(1)账户性质 损益类(费用类)账户。

(2)核算内容 用来核算企业与一定会计期间收入进行配比的各种价内税和教育费附加的发生和结转。

(3)账户结构 借方登记企业按规定计算出的本期应负担的应交消费税、城市维护建设税、资源税、教育费附加、土地使用税、房产税、车船税、印花税(“4 小税”原来在“管理费用”核算)等相关税费；贷方登记期末转入“本年利润”账户的各种税金及教育费附加的转出数；期末结转后该账户无余额。

(4)明细账设置 按照税金及附加的名称设置明细账，进行明细分类核算。

6.“销售费用”账户

(1)账户性质 损益类(费用类)账户。

(2)核算内容 用来核算企业与一定会计期间收入进行配比的各种销售费用(包括销售过程发生的运输费、装卸费、保险费、展览费和广告费、商品维修费等以及为销售本企业商品而专设的销售机构的职工薪酬、业务费、折旧费等经营费用)的发生和结转。

(3)账户结构 借方登记发生的各种销售费用;贷方登记转入“本年利润”账户的各种销售费用转出数;期末结转后该账户应无余额。

(4)明细账设置 按照销售费用的费用项目设置明细账户,进行明细核算。

7.“应收账款”账户

(1)账户性质 资产类账户。

(2)核算内容 用来核算企业因销售商品、产品、提供劳务等,应向购货单位或接受劳务单位收取的款项(包括价款、税款以及代购货单位垫付的包装、运杂费等)及其结果情况。不单独设置“预收账款”账户的企业,预收的账款也在本账户核算。

(3)账户结构 借方登记因销售业务发生的应收账款;贷方登记已经收回的应收账款。期末余额一般在借方,表示应收但尚未收回的款项;如果期末出现贷方余额,表示企业预收的账款。

(4)明细账设置 按照客户名称(即债务单位或个人)设置明细账户,进行明细分类核算。

8.“应收票据”账户

(1)账户性质 资产类账户。

(2)核算内容 核算企业因销售产品、提供劳务等而收到的商业汇票款及其兑付。

(3)账户结构 该账户借方登记企业因销售产品收到承兑方签字的商业汇票;贷方登记票据到期(不论其是否收到款项)的商业汇票;期末余额在借方,表示尚未到期的应收票据款项。

(4)明细账设置 按照承兑方(即债务单位)设置明细账户,进行明细分类核算。

(5)应收票据备查账 企业应当设置“应收票据备查账”,逐笔登记收到的每一商业汇票的种类、号数和出票日、票面金额、交易合同号和付款人、承兑人、背书人的姓名或单位名称、到期日、背书转让日、贴现日、贴现率和贴现净额以及收款日和收回金额、退票情况等资料,商业汇票到期结清票款或退票后,应当在备查簿内逐笔注销。

9.“预收账款”账户

(1)账户性质 负债类账户。

(2)核算内容 用来核算企业按照合同规定向购货单位预收的款项及其清偿。

(3)账户结构 贷方登记预收购货单位的款项和购货单位补付的款项;借方登记向购货单位发出商品销售实现的货款和退回多付的款项。该账户期末余额如在贷方,表示预收购货单位的尚未用商品或劳务偿付的款项;期末余额如在借方,表示购货单位应补付的货款。

(4)明细账设置 按照购货单位名称设置明细账户,进行明细分类核算。

注意:企业预收账款情况不多的,也可将预收的款项直接记入“应收账款”账户的贷方,结算时登记在“应收账款”账户的借方。

三、销售过程的业务核算举例

以下业务为黄河公司12月份发生的销售业务。

【例4-26】黄河公司销售A产品200件,每件售价2 000元,按规定计算应交增值税68 000元,价税合计468 000元,款项已收到存入银行。

【分析】该交易或事项:一方面,因收到款项使企业的资产项目——银行存款增加468 000元,应记入“银行存款”账户的借方;另一方面,一是因销售实现使企业的收入项目——主营业务收入增加 400 000 元，记入“主营业务收入”账户的贷方；二是收到增值税税额，使企业具有预收性质的负债项目——应交增值税（销项税额）增加 68 000 元，记入“应交税费——应交增值税（销项税额）”账户的贷方。

该公司进行账务处理时，编制的会计分录为

借：银行存款　　468 000

　贷：主营业务收入——A 产品　　400 000

　　应交税费——应交增值税（销项税额）　　68 000

【注】该交易或事项属于收款业务，应填制收款凭证。

【例 4-27】黄河公司采用托收承付结算方式向鑫月公司销售 B 产品 80 件，每件售价 2 500 元，开出增值税专用发票，上注明价款 200 000 元，增值税 34 000 元，商品已发出；代垫运费 2 220 元以银行存款支付；企业根据发票、账单等凭证，已向银行办妥托收手续，但货款尚未收到。

①商品已发出办妥托收手续时

【分析】该交易或事项：一方面，虽然销售成立但尚未收到款项，使企业的资产项目——应收账款增加 234 000 元，应记入“应收账款”账户的借方；另一方面，一是因销售实现使企业的收入项目——主营业务收入增加 200 000 元，记入“主营业务收入”账户的贷方；二是收到增值税税额，使企业具有预收性质的负债项目——应交增值税（销项税额）增加 34 000 元，记入“应交税费——应交增值税（销项税额）”账户的贷方。

该公司进行账务处理时，编制的会计分录为

借：应收账款——鑫月公司　　234 000

　贷：主营业务收入——B 产品　　200 000

　　应交税费——应交增值税（销项税额）　　34 000

【注】该交易或事项属于转账业务，应填制转账凭证。

②以银行存款支付代垫运费时

【分析】该交易或事项：一方面，因运费代垫性质，属于使企业的资产项目——应收账款增加，应记入“应收账款”账户的借方；另一方面，因付出款项使企业资产项目——银行存款减少，记入“银行存款”账户的贷方。

借：应收账款——鑫月公司　　2 220

　贷：银行存款　　2 220

【注】该交易或事项属于付款业务，应填制付款凭证。

【例 4-28】黄河公司采用商业汇票结算方式销售 A 产品 300 件，每件售价 2 000 元，开出增值税专用发票，上注明价款 600 000 元，增值税 102 000 元，商品已经发出并收到购货单位 M 公司开出、承兑的商业汇票一张，金额为 702 000 元。

【分析】该交易或事项：一方面，使企业的资产项目——应收票据增加 702 000 元，应记入“应收票据”账户的借方；另一方面，一是因销售实现使企业的收入项目——主营业务收入增加 600 000 元，记入“主营业务收入”账户的贷方；二是收到增值税税额，使企业具有预收性质的负债项目——应交增值税（销项税额）增加 102 000 元，记入“应交税费——应交增值税（销项税额）”账户的贷方。

该公司进行账务处理时，编制的会计分录为

借:应收票据——M公司 702 000

贷:主营业务收入——A产品 600 000

应交税费——应交增值税(销项税额) 102 000

【注】该交易或事项属于转账业务,应填制转账凭证。

【例4-29】根据合同规定,预收购货单位红宇公司购买B产品价款351 000元,存入银行。

【分析】该交易或事项:一方面,使企业的资产项目——银行存款增加351 000元,应记入“银行存款”账户的借方;另一方面,使企业负债项目——预收账款增加351 000元,记入“预收账款”账户的贷方。

该公司进行账务处理时,编制的会计分录为

借:银行存款 351 000

贷:预收账款——红宇公司 351 000

【注】该交易或事项属于收款业务,应填制收款凭证。

【例4-30】黄河公司根据合同规定,向预付货款的红宇公司发出B产品120件,每件售价2 500元,开出增值税专用发票,上注明价款300 000元,增值税51 000元,价税合计351 000元。

【分析】该交易或事项:一方面,一是因销售实现使企业的收入项目——主营业务收入增加300 000元,记入“主营业务收入”账户的贷方;二是收到增值税税额,使企业具有预收性质的负债项目——应交增值税(销项税额)增加51 000元,记入“应交税费——应交增值税(销项税额)”账户的贷方。另一方面,用销售收入抵偿债务使企业负债项目——预收账款减少351 000元,记入“预收账款”账户的借方。

该公司进行账务处理时,编制的会计分录为

借:预收账款——红宇公司 351 000

贷:主营业务收入——B产品 300 000

应交税费——应交增值税(销项税额) 51 000

【注】该交易或事项属于转账业务,应填制转账凭证。

【例4-31】黄河公司接到银行通知,上月采用托收承付结算方式销售给宇达公司的B产品,价税款和代垫运费共468 900元已收妥入账。

【分析】该交易或事项:一方面,使企业的资产项目——银行存款增加468 900元,应记入“银行存款”账户的借方;另一方面,使企业另一资产项目——应收账款减少468 900元,记入“应收账款”账户的贷方。

该公司进行账务处理时,编制的会计分录为

借:银行存款 468 900

贷:应收账款——宇达公司 468 900

【注】该交易或事项属于收款业务,应填制收款凭证。

◆ 会计知识链接

预收账款是双重性质账户

预收账款是双重性质账户,当企业收到预付账款时,负债增加,记在“预收账款”账户的贷方,结算时,无论预收金额的多少,一律记在借方。结算后,如果借方余额,表示应该补收的差额，为“债权”，即“应收账款”的性质；如果为贷方余额，则表示应退给卖方的差额，为“债务”，即“应付账款”的性质。在编制资产负债表时，应该格外注意“应收账款”与“预收账款”，“应付账款”与“预付账款”等账户明细账的余额方向及其含义。

【例4-32】黄河公司以银行存款支付展销费，增值税专用发票上注明价款30 000元，增值税税额1 800元。

【分析】该交易或事项：一方面，一是使企业的费用项目——销售费用增加30 000元，应记入“销售费用”账户的借方；二是使企业具有垫付性质的并可以抵扣的增值税进项税额增加了1 800元，应记入“应交税费——应交增值税(进项税额)”账户的借方。另一方面，使企业资产项目——银行存款减少31 800元，记入“银行存款”账户的贷方。

该公司进行账务处理时，编制的会计分录为

借：销售费用——展销费　　30 000

　　应交税费——应交增值税(进项税额)　　1 800

　贷：银行存款　　31 800

【注】该交易或事项属于付款业务，应填制付款凭证。

【例4-33】假设该企业销售的B产品属于消费税征收范围，按B产品销售收入计算应交消费税(税率10%)50 000[(200 000+300 000)×10%]元。

【分析】该交易或事项：一方面，因销售业务而发生了纳税义务，使企业的负债项目——应交税费增加50 000元，应记入“应交税费”账户的贷方；另一方面，由于消费税是价内税，应作为销售收入的减项，因而使企业费用项目——税金及附加增加50 000元，记入“税金及附加”账户的借方。

该公司进行账务处理时，编制的会计分录为

借：税金及附加　　50 000

　贷：应交税费——应交消费税　　50 000

【注】该交易或事项属于转账业务，应填制转账凭证。

【例4-34】企业报税员本月购买使用印花税票200元，出纳以现金支付。

【分析】该交易或事项：一方面，使企业费用项目——税金及附加增加200元，记入“税金及附加”账户的借方；另一方面，使企业资产项目——库存现金减少200元，记入“库存现金”账户的贷方。

该公司进行账务处理时，编制的会计分录为

借：税金及附加　　200

　贷：库存现金　　200

【注】该交易或事项属于付款业务，应填制付款凭证。

【例4-35】计算本月应交纳的城市维护建设税10 500元，教育费附加4 500元，地方教育费附加3 000元。本企业适用的城市维护建设税、教育费附加和地方教育费附加分别为7%、3%和2%。

城市维护建设税、教育费附加和地方教育费附加是以企业实际缴纳的增值税和消费税之和为依据征收的附加税费，分别用于城市的公用事业和公用设施的维护和建设及教育支出。

【分析】该交易或事项：一方面，因销售业务而发生了纳税义务，使企业的负债项目——应交税费增加 18 000 元,应记入"应交税费"账户的贷方;另一方面,由于城市维护建设税、教育费附加和地方教育费附加是价内税费,应作为销售收入的减项,因而使企业费用项目——税金及附加增加 18 000 元,记入"税金及附加"账户的借方。

该公司进行账务处理时,编制的会计分录为

借:税金及附加 18 000

　贷:应交税费——应交城市维护建设税 10 500

　　　　——应交教育费附加 4 500

　　　　——应交地方教育费附加 3 000

【注】该交易或事项属于转账业务,应填制转账凭证。

【例 4-36】月末计算并结转已售产品的销售成本。本月售出产品的生产成本,共计 455 020 元。其中:A 产品 500 件、每件 1 535 元,计 767 500 元;B 产品 200 件,每件 1 854 元,计 370 800 元。

【分析】该交易或事项:一方面,由于销售产品,将存货资产转化为费用,使企业与销售收入配比的费用项目——主营业务成本增加 1 138 300 元,应记入"主营业务成本"账户的借方;另一方面,由于产品出库,使企业资产项目——库存商品减少 1 138 300 元,记入"库存商品"账户的贷方。

该公司进行账务处理时,编制的会计分录为

借:主营业务成本——A 产品 767 500

　　　　——B 产品 370 800

　贷:库存商品——A 产品 767 500

　　　　——B 产品 370 800

【注】该交易或事项属于转账业务,应填制转账凭证。

【例 4-37】向辉通公司出售一批不需用的丙材料,售价 15 000 元,增值税率 17%。收到辉通公司交来期限为 3 个月的商业汇票一张,金额 17 550 元。该批丙材料的实际成本为 10 000 元。

①销售材料时

【分析】该交易或事项:一方面,一是因销售实现使企业的收入项目——其他业务收入增加 15 000 元,记入"其他业务收入"账户的贷方;二是收到增值税税额,使企业具有预收性质的负债项目——应交增值税(销项税额)增加 2 550 元,记入"应交税费——应交增值税(销项税额)"账户的贷方。另一方面,使企业的资产项目——应收票据增加 17 550 元,应记入"应收票据"账户的借方。

该公司进行账务处理时,编制的会计分录为

借:应收票据——辉通公司 17 550

　贷:其他业务收入——材料销售 15 000

　　应交税费——应交增值税(销项税额) 2 550

【注】该交易或事项属于转账业务,应填制转账凭证。

②结转销售材料成本时

【分析】该交易或事项:一方面,由于销售材料,将存货资产转化为费用,使企业与其他业务收入配比的费用项目——其他业务成本增加 10 000 元,应记入"其他业务成本"账户的借方;另一方面,由于材料出库,使企业资产项目——原材料减少 10 000 元,记入"原材料"账户的贷方。

借:其他业务成本——材料销售　　10 000

　贷:原材料——丙材料　　10 000

【注】该交易或事项属于转账业务,应填制转账凭证。

【例 4-38】黄河公司进行专利权出租,月末收取本月租金,开出增值税专用发票,上列价款 25 000 元,增值税 1 500 元,款项已存入银行。

【分析】该交易或事项:一方面,一是因无形资产出租使企业的收入项目——其他业务收入增加 25 000 元,记入"其他业务收入"账户的贷方;二是收到增值税税额,使企业具有预收性质的负债项目——应交增值税(销项税额)增加 1 500 元,记入"应交税费——应交增值税(销项税额)"账户的贷方。另一方面,使企业的资产项目——银行存款增加 17 550 元,应记入"银行存款"账户的借方。

该公司进行账务处理时,编制的会计分录为

借:银行存款　　26 500

　贷:其他业务收入——租赁收入　　25 000

　　应交税费——应交增值税(销项税额)　　1 500

【注】该交易或事项属于收款业务,应填制收款凭证。

【例 4-39】支付本月销售产品运输费用,增值税专用发票上列明价款 38 000 元增值税 4 180 元,开出转账支票。

【分析】该交易或事项:一方面,一是使企业的费用项目——销售费用增加 38 000 元,应记入"销售费用"账户的借方;二是使企业具有垫付性质的并可以抵扣的增值税进项税额增加了 4 180 元,应记入"应交税费——应交增值税(进项税额)"账户的借方。另一方面,使企业资产项目——银行存款减少 31 800 元,记入"银行存款"账户的贷方。

该公司进行账务处理时,编制的会计分录为

借:销售费用——运杂费　　38 000

　应交税费——应交增值税(进项税额)　　4 180

　贷:银行存款　　42 180

【注】该交易或事项属于付款业务,应填制付款凭证。

◆ 会计知识链接

运杂费的会计处理

【例 4-39】是由卖方负担运杂费的处理方法。

如果是由买方负担运费,卖方只是代替购买单位垫付,需要将运费发票原件交给买方,本企业留复印件,作为付款的依据,会计分录也会有所不同:

借:应收账款——××公司　　42 180

　贷:银行存款　　42 180

任务五 核算财务成果业务

一、财务成果核算的主要内容

(一)利润的构成

利润是指企业在一定会计期间的经营成果,也就是一定会计期间收入减去费用后的净额和直接计入当期利润的利得和损失等。而直接计入当期利润的利得和损失,是指应当计入当期损益,会导致所有者权益发生增减变动的,与所有者投入资本或者向所有者分配利润无关的利得或者损失。利得和损失与实际工作中相对应的业务即营业外收入和营业外支出。营业外收入反映企业发生的营业利润以外的收益,主要包括:债务重组得利;与企业日常活动无关的政府补助;盘盈利得——企业对于现金等资产清查盘点中盘盈的资产、报经批准后计入营业外收入的金额;捐赠利得等。营业外支出反映企业发生的营业利润以外的支出,主要包括:债务重组损失;公益性捐赠支出——企业对外进行公益性捐赠发生的支出;非常损失——企业因客观原因造成的各项资产净损失;盘亏损失;非流动资产毁损报废损失等。

利润包括营业利润、利润总额和净利润,其计算公式如下:

营业利润=营业收入-营业成本-税金及附加-销售费用-管理费用-财务费用-资产减值损失+公允价值变动收益(-公允价值变动损失)+投资收益(-投资损失)+资产处置收益(-资产处置损失)+其他收益

利润总额=营业利润+营业外收入-营业外支出

净利润=利润总额-所得税费用

(二)利润的分配

企业当期的净利润应按国家规定的程序进行分配,企业当期实现的净利润,加上年初未分配利润(或减去年初未弥补亏损)和其他转入后的余额,为可供分配的利润。企业实现的净利润,应按下列顺序分配:

(1)提取法定盈余公积 指企业按规定提取的法定盈余公积。

(2)应付优先股股利 指企业按照利润分配方案分配给优先股股东的现金股利。

(3)提取任意盈余公积 指企业按规定提取的任意盈余公积。

(4)应付普通股股利 指企业按照利润分配方案分配给普通股股东的现金股股利及分配给投资者的利润。

(三)财务成果业务核算的主要业务内容

财务成果业务核算的主要内容包括两个过程:一是利润的形成,二是利润的分配。具体来说包括:营业利润的确认和计算,利得和损失的确认和记录,利润总额的确认和计算,企业应纳和缴纳所得税的确认、计算和结转,净利润的计算和利润的分配等。

二、应设置的主要账户

财务成果核算既涉及收入，又涉及成本，还涉及期间费用和企业的利得和损失等。除在筹集资金过程、供应过程、生产过程和销售过程已讲解和列示的账户外，本项业务主要应设置“本年利润”“利润分配”“盈余公积”“投资收益”“营业外收入”“营业外支出”“所得税费用”和“应付股利”或“应付利润”等账户进行核算。

1.“本年利润”账户

(1)账户性质　所有者权益类账户。

(2)核算内容　是用来核算企业实现的净利润(或发生的净亏损)。

(3)账户结构　该账户贷方登记期末从“主营业务收入”、“其他业务收入”、“营业外收入”、“投资收益”(投资净收益)、“其他收益”和“资产处置收益”(资产处置净收益)等账户的转入数；借方登记期末从“主营业务成本”、“税金及附加”、“其他业务成本”、“销售费用”、“管理费用”、“财务费用”、“营业外支出”、“所得税费用”、“投资收益”(投资净损失)和“资产处置损失”(资产处置净损失)等账户的转入数。年度终了，应将本年收入和支出相抵后结出本年实现的净利润，转入“利润分配”账户的贷方；如为净亏损，转入“利润分配”账户的借方，结转后该账户应无余额。

(4)明细账设置　该账户一般不设置明细账。

其“T”形账户结构如图 4-1 所示。

本年利润

将损益类账户中各费用类账户的余额转入	将损益类账户中各收入类账户的余额转入
期末余额：当期实现的净亏损	期末余额：当期实现的净利润

图 4-1　本年利润账户结构

2.“投资收益”账户

(1)账户性质　损益类(收入类)账户。

(2)核算内容　用来核算企业对外投资取得的收益或发生的费用和损失及其结转。

(3)账户结构　贷方登记取得的投资收益或期末投资净损失的转出数；借方登记投资损失和费用，以及期末投资净收益的转出数；期末结转后的该账户应无余额。

(4)明细账设置　按照投资收益种类设置明细账，进行明细分类核算。

其“T”形账户结构如图 4-2 所示。

投资收益

投资损失 投资净收益转入“本年利润”的数额	投资收入 投资净损失转入“本年利润”的数额

图 4-2　投资收益账户结构

3.“营业外收入”账户

(1)账户性质 损益类(收入类)账户。

(2)核算内容 用来核算企业发生的与企业生产经营无直接关系的各项收入的取得及结转情况。

(3)账户结构 贷方登记企业各“利得”项目的增加;借方登记期末转入“本年利润”账户贷方的各项“利得”的转出数;期末结转后该账户应无余额。

(4)明细账设置 按照各“利得”项目设置明细账,进行明细分类核算。

4.“营业外支出”账户

(1)账户性质 损益类(费用类)账户。

(2)核算内容 用来核算企业发生的与企业生产经营无直接关系的各项支出的发生及结转情况。

(3)账户结构 该账户借方登记企业各“损失”项目的增加;贷方登记期末转入“本年利润”账户借方的各项“损失”的转出数;期末结转后该账户应无余额。

(4)明细账设置 按照各“损失”项目设置明细账,进行明细分类核算。

5.“所得税费用”账户

(1)账户性质 损益类(费用类)账户。

(2)核算内容 用来核算企业根据税法规定,对按照会计准则确认的会计利润进行调整而得到的应税所得额,乘以所得税税率计算出应纳所得税额,所形成的所得税费用的发生及结转。

(3)账户结构 借方登记应从会计利润中抵扣的所得税费用;贷方登记期末转入“本年利润”账户的所得税费用;结转后该账户应无余额。

(4)明细账设置 按照“当期所得税费用”“递延所得税费用”设置明细账,进行明细分类核算。

6.“利润分配”账户

(1)账户性质 所有者权益账户。

(2)核算内容 用来核算企业利润的分配(或亏损的弥补)和历年分配(或弥补)后的积存余额。

(3)账户结构 借方登记按规定实际分配的利润数,或年终时从“本年利润”账户的贷方转来的全年亏损总额;贷方登记年终时从“本年利润”账户借方转来的全年实现的净利润总额;年终贷方余额表示历年积存的未分配利润,如为借方余额,则表示历年积存的未弥补亏损。

(4)明细账设置 分别按“提取法定盈余公积”“提取任意盈余公积”“应付现金股利或利润”“转作股本的股利”“盈余公积补亏”和“未分配利润”设置明细账,进行明细分类核算。

其“T”形账户结构如图4-3所示。

利润分配

净利润的分配数额、年度终了从“本年利润”账户转来的全年发生的净亏损	亏损的弥补数额、年度终了从“本年利润”账户转来的全年实现的净利润
期末余额:尚未弥补的亏损	期末余额:尚未分配的利润

图4-3 利润分配账户结构

7."利润分配——提取法定盈余公积"账户

(1)账户性质　所有者权益账户(利润分配的二级账户)。

(2)核算内容　用来核算企业年末按规定提取的法定盈余公积金及结转。

(3)账户结构　借方登记按规定提取的法定盈余公积;贷方登记反方向转入"利润分配——未分配利润"账户借方的本年已提取的法定盈余公积;该账户在结转前借方余额,结转后,该账户无余额。

8."利润分配——提取任意盈余公积"账户

(1)账户性质　所有者权益账户(利润分配的二级账户)。

(2)核算内容　用来核算企业年末按规定提取的任意盈余公积金及结转。

(3)账户结构　借方登记按规定提取的任意盈余公积;贷方登记反方向转入"利润分配——未分配利润"账户借方的本年已提取的任意盈余公积;该账户在结转前借方余额,结转后,该账户无余额。

9."利润分配——应付股利"账户

(1)账户性质　所有者权益账户(利润分配的二级账户)。

(2)核算内容　用来核算企业在年末以向投资者分红的形式进行的应付股利及结转。

(3)账户结构　借方登记按分配方案准备分给投资者的红利;贷方登记反方向转入"利润分配——未分配利润"账户借方的本年已分配给投资者的利润;该账户在结转前借方余额,结转后,该账户无余额。

10."利润分配——未分配利润"账户

(1)账户性质　所有者权益账户(利润分配的二级账户)。

(2)核算内容　用来核算企业本年度的未分配利润(或未弥补亏损)和历年积存的未分配利润(或未弥补亏损)。

(3)账户结构　年末,借方登记由"利润分配——(各分配项目)"账户反方向已分配利润数,或年终时从"本年利润"账户的反方向转来的本年度亏损额;年末,贷方登记从"本年利润"账户转来的本年度实现的净利润额;年末如为贷方余额,表示历年积存的未分配利润,如为借方余额,则表示历年来累计的未弥补亏损。

11."应付股利"账户

(1)账户性质　负债类账户。

(2)核算内容　用来核算企业按规定分配的现金股利或利润及其支付。

(3)账户结构　贷方登记按分配决议应付给投资者的利润;借方登记实际支付的利润;期末余额在贷方,表示企业尚未支付给投资者的现金股利或利润。

(4)明细账设置　按投资者设置明细账,进行明细分类核算。

12."盈余公积"账户

(1)账户性质　所有者权益账户。

(2)核算内容　用来核算企业按规定从净利润中提取的盈余公积金及其使用。

(3)账户结构　贷方登记年末从净利润中提取的盈余公积;借方登记盈余公积的减少,如用盈余公积弥补亏损或转增资本等;期末余额在贷方,表示盈余公积金的结存额。

(4)明细账设置　按照"法定盈余公积""任意盈余公积"设置明细账,进行明细分类核算。

13."坏账准备"账户

(1)账户性质 资产类备抵账户。

(2)核算内容 用来核算企业应收款项的坏账准备。

(3)账户结构 该账户的贷方登记资产负债表日应收款项发生减值的金额和本期应计提的坏账准备大于其账面余额的差额(即补提的坏账准备);借方登记确实无法收回的应收款项,按管理权限报经批准后作为坏账而转销的金额和应计提的坏账准备小于其账面余额的差额(即冲销多提的坏账准备)。本账户期末贷方余额,反映企业已计提但尚未转销的坏账准备。

(4)明细账设置 本账户按应收款项的类别进行明细核算,适合采用"三栏式"明细账。

14."资产减值损失"账户

(1)账户性质 损益类账户。

(2)核算内容 用来核算企业计提各项资产减值准备所形成的损失。

(3)账户结构 该账户的借方登记企业的应收款项、存货、固定资产、无形资产等资产发生减值的金额,贷方登记企业计提的坏账准备、存货跌价准备等相关资产的价值又得以恢复的,应在原已计提的减值准备金额内,按恢复增加的金额。期末,应将本账户余额转入"本年利润"账户,结转后本账户无余额。

(4)明细账设置 本账户可按资产减值损失的项目进行明细核算,适合采用"三栏式"明细账。

三、利润的形成核算

为了掌握财务成果的形成和利润分配的步骤和要点,假定黄河公司下列经济业务均发生在12月份。

(一)投资收益的核算

【例4-40】黄河公司从其他单位分得投资利润180 000元,存入银行。

【分析】该交易或事项:一方面,由于收到投资分红使企业的收入项目——投资收益增加180 000元,应记入"投资收益"账户的贷方;另一方面,使企业资产项目——银行存款增加180 000元,记入"银行存款"账户的借方。

公司在进行账务处理时,编制的会计分录为

借:银行存款 180 000

　贷:投资收益 180 000

【注】该交易或事项属于转账业务,应填制转账凭证。

(二)营业外收支的核算

【例4-41】因泰仓公司未按合同履约,收到泰仓公司的违约金45 000元,存入银行。

【分析】该交易或事项:一方面,由于收到违约金使企业的收入项目——营业外收入增加45 000元,应记入"营业外收入"账户的贷方;另一方面,使企业资产项目——银行存款增加45 000元,记入"银行存款"账户的借方。

公司在进行账务处理时,编制的会计分录为

借:银行存款 45 000

　贷:营业外收入——罚款收入 45 000

【注】该交易或事项属于收款业务，应填制收款凭证。

【例 4-42】黄河公司预交本月增值税 60 000 元，款项通过银行转账。

【分析】该交易或事项：一方面，由于预交增值税使企业的法定负债项目——应交增值税减少 60 000 元，应记入“应交税费——应交增值税（已交税金）”账户的借方；另一方面，使企业资产项目——银行存款减少 60 000 元，记入“银行存款”账户的贷方。

公司在进行账务处理时，编制的会计分录为

借：应交税费——应交增值税（已交税金）　　60 000

　贷：银行存款　　60 000

【注】该交易或事项属于付款业务，应填制付款凭证。

【例 4-43】黄河公司交纳上月的企业所得税 40 000 元、上月未交的增值税 80 000 元、消费税 50 000 元、城市维护建设税 10 500 元、教育费附加 4 500 元、地方教育费附加 3 000 元，款项通过银行转账。

【分析】该交易或事项：一方面，一是企业的法定负债项目——应交税费减少 188 000 元，应记入“应交税费”账户的借方；另一方面，使企业资产项目——银行存款减少 188 000 元，记入“银行存款”账户的贷方。

公司在进行账务处理时，编制的会计分录为

借：应交税费——未交增值税　　80 000

　应交税费——应交所得税　　40 000

　应交税费——应交消费税　　50 000

　应交税费——应交城市维护建设税　　10 500

　　　　——应交教育费附加　　4 500

　　　　——应交地方教育费附加　　3 000

　贷：银行存款　　188 000

【注】该交易或事项属于付款业务，应填制付款凭证。

【例 4-44】黄河公司向如佳酒店支付招待客户的餐费 12 000 元，款项转账支付。

【分析】该交易或事项：一方面，由于支付餐费使企业的费用项目——管理费用增加 12 000 元，应记入“管理费用”账户的借方；另一方面，使企业资产项目——银行存款减少 12 000 元，记入“银行存款”账户的贷方。

公司在进行账务处理时，编制的会计分录为

借：管理费用——招待费　　12 000

　贷：银行存款　　12 000

【注】该交易或事项属于付款业务，应填制付款凭证。

【例 4-45】黄河公司向红十字会进行公益性捐赠支出 30 000 元，款项通过银行汇出。

【分析】该交易或事项：一方面，由于进行捐赠使企业的费用项目——营业外支出增加 30 000 元，应记入“营业外支出”账户的借方；另一方面，使企业资产项目——银行存款减少 30 000 元，记入“银行存款”账户的贷方。

公司在进行账务处理时，编制的会计分录为

借：营业外支出——捐赠支出　　30 000

　贷：银行存款　　30 000

【注】该交易或事项属于付款业务，应填制付款凭证。

【例 4-46】2015 年入账的应收黄庆公司的货款 20 000 元，经确认款项无法收回，经批准作坏账处理。

【分析】该交易或事项：一方面，由于实际发生坏账使企业计提的应收款项的抵减项目——坏账准备减少 20 000 元，应记入“坏账准备”账户的借方；另一方面，注销黄庆公司的应收款，使企业资产项目——应收款项减少 20 000 元，记入“应收账款”账户的贷方。

公司在进行账务处理时，编制的会计分录为

借：坏账准备 20 000
　贷：应收账款 20 000

【注】该交易或事项属于转账业务，应填制转账凭证。

【例 4-47】黄河公司按规定本月确认资产减值损失，计提坏账准备 31 000 元，经确认款项无法收回，经批准作坏账处理。

【分析】该交易或事项：一方面，因计提坏账准备使企业的用来抵减利润的项目——资产减值损失增加 31 000 元，应记入“资产减值损失”账户的借方；另一方面，使企业计提的应收款项的抵减项目——坏账准备增加 31 000 元，应记入“坏账准备”账户的贷方。

公司在进行账务处理时，编制的会计分录为

借：资产减值损失——计提的坏账准备 31 000
　贷：坏账准备 31 000

【注】该交易或事项属于转账业务，应填制转账凭证。

(三)利润实现的核算

根据前述各经营过程的经济业务汇总出黄河公司 12 月末损益类账户余额如下：

主营业务收入	1 500 000(贷方)
主营业务成本	1 138 300(借方)
其他业务收入	15 000(贷方)
其他业务成本	10 000(借方)
税金及附加	68 200(借方)
管理费用	197 200(借方)
销售费用	98 316(借方)
财务费用	2 000(借方)
投资收益	180 000(贷方)
营业外收入	45 000(贷方)
营业外支出	30 000(借方)
资产减值损失	31 000(借方)

【例 4-48】12 月 31 日，将上述损益类账户中收入类账户余额转入“本年利润”账户。

【分析】该交易或事项：一方面，应反方向借记“主营业务收入”等有关收入类账户，结转后有关收入类的账户应无余额；另一方面，应贷记“本年利润”账户。

该公司进行账务处理时，编制的会计分录为

借：主营业务收入 1 500 000
　　其他业务收入 15 000

投资收益　　180 000
营业外收入　　45 000
贷:本年利润　　1 740 000

【注】该交易或事项属于转账业务,应填制转账凭证。

【例 4-49】12 月 31 日,将上述损益类账户中成本费用类账户余额转入“本年利润”账户。

【分析】该交易或事项:一方面,应反方向贷记“主营业务成本”等有关费用类账户,结转后有关费用类的账户应无余额;另一方面,应借记“本年利润”账户。

该公司进行账务处理时,编制的会计分录为

借:本年利润　　1 542 016
贷:主营业务成本　　1 138 300
其他业务成本　　10 000
税金及附加　　68 200
管理费用　　197 200
销售费用　　98 316
营业外支出　　30 000

【注】该交易或事项属于转账业务,应填制转账凭证。

【例 4-50】确定本月的利润总额和应纳所得税。假定该公司无纳税调整项目,即应纳税所得额等于利润总额。

利润总额=1 740 000-1 542 016
=197 984(元)

应纳所得税=197 984×25%
=49 496(元)

◆ 会计知识链接

企业所得税税额的计算

在实际工作中,“利润总额”通过查阅“本年利润”明细账获得真实数据。“应纳企业所得税额”是根据“应纳税所税额×企业所得税税率”计算得来的,“应纳税所税额”是在“利润总额”的基础上按照税法规定加上或者减去调整项目得来的。由于学生所学知识所限,一般基础会计教材上,将“利润总额”视同为“应纳税所税额”。

【分析】该交易或事项:一方面,企业按规定计算应交纳的企业所得税是在下月上缴,这样使企业的负债项目——应交所得税增加 49 496 元,应记入“应交税费——应交所得税”账户的贷方;另一方面,使企业的特殊费用项目——所得税费用增加 49 496 元,记入“所得税费用”账户的借方。

根据计算得出本月应纳所得税,该公司进行账务处理时,编制的会计分录为

借:所得税费用　　49 496
贷:应交税费——应交所得税　　49 496

【注】该交易或事项属于转账业务,应填制转账凭证。

【例 4-51】12 月 31 日，将“所得税费用”账户余额转入“本年利润”账户。

【分析】该交易或事项：一方面，应反方向贷记“所得税费用”账户，结转后该账户应无余额；另一方面，应借记“本年利润”账户。

该公司进行账务处理时，编制的会计分录为

借：本年利润　　　　　　　　　　　　　49 496

　贷：所得税费用　　　　　　　　　　　　49 496

【注】该交易或事项属于转账业务，应填制转账凭证。

四、利润的分配业务核算

假定黄河公司 201×的 12 月末“本年利润”账户的账面余额为 500 000 元(贷方)，为了突出利润分配的步骤和会计分录、假定该公司以前年度既无亏损，也无未分配利润。

【例 4-52】12 月 31 日，将全年净利润转入“利润分配——未分配利润”账户。

【分析】该交易或事项：一方面，使企业用来计算本年实现的净利润的“本年利润”账户其任务已完成，应结平，即借记“本年利润”账户；另一方面，使企业用来计算未分配利润的“利润分配——未分配利润”账户增加，应贷记 “利润分配——未分配利润”账户。

该公司进行账务处理时，编制的会计分录为

借：本年利润　　　　　　　　　　　　　500 000

　贷：利润分配——未分配利润　　　　　　500 000

【注】该交易或事项属于转账业务，应填制转账凭证。

【例 4-53】12 月 31 日按国家相关规定和顺序提取盈余公积金。其中法定盈余公积金按净利润的 10%提取。

【分析】该交易或事项：一方面，以提取法定盈余公积的形式，使企业抵减本年利润的项目——利润分配增加 50 000 元，应记入“利润分配”账户的借方；另一方面，使企业所有者权益项目——盈余公积增加 50 000 元，记入“盈余公积”账户的贷方。

公司在进行账务处理时，编制的会计分录为

借：利润分配——提取法定盈余公积　　　　50 000

　贷：盈余公积——法定盈余公积　　　　　　50 000

【注】该交易或事项属于转账业务，应填制转账凭证。

【例 4-54】12 月 31 日，根据协议或合同以及董事会等权力机构的决定，按净利润的 20%提取向投资人分配利润。

【分析】该交易或事项：一方面，以向投资者分配利润的形式，使企业抵减本年利润的项目——利润分配增加 100 000 元，应记入“利润分配”账户的借方；另一方面，使企业负债项目——应付股利增加 100 000 元，记入“应付股利”账户的贷方。

该公司进行账务处理时，编制的会计分录为

借：利润分配——应付现金股利　　　　　100 000

　贷：应付股利　　　　　　　　　　　　　100 000

【注】该交易或事项属于转账业务，应填制转账凭证。

【例 4-55】12 月 31 日，将上述利润分配的明细分类账户提取法定盈余公积和应付利润的余额转入“利润分配——未分配利润”明细分类账户，进而确定出企业未分配利润的实际数额，留待以后年度进行分配。

【分析】该交易或事项：一方面，使企业用来反映已分配利润的“利润分配”账户所属的“提取法定盈余公积”和“应付股利”明细账户其任务已完成，应结平，即贷记“利润分配——提取法定盈余公积”和“利润分配——应付股利”账户；另一方面，将已经分配的利润结转至企业用来计算未分配利润的“利润分配——未分配利润”账户，以抵减本年已实现的利润，应记入“利润分配——未分配利润”账户的借方。

公司进行账务处理时，编制的会计分录为

借：利润分配——未分配利润　　150 000

　贷：利润分配——提取法定盈余公积　　50 000

　　　　　　——应付股利　　100 000

【注】该交易或事项属于转账业务，应填制转账凭证。

黄河公司年末未分配利润的数额为

“利润分配——未分配利润”账户贷方数额－借方数额

＝500 000－150 000

＝350 000(元)

◆ 会计工作技能链接

关于月末结转的会计分录

1.结转本月领用的原材料成本

借：生产成本

　制造费用

　贷：原材料

2.结转本月制造费用

借：生产成本

　贷：制造费用

3.结转本月完工产品成本

借：库存商品

　贷：生产成本

4.结转本月销售产品成本

借：主营业务成本

　贷：库存商品

5.结转已售材料成本

借：其他业务成本

　贷：原材料

6.结转损益(收入)

借：主营业务收入

　其他业务收入

　投资收益

营业外收入

贷:本年利润

7.结转损益(费用)

借:本年利润

贷:主营业务成本

其他业务成本

税金及附加

销售费用

管理费用

财务费用

营业外支出

8.结转所得税费用

借:本年利润

贷:所得税费用

9.月末结转未交增值税

借:应交税费——应交增值税——转出未交增值税

贷:应交税费——未交增值税

10.月末结转多交增值税

借:应交税费——未交增值税

贷:应交增值税——应交增值税——转出多交增值税

11.年末结转本年未实现的净利润(本年利润账户贷方余额情况下)

借:本年利润

贷:利润分配——未分配利润

12.年末结转本年发生的亏损(本年利润账户借方余额情况下)

借:利润分配——未分配利润

贷:本年利润

13.年末结转已分配利润账户

借:利润分配——未分配利润

贷:利润分配——提取法定盈余公积

利润分配——提取任意盈余公积

利润分配——现金股利

◆ 项目小结

1.工业企业的经济活动主要包括资金筹集过程的业务核算、材料供应过程的业务核算、产品生产过程、产品销售过程及财务成果业务核算。

2.资金筹集过程的业务核算需要设置:实收资本、资本公积、银行存款、短期借款、长期借款、应付利息、财务费用等账户进行账务处理。

3.材料供应过程的业务核算需要设置:在途物资、原材料、应交税费、应付账款、应付票据、银行存款等账户进行账务处理。

4.产品生产过程的业务核算需要设置：生产成本、制造费用、管理费用、累计折旧、应付职工薪酬、库存商品、银行存款等账户进行账务处理。

5.产品销售过程的业务核算需要设置：主营业务收入、主营业务成本、税金及附加、销售费用等账户进行账务处理。

6.财务成果的核算包括利润的形成、所得税的计算、利润分配核算。需要设置：本年利润、所得税费用、利润分配、盈余公积、应付股利等账户进行账务处理。

◆ 知识拓展

法　币

二维码 4-1　法币

复习思考题

1.工业企业的主要经济活动有哪些？

2.资金筹集的渠道和筹资方式有哪些？

3.资金筹集过程的业务核算需要设置哪些账户？

4.材料采购成本的构成内容有哪些？

5.材料供应过程的业务核算需要设置哪些账户？

6.产品生产成本构成内容有哪些？

7.产品生产过程的业务核算需要设置哪些账户？

8.如何计算产品销售成本？

9.产品销售过程的业务核算需要设置哪些账户？

10.如何计算利润总额和净利润？

项目五　填制和审核会计凭证

◆ 学习目标

- 了解会计凭证的作用与种类、传递和保管；
- 熟悉原始凭证和记账凭证的填制要求；
- 能够对原始凭证和记账凭证的正确性进行审核。

◆ 技能目标

- 会正确填制原始凭证和记账凭证；
- 能够对会计凭证进行正确的装订保管。

◆ 引导案例

小张毕业后应聘到一家企业做财务工作。2017 年 9 月 16 日，企业销售产品一批，增值专用发票注明价款 200 000 元，增值税 34 000 元，收到对方开出为期三个月的商业汇票一张。小张依据上述票据资料，编制出如下记账凭证。请指出小张编制的记账凭证中存在哪些问题？

记　账　凭　证

总号 020　分号

2017 年 09 月 16 日

摘要	一级科目	二级科目	借方	✓	贷方	✓
			亿千百十万千百十元角分		亿千百十万千百十元角分	
销售产品	银行存款		23400000			
	主营业务收入	A产品			20000000	
	应交税费	应交增值税（销）			340000	
合计			¥23400000		¥23400000	

附件　张

财会主管　记账　出纳　复核　制单

上海立信会计用品总公司出品　139-18

任务一　识别会计凭证及种类

一、会计凭证的概念和作用

(一)会计凭证的概念

会计凭证是记录经济业务事项的发生和完成情况，明确经济责任，并作为记账依据的书面证明。会计工作有一个重要特点，就是重凭证，一切款项物资的收付和账务处理都要以凭证为依据。

任何一个企业、单位，对所发生的每一项经济业务事项，经办人员必须按照规定的程序和要求，填制会计凭证，记录经济业务发生或完成的日期、经济业务的内容，并在会计凭证上签名或盖章，以对会计凭证的真实性和准确性负责。一切会计凭证都必须经过有关会计人员的严格审查，只有经过审核无误的会计凭证才能作为登记账簿的依据。

（二）会计凭证的作用

填制和审核会计凭证是会计核算的基础工作和关键环节。做好会计凭证的填制、取得和审核工作，对提高会计核算质量和管理水平，具有以下重要的作用。

1. 提供经济活动的原始资料及详细的会计信息

任何一项经济业务事项的发生都要填制或取得会计凭证，将经济业务事项如实记录下来。会计凭证详细记录了经济业务事项发生的具体内容，使其成为反映经济业务事项内容的原始资料。通过对会计凭证中的原始资料进行整理，可以获取详细的会计信息。

2. 提供记账依据

每一项经济业务事项发生时，都必须按规定及时填制和取得会计凭证，对经济业务事项的发生时间、地点、内容及完成情况作出记录，必须经过严格审核，保证记录的客观性、真实性和正确性，据以作为记账的依据。通过会计凭证的传递，为会计分析和会计检查提供信息资料。

3. 明确经济责任，强化内部控制

会计凭证不仅可以反映经济业务事项的内容，而且有关经办人员及责任人都要在凭证上签字或盖章，分清职责，相互牵制，强化内部控制。

4. 发挥监督作用，保护财产安全完整

通过审核会计凭证可以检查发生的经济业务是否真实、正确、合理、合法，有无违纪和铺张浪费现象，以便加强会计监督，及时发现经营管理及会计核算工作中存在的问题，有效地加以纠正和改进，保证企业经济活动的良性发展，保护财产的安全完整。

二、会计凭证的种类

为了运用会计凭证，首先要对会计凭证加以分类。会计凭证按照编制程序和用途分为原始凭证和记账凭证两类。

（一）原始凭证

原始凭证又称单据，是在经济业务发生或完成时由相关人员取得或填制的，用以记录或证明经济业务发生或完成情况并明确有关经济责任的一种原始凭据。它是在经济业务发生的过程中直接产生的，是经济业务发生的最初证明。如出差乘坐的车票、住宿发票、报销单，采购商品取得的采购发票，销售商品开具的销售发票，产品生产完工填制的产品入库单，销售发出商品时填制的产品出库单等，都是原始凭证。

（二）记账凭证

记账凭证又称记账凭单，是会计人员以审核无误的原始凭证为依据编制，记载经济业务简要内容，确定会计分录，登记账簿的直接依据。

◆ 会计知识链接

原始凭证与记账凭证之间的关系

由于原始凭证来自不同的单位，数量较多，格式不一，为了分门别类系统地反映会计信息，这就需要根据原始凭证反映的不同经济业务，加以归类和整理，会计人员根据审核无误的原始凭证或汇总原始凭证，填制具有统一格式的记账凭证，确定会计分录，并将相关的原始凭证附在后面。所以说会计分录是通过记账凭证来完成的，记账凭证具有分类归纳原始凭证和据以登记会计账簿的作用。这样不仅可以简化工作，减少差错，而且有利于原始凭证的保管，便于对账和查账，提高会计工作质量。

任务二 填制与审核原始凭证

一、原始凭证的基本内容

企业发生的经济业务纷繁复杂，反映其具体内容的原始凭证也品种繁多。虽然原始凭证反映经济业务的内容不同，但无论哪一种原始凭证，都应具备一些共同的基本内容，通常称为要素。原始凭证必须具备以下基本内容。

(1)原始凭证的名称，如“增值税专用发票”“发料单”等。

(2)填制原始凭证的日期和凭证编号。

(3)接受凭证的单位名称(抬头单位)。

(4)经济业务的内容、数量、计量单位、单价和金额。

(5)填制单位的名称或填制人员姓名。

(6)填制单位的签章。

(7)经办人员的签名或盖章。

二、原始凭证的种类

企业经济业务纷繁复杂，因此原始凭证的品种繁多，为了更好地认识和利用原始凭证，须按照一定标准对原始凭证进行分类。

(一)原始凭证按其来源不同分类

1. 自制原始凭证

自制原始凭证是经济业务执行或完成时，由本单位经办部门或人员自行填制的、仅供内部使用的原始凭证，如收料单、领料单、产品入库单、工资单等。

2. 外来原始凭证

外来原始凭证是在经济业务发生或完成时，从其他单位或个人直接取得原始凭证。如企业购买材料时从销货单位取得的增值税专用发票、铁路运输部门的火车票、由银行转来的结算凭证和对外支付款项时取得的收据等。

(二)原始凭证按其填制方法不同分类

1.一次凭证

一次凭证是指只反映一项经济业务,或者是同时反映若干项同类性质经济业务,其填制手续是一次完成的会计凭证。外来原始凭证一般均属一次凭证,自制原始凭证中大多数也是一次凭证。如企业的"收料单"(具体格式如表 5-1 所示);领用材料时填制的"领料单"等都是一次凭证。

表 5-1 收 料 单

年 月 日　　　　　　　　　　　号仓库　编号:

<table>
<tr><td>付款单号</td><td></td><td>供货单位</td><td></td><td>材料来源</td><td colspan="2">合同订货</td><td>市场采购</td><td>其他</td></tr>
<tr><td rowspan="2">材料类别</td><td rowspan="2">材料编号</td><td rowspan="2">材料名称</td><td rowspan="2">规格</td><td rowspan="2">计量单位</td><td colspan="2">数量</td><td rowspan="2">单价</td><td rowspan="2">金额</td></tr>
<tr><td>发票</td><td>实收</td></tr>
<tr><td></td><td></td><td></td><td></td><td></td><td></td><td></td><td></td><td></td></tr>
<tr><td rowspan="2">实际成本</td><td>原价</td><td>运杂费</td><td></td><td rowspan="2">附注</td><td colspan="4" rowspan="2"></td></tr>
<tr><td>加成</td><td>合计</td><td></td></tr>
</table>

二
财务存

核算:　　　主管:　　　保管:　　　检验:　　　交库:

2.累计凭证

累计凭证是在一定期间内多次记录发生的同类型经济业务的原始凭证,是多次有效的凭证,其特点是在一张凭证内可以连续登记相同性质的经济业务,可随时结出累计数和结余数,并按照规定限额进行费用控制,期末按实际发生额记账。如企业所用的限额领料单(具体格式如表 5-2 所示)等。

表 5-2 限额领料单

领料单位:　　　　　　　　　　　　　　　　编号:
用途:　　　　　　　年　月　日　　　　　　发料仓库:

<table>
<tr><td rowspan="2">材料类别</td><td rowspan="2">材料编号</td><td rowspan="2">材料名称规格</td><td rowspan="2">计量单位</td><td rowspan="2">计划单价</td><td rowspan="2">全月领用限额</td><td colspan="2">全月实领</td></tr>
<tr><td>数量</td><td>金额</td></tr>
<tr><td></td><td></td><td></td><td></td><td></td><td></td><td></td><td></td></tr>
</table>

<table>
<tr><td rowspan="2">日期</td><td colspan="2">请领</td><td colspan="3">实发</td><td colspan="3">退料</td><td rowspan="2">限额结余</td></tr>
<tr><td>数量</td><td>领料单位负责人</td><td>数量</td><td>发料人</td><td>领料人</td><td>数量</td><td>退料人</td><td>收料人</td></tr>
<tr><td></td><td></td><td></td><td></td><td></td><td></td><td></td><td></td><td></td><td></td></tr>
<tr><td></td><td></td><td></td><td></td><td></td><td></td><td></td><td></td><td></td><td></td></tr>
<tr><td></td><td></td><td></td><td></td><td></td><td></td><td></td><td></td><td></td><td></td></tr>
<tr><td></td><td></td><td></td><td></td><td></td><td></td><td></td><td></td><td></td><td></td></tr>
<tr><td>合计</td><td></td><td></td><td></td><td></td><td></td><td></td><td></td><td></td><td></td></tr>
</table>

供应部门负责人:　　　　生产计划部门负责人:　　　　仓库负责人:

3.汇总凭证

汇总凭证是指为了简化记账凭证的编制工作,将一定时期内反映经济业务内容相同的若干张原始凭证按照一定标准综合填制的原始凭证，用以集中反映某项经济业务总括发生情况。如：发料凭证汇总表（具体格式如表 5-3 所示）、收料凭证汇总表、现金收入汇总表等。汇总凭证只能将同类内容的经济业务汇总填列在一张汇总凭证中。

表 5-3　发料凭证汇总表

年　　月　　日　　　　　　　　附领料单　　份

领料单位	材料名称	用途	单位	数量	单价		总成本	
					计划	实际	计划	实际
一车间								
二车间								
厂部								
合计								

主管：　　　　审核：　　　　发料：　　　　保管：

◆ 会计知识链接

使用累计凭证与汇总凭证的优点

企业在经济核算过程中，使用累计凭证，可简化核算手续；能对材料消耗、成本管理起事先控制作用，是企业进行计划管理的手段之一。汇总原始凭证在大中型企业中使用非常广泛，因为它可以简化核算手续提高核算工作效率；能够使核算资料更为系统化，使核算过程更为条理化；能够直接为管理提供某些综合指标。

（三）原始凭证按其格式不同分类

1. 通用凭证

通用凭证是指由有关部门统一印制的、在一定范围内使用的具有统一格式和使用方法的原始凭证。如车票、现金支票（具体格式如图 5-1 所示）等。

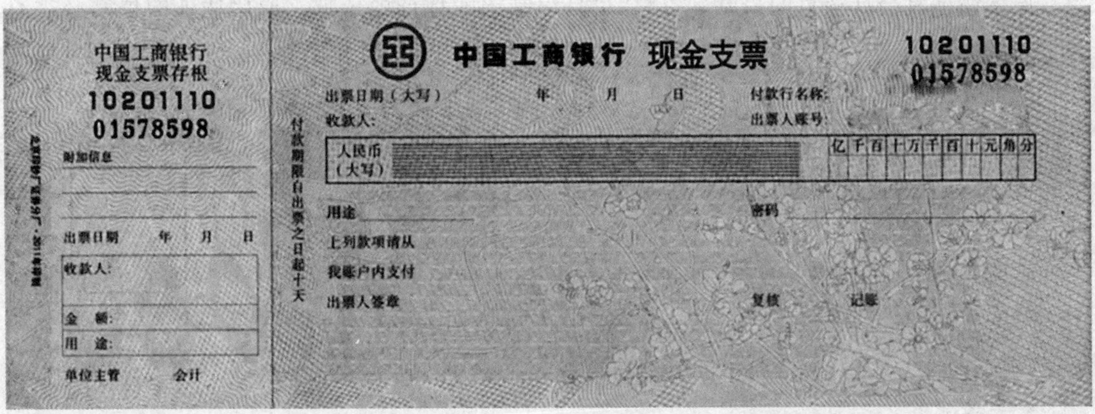
中国工商银行
现金支票存根
10201110
01578598
附加信息
出票日期　年　月　日
收款人：
金　额：
用　途：
单位主管　会计

付款期限自出票之日起十天

中国工商银行　现金支票
10201110
01578598
出票日期（大写）　年　月　日　付款行名称：
收款人：　出票人账号：
人民币（大写）　亿 千 百 十 万 千 百 十 元 角 分
用途　密码
上列款项请从
我账户内支付
出票人签章　复核　记账

图 5-1　现金支票

2. 专用凭证

专用凭证是指由单位自行印制、仅在本单位内部使用的原始凭证。如收料单、领料单、差旅费报销单、折旧计算表、工资费用分配表、增值税专用发票(具体格式如图 5-2 所示)等。

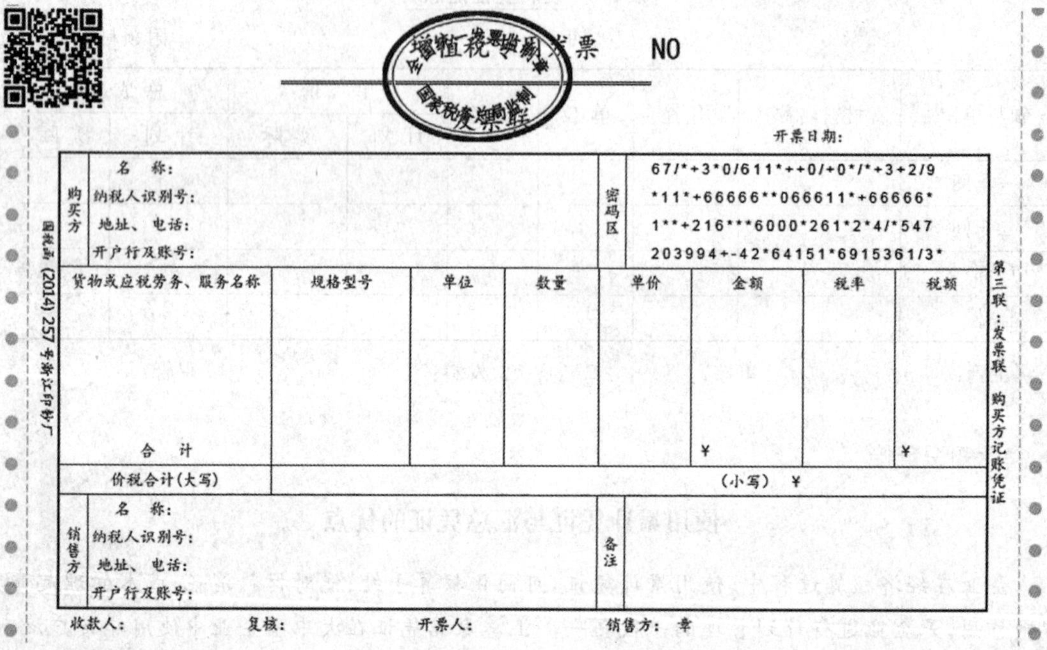
增值税专用发票 NO

发票联

开票日期:

购买方	名　称: 纳税人识别号: 地址、电话: 开户行及账号:	密码区	67/*+3*0/611*++0/+0*/*+3+2/9 *11*+66666**066611*+66666* 1**+216***6000*261*2*4/*547 203994+-42*64151*6915361/3*

货物或应税劳务、服务名称	规格型号	单位	数量	单价	金额	税率	税额
合　计					¥		¥
价税合计(大写)					(小写)　¥		

销售方	名　称: 纳税人识别号: 地址、电话: 开户行及账号:	备注	

收款人:　复核:　开票人:　销售方:章

国税函(2014)257号浙江印刷厂

第三联:发票联　购买方记账凭证

图 5-2　专用凭证

三、原始凭证的填制要求

原始凭证绝大部分是由非财会人员经办的,因此,有关业务人员掌握正确填制原始凭证的方法对保证原始凭证的质量具有重要意义。

(一)基本要求

原始凭证是会计核算的最基础资料,也是编制记账凭证的依据。原始凭证的填制必须符合下列基本要求。

1. 记录真实

原始凭证上填制的日期、经济业务内容和数字必须是经济业务发生或完成的实际情况,不得弄虚作假,不得以匡算数或估计数填入。

2. 内容完整

原始凭证中应该填写的项目要逐项填写,不可缺漏和省略;名称要写全,不要简化;品名和用途要填写明确,不能含糊不清;抬头单位的名称要齐全,不能简写;有关部门和人员的签名和盖章必须齐全。

3. 手续完备

单位自制的原始凭证必须有经办业务的部门和人员签名盖章;对外开出的凭证必须加盖

本单位的公章或财务专用章；从外部取得的原始凭证必须有填制单位公章或财务专用章；从个人取得的原始凭证，必须有填制人员的签名盖章。总之，取得的原始凭证必须符合手续完备的要求，以明确经济责任，确保凭证的合法性、真实性。

4. 填制及时

所有业务的有关部门和人员，在经济业务实际发生或完成时，必须及时填写原始凭证，并按规定程序及时送交会计机构，做到不拖延、不积压，不事后补填，并按规定的程序审核。

5. 编号连续

原始凭证要顺序连续或分类编号，在填制时要按照编号的顺序使用；原始凭证已预先印定编号，在写坏作废时，应加盖“作废”戳记，连同存根一起保管，不得撕毁。

6. 书写规范

原始凭证要按规定填写，文字要简明，字迹要清楚，易于辨认。复写的凭证要不串行、不串格，不模糊，一式几联的原始凭证，应当注明各联的用途。

(1)不得使用未经国务院公布的简化汉字。

(2)小写金额用阿拉伯数字逐个书写，不得写连笔字。特别是在要连写几个“0”时，也一定要单个的写，不能将几个“0”连在一起一笔写完。数字排列要整齐，数字之间的空隔要均匀，不宜过大。此外阿拉伯数字的书写还应有高度的标准，一般要求数字的高度占凭证横格的1/2为宜。书写时还要注意紧靠横格底线，使上方能有一定的空位，以便需要进行更正时可以再次书写。

(3)阿拉伯数字前面应该书写货币币种或者货币名称简写和币种符号。币种符号与阿拉伯数字之间不得留有空白。凡阿拉伯金额数字前写有货币币种符号的，数字后面不再写货币单位。所有以元为单位(其他货币种类为货币基本单位，下同)的阿拉伯数字，一律填写到角分；无角分的，角位和分位写“00”；有角无分的，分位应当写“0”，不得用符号“—”代替。在发票等须填写大写金额数字的原始凭证上，如果大写金额数字前未印有货币名称，应当加填货币名称，然后在其后紧接着填写大写金额数字，货币名称和金额数字之间不得留有空白。

(4)汉字填写金额如零、壹、贰、叁、肆、伍、陆、柒、捌、玖、拾、佰、仟、万、亿等，应一律用正楷或行书体填写，不得用〇、一、二、三、四、五、六、七、八、九、十等简化字代替。不得任意自造简化字。

(5)大写金额数字到元或角为止的，在“元”或“角”之后应当写“整”或“正”字，有分不得写“整”或“正”字。阿拉伯金额数字之间有“0”时，汉字大写金额应写“零”字；阿拉伯金额数字中间连续有几个“0”时，大写金额中可以只有一个“零”；阿拉伯金额数字元位为“0”或者数字中间连续有几个“0”，元位也是“0”，但角位不是“0”时，汉字大写金额可以只写一个“零”字，也可以不写“零”字。如￥2006.00，大写金额应写成“贰仟零陆元整”。

(6)大小写金额必须相符。

(7)票据日期的填写应注意以下几点：票据的出票日期必须使用中文大写；在填写月、日时，月为1、2和10的，日为1～9、10、20和30的，应在其前加“零”；日为11～19的，应在其前加“壹”。如1月15日，应写成零壹月壹拾伍日；再如10月20日，应写成零壹拾月零贰拾日；9日要写成零玖日，12月要写成壹拾贰月。

7. 不得涂改、刮擦、挖补

原始凭证有错误的，应当由出具单位重开或者更正，更正处应当加盖出具单位印章。原始凭证金额有错误的，应当由出具单位重开，不得在原始凭证上更正。

◆ 会计知识链接

“消字笔”的陷阱

河南安静女士丈夫的同学王一飞知道她有一笔存款，就三番五次找她借钱。2015—2016年两年时间内，自己分 6 次，共借给王一飞 30 余万元，其中约 25 万元是通过银行转账方式打入了王一飞的账户，2017 年 10 月 31 日上午 9 点左右，安静女士与王一飞商量还款的事情。“他称，欠条太分散，不妨算一算总额，另写到一张总的欠条上。”安静女士并未多想，拿出四五张欠条，算了一番，共计 32 万元左右。写完总欠条，按完红手印后，王一飞离开。让安静女士没想到的是，一个小时前还字迹清晰的欠条，竟然变得十分模糊。当天下午 2 点半左右，安静女士再次拿出欠条时，欠条竟变成了一张白纸，原先写下的借款内容“不翼而飞”，这是怎么回事？仅剩下了几个手印，这让她彻底傻眼了。经专业技术鉴定，欠条上确实显现出了笔迹。而给安静女士打借条的王一飞很可能用了消字笔写欠条。

(二)其他要求

(1)购买货物或销货退回，必须有验收证明，实物验收由实物保管人员办理，验收后在入库单上如实填写实收数额并盖印章。

(2)支付款项的原始凭证，必须有收款单位和收款人的收款证明，不能仅以支付款项的有关凭证代替如银行汇款凭证；因退货而退回货款的，必须有对方的收款收据或汇款银行的凭证，不得以退货发票代替收据。

(3)职工出差借款凭据，必须附在记账凭证之后，收回借款时，应当另开收据或退还借据副本，不得退还原借据。

(4)需要上级有关部门批准的经济业务，应当将批准文件作为原始凭证附件。如果批准文件需要单独归档的，应当在凭证上注明文件的批准机关名称，日期和文号，以便查阅。

四、填制常用原始凭证示例

(一)填制支票

支票，是由出票人签发，委托办理支票存款业务的银行在见票时无条件支付确定的金额给收款人或持票人的票据。一般分为现金支票和转账支票，二者的填制方法基本相同。下面以转账支票为例讲述填制方法。

1. 填写出票日期

支票的出票日期填写必须使用中文大写。若月为壹、贰、壹拾的，日为壹至壹拾、贰拾、叁拾的前面加“零”；月为拾月至拾贰月，日为拾至拾玖的，前面加“壹”。

2.填写收款人

转账支票收款人应填写为对方单位名称。收款人应写单位全称或个人的姓名,不得简写。

3.付款行名称、出票人账号

即为本单位开户银行名称及银行账号,银行账号必须小写。

4.填写金额

支票金额的填写,分大小写,大写要顶格写。大写数字写法:零、壹、贰、叁、肆、伍、陆、柒、捌、玖、拾。小写数字金额前要加人民币符号。支票上的大小写金额若填写错误不得更改,需作废重填。

5.填写用途

根据实际情况填写。

6.盖章

支票签章处应加盖签发单位在银行预留的签章(称为印鉴)。一般使用本单位授权的财务专用章和法人代表章。

小提示:转账支票一定要注意有效期限。正常付款期限为:自出票之日起10天。超过付款期,银行不予受理。

转账支票的填制示例见图5-3所示。

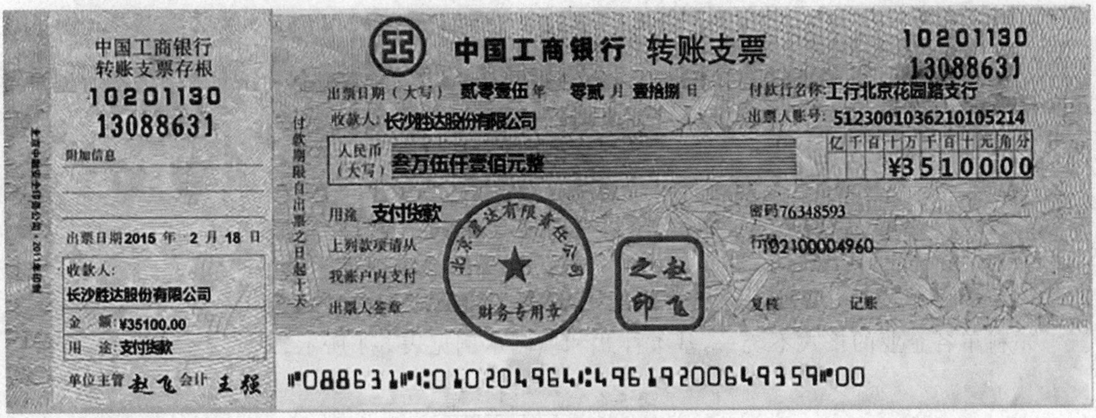

图5-3　转账支票的填制

(二)填制增值税专用发票

增值税专用发票是由国家税务总局监制设计印制的,增值税一般纳税人(营改增之后,部分小规模纳税人可以申请自行领用开具增值税专用发票)领购使用的,既作为纳税人反映经济活动中的重要会计凭证又是兼记销货方纳税义务和购货方进项税额的合法证明。增值税专用发票使用税务专用开票软件在计算机中填制,并用打印机打印,手工填制的发票无效。对于商品种类较多,一张发票无法全部填列时,可在发票后附销售商品清单。增值税专用发票的样式和填制项目如图5-4所示。

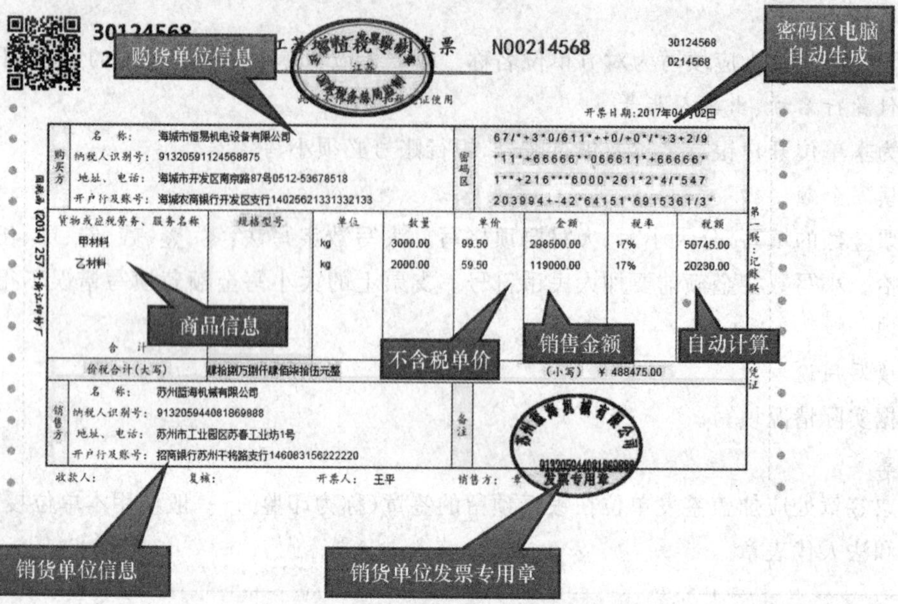

图 5-4 增值税专用发票的填制

◆ 知识拓展

增值税小规模纳税人自行开具增值税专用发票试点有哪些新行业？

二维码 5-1 增值税小规模纳税人自行开具增值税专用发票试点有哪些新行业？

(三)填制领料单

领料单各企业的格式不统一，基本样式和填制示例见表 5-4 所示。

表 5-4 领 料 单

领料单位：维修组　　2017 年 6 月 5 日　　2 号仓库　　编号：010　　单位：元

用途	修理设备			产品批量			订单号		
材料类别	材料编号	材料名称	规格	计量单位	数量		单价	金额	二
					请领	实发			财务存
钢材	021	圆钢	75 mm	千克	200	200	60	12 000	
备 注									

核算：　　主管：　　发料：张立　　主管：　　领料：王维

(四)更正原始凭证错误

为了规范原始凭证的内容，明确相关人员的经济责任，防止利用原始凭证进行舞弊，原始凭证错误的更正应遵守以下规定.

(1)原始凭证所记载的各项内容均不得涂改、挖补。随意涂改、挖补的原始凭证即为无效凭证,不能作为填制记账凭证和登记会计账簿的依据。

(2)原始凭证记载的内容有错误的,应当由开具单位重开或更正,更正工作必须由原始凭证出具单位进行,并在更正处加盖出具单位印章;重新开具原始凭证也应当由原始凭证开具单位进行。

(3)原始凭证金额出现错误的不能更正,应退回原始凭证开具单位要求其重新开具。

(4)原始凭证开具单位应当依法开具准确无误的原始凭证,对于填制有误的原始凭证,要负责更正和重新开具,不得拒绝。

五、审核原始凭证

在会计核算工作中,只有经过审核无误的原始凭证,才能作为填制记账凭证和记账的依据。为了确保核算资料的真实,准确和合法,会计部门和经办业务的有关部门,必须对原始凭证进行严格认真的审核。原始凭证的审核,是会计监督工作的一个重要环节。

(一)审核的主要内容

1.真实性审核

真实性审核包括日期是否真实,业务内容是否真实,数据是否真实等。从外单位取得的原始凭证,必须盖有填制单位的公章;自制的原始凭证,必须有经办部门和经办人的签名或盖章。对于通用原始凭证,还应审核凭证本身的真实性,以防假冒。

2.合法性审核

审核原始凭证所记录经济业务是否有违反国家法律法规的情况,是否符合规定的审核权限,是否履行了规定的凭证传递和审核程序,是否有贪污腐化等行为。

3.合理性审核

审核原始凭证所记录经济业务是否符合企业生产经营活动的需要、是否符合有关的计划和预算等。

4.完整性审核

审核原始凭证各项基本要素是否齐全,是否有漏项情况,日期是否完整,数字是否清晰,文字是否工整,有关人员签章是否齐全,凭证联次是否正确等。

5.正确性审核

各项金额的计算及填写是否正确,如阿拉伯数字不得连写,大小写金额相符等,有无刮擦、涂改和挖补等。重点关注从外单位取得经济业务发票上所列示商品信息以及税率的正确与否,避免由于填制单位商品信息及发票税率选择错误致使发票无法使用。

6.及时性审核

应注意审查填制日期,尤其是支票、银行汇票、银行本票等时效性较强的原始凭证,更应仔细验证其签发日期。

(二)审核后的处理

原始凭证的审核,是一项严谨而细致的工作,会计人员必须坚持准则,履行会计人员的职责。经审核的原始凭证应根据不同情况处理。

(1)对于完全符合要求的原始凭证,应及时据以填制记账凭证并登记账簿。

(2)对于真实、合法、合理但内容不完整,填写有误,手续不完备,数字不准确以及情况不清楚的原始凭证应当退还给有关业务单位或个人,并令其补办手续或进行更正。

（3）对于不真实，不合法的原始凭证，会计机构、会计人员有权不予接受，并向单位负责人报告。

任务三 填制与审核记账凭证

一、记账凭证的基本内容

在实际工作中，由于原始凭证来源于不同的单位，种类繁多，格式多样，内容不同，数量庞大，加上原始凭证一般都不能明确具体表明经济业务应记入的账户的名称和借、贷方向，因此直接根据原始凭证登记账簿容易发生差错。为此，会计人员在登记账簿之前，必须在审核无误的基础上，对原始凭证反映的经济内容加以归类整理，编制具有统一格式的记账凭证，确定应借、应贷的账户名称和金额，然后据以记账。原始凭证作为记账凭证的附件附于其后，这样不仅简化记账工作，保证账簿记录的正确性，还有利于原始凭证的保管，便于对账和查账，提高会计工作质量。

记账凭证的主要作用是对原始凭证进行分类、整理，按照复式记账的要求，运用会计科目编制会计分录，据以登记账簿。记账凭证必须具备以下基本内容。

（1）记账凭证的名称。

（2）记账凭证的日期。

（3）记账凭证的编号。

（4）经济业务事项的内容摘要。

（5）经济业务事项所涉及的会计科目及记账方向。

（6）经济业务事项的金额。

（7）记账标记。

（8）所附原始凭证的张数。

（9）制证、审核、记账、会计主管等有关人员的签章，收款凭证和付款凭证还应由出纳人员签名或盖章。如图5-5所示。

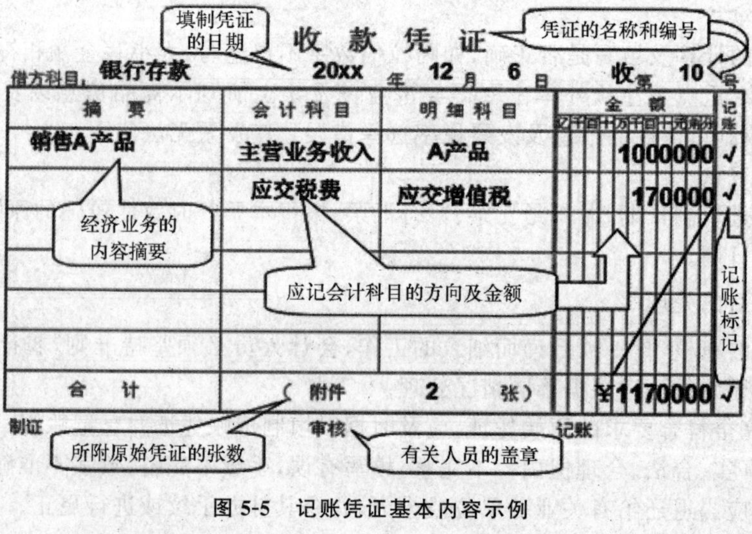

图5-5 记账凭证基本内容示例

◆ 会计知识链接

原始凭证与记账凭证的联系与区别

原始凭证和记账凭证的联系是：原始凭证是记账凭证的基础，记账凭证是根据原始凭证编制的，两者反映的内容一致；在实际工作中，原始凭证附在记账凭证后面，作为记账凭证的附件，记账凭证是对原始凭证内容的概括和说明；两者都是登记账簿的依据。

原始凭证和记账凭证的区别是：原始凭证是由经办业务的有关人员填制或取得的，而记账凭证一律由会计人员填制；原始凭证是一种证据，具有法律效力，而记账凭证不具法律效力，只能作为登记账簿的一种直接依据；原始凭证是根据经济业务的发生或完成情况填制的，其格式多种多样，错综复杂，而记账凭证是按会计核算方法的要求填制的，其格式基本统一；原始凭证仅用以记录证明经济业务已经发生或完成，不能载明会计分录，而记账凭证记录会计分录的全部内容。

二、记账凭证的种类

由于会计凭证记录和反映的经济业务多种多样，因此，记账凭证也是多种多样的。记账凭证按其适用的经济业务不同，可分为通用记账凭证和专用记账凭证。

(一)通用记账凭证

通用记账凭证是以一种格式记录全部经济业务的记账凭证。业务比较单一、业务量较少的单位，适宜使用这类记账凭证。其格式及内容如表5-5所示。

表5-5 记 账 凭 证

年 月 日　　　　______字第____号

摘　要	总账科目	明细科目	借方金额									记账符号	贷方金额								
			百	十	万	千	百	十	元	角	分		百	十	万	千	百	十	元	角	
合　计																					

附单据　张

会计主管：　　记账：　　复核：　　制证：

(二)专用记账凭证

专用记账凭证是专门用于记录某一类经济业务的记账凭证。按反映经济业务的内容不同，又分为收款凭证、付款凭证和转账凭证三种。

1.收款凭证

收款凭证是指专门用于记录现金和银行存款收款业务的会计凭证，收款凭证是出纳人员收讫款项的依据，也是登记总账、现金日记账和银行存款日记账以及有关明细账的依据，一般按现金和银行存款收款业务的原始凭证填制的。收款凭证基本格式如表 5-6 所示。

表 5-6 收　　款　　凭　　证

借方科目：　　　　　　　　　　年　　月　　日　　　　　　　　　　　______字第____号

摘　　要	贷方科目		贷方金额											记账
	总账科目	明细科目	亿	千	百	十	万	千	百	十	元	角	分	√
合　　　　计														

附单据　　张

会计主管：　　　　　记账：　　　　　出纳：　　　　　复核：　　　　　制单：

2.付款凭证

付款凭证是指专门用于记录现金和银行存款付款业务的会计凭证，付款凭证是出纳人员支付款项的依据，也是登记总账、现金日记账和银行存款日记账以及有关明细账的依据，是根据现金和银行存款付款业务的原始凭证填制的。付款凭证基本格式如表 5-7 所示。

表 5-7 付　　款　　凭　　证

贷方科目：　　　　　　　　　　年　　月　　日　　　　　　　　　　　______字第____号

摘　　要	借方科目		借方金额											记账
	总账科目	明细科目	亿	千	百	十	万	千	百	十	元	角	分	√
合　　　　计														

附单据　　张

会计主管：　　　　　记账：　　　　　出纳：　　　　　复核：　　　　　制单：

3.转账凭证

转账凭证是指专门用于记录不涉及现金和银行存款收付款业务的会计凭证。它是根据有关转账业务的原始凭证填制的，是登记总账和有关明细账的依据。转账凭证格式如表 5-8 所示。

表 5-8　转　账　凭　证

年　　月　　日　　　　　　　　　　　　字第　　号

摘要	科目		借方金额											贷方金额										
	总账科目	明细科目	亿	千	百	十	万	千	百	十	元	角	分	亿	千	百	十	万	千	百	十	元	角	分
合计																								

附单据　张

会计主管：　　　　　记账：　　　　　复核：　　　　　制单：

收款凭证、付款凭证和转账凭证分别用以记录现金、银行存款收款业务、付款业务和转账业务(与现金、银行存款收支无关的业务)，为了便于识别，各种凭证印制成不同的颜色。在会计实务中，对于现金和银行存款之间的收付款业务，为了避免记账重复，一般只编制付款凭证，不编制收款凭证。

在实际工作中，为了单独反映货币资金收付情况，在货币资金收付业务量较多的单位，往往对货币资金的收付业务编制专用的收、付款凭证。有些经济业务简单或收、付款业务不多的单位，可以使用通用记账凭证。

三、记账凭证的填制要求

记账凭证是登记账簿的依据，正确填制记账凭证，是保证账簿记录正确的基础。填制记账凭证应符合以下要求。

(一)基本要求

1. 审核无误

除结账和更正错误外，记账凭证应根据审核无误的原始凭证及有关资料填制。这是内部控制制度的一个重要环节。

2. 内容完整

记账凭证应具备的内容都要具备，要按照记账凭证上所列项目逐一填写清楚，有关人员的签名或者盖章要齐全不可缺漏。金额栏数字的填写必须规范、准确，与所附原始凭证的金额相符。金额登记方向、数字必须正确，角分位不留空格。应当注意的是：记账凭证的填制日期一般是填制记账凭证当天的日期，按权责发生制原则计算收益、分配费用、结转成本利润等调整分录和结账分录的记账凭证，虽然需要到下月才能填制，但为了便于在当月的账内进行登记，仍应填写当月月末的日期。

3. 分类正确

填制记账凭证，要根据经济业务的内容，区别不同类型的原始凭证，正确应用会计科目和记账凭证。记账凭证可以根据每一张原始凭证填制，或者根据若干张同类原始凭证汇总填制，也可以根据原始凭证汇总表填制，但不得将不同内容或类别的原始凭证汇总填制在一张记账凭证上，会计科目要保持正确的对应关系。一般情况下，现金或银行存款的收、付款业务，应使用收款凭证或付款凭证；只发生在现金和银行存款之间的业务，如将现金送存银行，或者从银行提取现金，只填制付款凭证不填制收款凭证，以避免重复记账。各种记账凭证的使用格式应相对稳定，特别是在同一会计年度内，不宜随意更换，以免引起编号、装订、保管方面的不便与混乱。

4. 编号连续

为了分清会计事项处理的先后顺序，以便记账凭证与会计账簿之间的核对，确保记账凭证完整无缺，填制记账凭证时，应当对记账凭证连续编号。

5. 书写规范

记账凭证中，文字、数字和货币符号的书写应清楚、规范。相关要求同原始凭证。

(二)具体要求

(1)除结账和更正错误外，记账凭证必须附有原始凭证并注明原始凭证的张数。记账凭证上应注明所属的原始凭证张数，以便查核。记账凭证所附原始凭证张数的计算一般应以原始凭证的自然张数为准。如果记账凭证中附有原始凭证汇总表，则应该把所附的原始凭证和原始凭证汇总表的张数一起记入附件的张数之内。但报销差旅费等零散票券，可以粘贴在一张纸上，作为一张原始凭证。一张原始凭证如果涉及几张记账凭证的，可以将原始凭证附在一张主要的记账凭证后面，在该主要记账凭证摘要栏注明“附件× 张，见第×号记账凭证”字样，并在其他记账凭证上注明该主要记账凭证的编号或者附上该原始凭证的复印件，以便复核查阅。如果原始凭证需要另行保管时，则应在附件栏目内加以注明，但更正错账和结账的记账凭证可以不附原始凭证。

(2)一张原始凭证所列的支出需要由两个或两个以上的单位共同负担时，应当由保存该原始凭证的单位开给其他应负担单位原始凭证分割单，原始凭证分割必须具备原始凭证的基本内容，并可作为填制记账凭证的依据，计算在所附原始凭证张数之内。

(3)记账凭证编号的方法有多种，第一种是将全部记账凭证作为一类统一编号；第二种是按现金收付、银行存款收付和转账业务三类别编号，即“现字第×号”“银字第×号”“转字第×号”第三种是按现金收入、现金支出、银行存款收入、银行存款支出和转账五类进行编号，即“现收字第×号”“银收字第×号”“现付字第×号”“银付字第×号”“转字第×号”。各单位应当根据本单位业务繁简程度、会计人员多寡和分工情况来选择便于记账、查账、内部稽核、简单严密的编号方法。无论采用哪一种编号方法，都应该按月顺序编号，即每月都从 1 号编起，按自然数 1、2、3、4、5……顺序编至月末，不得跳号、重号。企业发生一笔经济业务，需要编制一张记账凭证；当一张凭证写不下时，需要填制两张或两张以上记账凭证的，可以采用分数编号法进行编号，例如有一笔经济业务需要填制 3 张转账凭证，凭证顺序号为 16，就可以编成 $16\frac{1}{3}$、$16\frac{2}{3}$、$16\frac{3}{3}$，前面的数表示凭证顺序，后面分数的分母表示该号凭证共有 3 张，分子表示 3 张凭证中的第一张、第二张、第三张；则第一张的编号为“转字第 $16\frac{1}{3}$ 号”，第二张的编号为“转字第 $16\frac{2}{3}$号”，第三张的编号为“转字第 $16\frac{3}{3}$号”。

(4)发现记账凭证有错误时,应根据不同情况进行相应正确的处理。填制记账凭证时如果发生错误,应当重新填制。已经登记入账的记账凭证在当年内发现错误的,如果是使用的会计科目或记账凭证方向有错误,可以用红字金额填制一张与原始凭证内容相同的记账凭证,在摘要栏注明“注销某月某日某号凭证”字样,同时再用蓝字重新填制一张正确的记账凭证,在摘要栏注明“更正某月某日某号凭证”字样;如果会计科目和记账方向都没有错误,只是金额错误,可以按正确数字和错误数字之间的差额,另编一张调整的记账凭证,调增金额用蓝数字,调减金额用红数字。发现以前年度的金额有错误时,应当用蓝字填制一张更正的记账凭证。

(5)正确填写摘要,摘要应与原始凭证内容一致,能正确反映经济业务的主要内容,表述简洁精炼。既要防止简而不明,又要防止过于烦琐。应能使阅读者通过摘要就能了解该项经济业务的性质、特征,判断出会计分录的正确与否,一般不需要再去翻阅原始凭证或询问有关人员。

(6)正确编制会计分录,金额应正确无误,并保证借贷平衡。编制记账凭证时应填写会计科目的名称,或者同时填写会计科目的名称和会计科目编号,不应只填编号,不填会计名称。应填明总账科目和明细科目,以便于登记总账和明细分类账。会计科目的对应关系要填写清楚,应先借后贷,一般填制一借一贷,一借多贷或者多借一贷的会计分录。但如果某项经济业务本身就需要编制一个多借多贷的会计分录时,也可以填制多借多贷的会计分录,以集中反映该项经济业务的全过程。填入金额数字后,要在记账凭证的合计行计算填写合计金额。记账凭证中借、贷方的金额必须相等,合计数必须计算正确。

(7)空行注销。填制记账凭证时,应按行次逐行填写,不得跳行或留有空行。记账凭证填完经济业务后,如有空行,应当在金额栏自最后一笔金额数字下的空行至合计数上的空行处划斜线或“—”行线注销。

(8)实行会计电算化的单位,其机制记账凭证应当符合对记账凭证的一般要求,同时应认真审核,做到会计科目使用正确,数字准确无误。打印出来的机制记账凭证,要加盖制单人员、审核人员、记账人员和会计主管人员印章或者签字,以明确责任。

(三)特殊情况

某些经济业务的处理时,如果既涉及现金或银行存款收或付,又涉及转账业务,即出现复合会计分录,这种情况可能需要同时编制两种记账凭证。例如销售一批产品,现有一部分货款已收到,而另一部分货款没有收到,这个时候,应该同时编制收款凭证和转账凭证两种;再如单位职工出差归来报销差旅费并交回剩余现金时,就应根据有关原始凭证按实际报销的金额填制一张转账凭证,同时按收回的现金数额填制一张收款凭证。

四、填制记账凭证示例

(一)填制通用记账凭证

通用记账凭证是以一种格式记录全部经济业务的记账凭证。业务比较单一、业务量较少的单位,适宜使用这类记账凭证。通用记账凭证的格式及填制方法举例如下:

【例 5-1】海洋生物有限公司 2017 年 9 月 5 日以现金 630 元购买办公用品一批。根据该项业务填制的记账凭证。填制通用记账凭证样例如表 5-9 所示。

表 5-9 记 账 凭 证

2017 年 9 月 5 日　　　　　　记 字第 1 号

摘 要	总账科目	明细科目	借方金额									记账符号	贷方金额									
			百	十	万	千	百	十	元	角	分		百	十	万	千	百	十	元	角	分	
购办公用品	管理费用	办公费					6	3	0	0	0											附单据壹张
	库存现金																6	3	0	0	0	
合 计						¥	6	3	0	0	0					¥	6	3	0	0	0	

会计主管:　　记账:　　复核:　　制证: 李强

(二)填制专用记账凭证

1. 填制收款凭证

收款凭证是根据审核无误的现金和银行存款收款业务的原始凭证编制的。

收款凭证左上角的“借方科目”,按收款的性质填写“库存现金”或者“银行存款”。

日期填写的是编制本凭证的日期;右上角填写编制收款凭证顺序号;“摘要栏”简明扼要地填写经济业务的内容梗概;“贷方科目”栏内填写与收入“库存现金”或“银行存款”科目相对应的总账科目及所属明细科目;“金额”栏内填写实际收到的现金或银行存款的数额,各总账科目与所属明细科目的应贷金额,应分别填写与总账科目或明细科目同一行的“总账科目”或“明细科目”金额栏内;“金额栏”的合计数,只合计“总账科目”金额,表示借方科目“库存现金”或“银行存款”的金额;“记账栏”供记账人员在根据收款凭证登记有关账簿后作记号用,表示已经记账,防止经济业务的事项的重记或漏记;该凭证右边“附件”根据所附原始凭证的张数填写;凭证最下方有关人员签章处供有关人员在履行了责任后签名或签章,以明确经济责任。

【例 5-2】2017 年 9 月 10 日,海洋生物有限公司收到宏达工厂交来转账支票一张,计 270 000 元,归还前欠货款,支票已送存银行。(银行进账回单一张),填制收款凭证样例如表 5-10 所示。

表 5-10 收 款 凭 证

借方科目:银行存款　　　　2017 年 9 月 10 日　　　　收字第 1 号

摘 要	贷方科目		金 额									记账符号	
	总账科目	明细科目	百	十	万	千	百	十	元	角	分		
收回欠款	应收账款	宏达工厂		2	7	0	0	0	0	0	0		附单据壹张
合 计			¥	2	7	0	0	0	0	0	0		

会计主管:　　记账:　　复核:　　出纳:　　制证: 李立

2. 填制付款凭证

付款凭证是根据审核无误的现金和银行付款业务的原始凭证编制的。付款凭证的左上角“贷方科目”,应填列“库存现金”或者“银行存款”,“借方科目”栏应填写与“库存现金”或“银行存款”科目相对应的总账科目及所属的明细科目。其余各部分的填制方法与收款凭证基本相同,不再述及。

【例 5-3】2017 年 9 月 15 日,海洋生物有限公司开出转账支票一张,支付前欠宏运公司购货款,计 468 000 元。填制付款凭证样例如表 5-11 所示。

表 5-11　付　款　凭　证

贷方科目:银行存款　　2017 年 9 月 15 日　　付字第 1 号

摘　要	借方科目		金额									记账符号
	总账科目	明细科目	百	十	万	千	百	十	元	角	分	
支付欠款	应付账款	宏运公司		4	6	8	0	0	0	0	0	
合　计			¥	4	6	8	0	0	0	0	0	

附单据壹张

会计主管:　　记账:　　复核:　　出纳:　　制证:李立

3. 填制转账凭证

转账凭证是根据审核无误的不涉及现金和银行存款收付的转账业务原始凭证编制的。

转账凭证的“会计科目”栏应按照先借后贷的顺序分别填写应借应贷的总账科目及所属的明细科目;借方总账科目及所属明细科目的应记金额,应在与科目同一行的“借方金额”栏内相应栏次填写,贷方总账科目及所属明细科目的应记金额,应在与科目同一行的“贷方金额”栏内相应栏次填写;“合计”行只合计借方总账科目金额和贷方总账科目金额,借方总账科目金额合计数与贷方总账金额合计数应相等。

【例 5-4】海洋生物有限公司 9 月末结转本月份制造费用 78 000 元。填制转账凭证样例如表 5-12 所示。

表 5-12　转　账　凭　证

2017 年 9 月 30 日　　转 字第 1 号

摘　要	科目		借方金额									记账符号	贷方金额								
	总账科目	明细科目	百	十	万	千	百	十	元	角	分		百	十	万	千	百	十	元	角	分
结转制造费用	生产成本	A 产品			7	8	0	0	0	0	0										
	制造费用														7	8	0	0	0	0	0
合　计				¥	7	8	0	0	0	0	0			¥	7	8	0	0	0	0	0

附单据壹张

会计主管:　　记账:　　复核:　　制证:李立

五、审核记账凭证

对会计凭证进行审核，是保证会计信息质量，发挥会计监督作用的重要手段。记账凭证编制以后，必须由专人进行审核，借以监督经济业务的真实性、合法性和合理性，并检查记账凭证的编制是否符合要求。记账凭证审核的基本内容包括以下几项。

1.内容是否真实

审核记账凭证是否附有原始凭证；原始凭证是否齐全；是否按照已审核无误的原始凭证填制的记账凭证；记录的内容与所附原始凭证是否一致；所附原始凭证的张数是否与记账凭证所列附件张数相符；内容是否合法等。

2.项目是否齐全

审核记账凭证各项目的填写是否齐全，如凭证日期、凭证编号、摘要、金额、所附原始凭证张数及有关人员签章等。

3.科目是否准确

审核记账凭证中所应用的会计科目（包括一级科目、明细科目）是否正确；应借、应贷方向是否正确；账户对应关系是否清晰；所使用的会计科目及其核算内容是否符合会计制度的规定等。

4.金额是否正确

审核记账凭证借贷双方的金额是否正确，是否平衡；记账凭证与所附原始凭证的有关金额是否一致，计算是否准确；明细科目金额之和与相应的总账科目的金额是否相等；记账凭证汇总表的金额与记账凭证的金额是否相符等。

5.书写是否规范

审核记账凭证中的摘要是否填写清楚，是否正确归纳了经济业务的实际内容；文字、数字是否工整清晰；是否按规定进行更正等。

在审查过程中，如果发现记账凭证的填制有差错或者填列不完整、签章不齐全，或者不符合要求，应查明原因，责令更正、补充或重填。但如果凭证已装订，并登记账簿，必须按规定的方法进行更正。只有经过审核无误的记账凭证，才能据以登记账簿。

任务四　传递与保管会计凭证

一、会计凭证的传递

（一）会计凭证传递的含义

会计凭证的传递是指各种会计凭证从取得或填制时起至归档保管为止，在单位内部有关部门和人员之间按照规定的时间、程序进行处理的过程。

会计凭证的传递是企业会计核算得以正常，有效进行的前提。不同企业生产组织特点，经济业务内容和管理要求不同，会计凭证的传递也会有所不同。为此，各企业应根据具体情况制定每一种凭证的传递程序和方法，恰当地规定会计凭证的格式、份数、移交的时间和接受与保管的有关部门等，尽量节约传递时间，减少传递的工作量，不得积压。

会计凭证的传递是企业会计制度的一个重要组成部分，应当在企业会计制度中做出明确的规定。会计凭证的传递主要包括两个方面的内容，即凭证传递路线和在各个环节停留及传递的时间。

(二)会计凭证传递的意义

正确组织会计凭证的传递，对于及时处理经济业务，正确组织经济活动，加强经济责任，实行会计监督，具有重要意义。从一定程度上讲，会计凭证的传递起着在企业内部经营管理各环节之间协调和组织的作用。会计凭证传递程序是企业管理规章制度重要的组成部分，传递程序的科学与否，说明该企业管理的高效程度。

1. 有利于提高工作效率

从经济业务的发生到账簿登记有一定的时间间隔，通过会计凭证的传递，有利于及时的反映各项经济业务的发生或完成情况，并按规定办理好各种凭证手续，以保证会计凭证按时送到财务会计部门，及时记账、结账，按规定编制会计报表。例如，材料运到企业后，仓库保管员应在规定的时间内将材料验收入库，填制“收料单”，注明实收数量等情况，并将“收料单”及时送到财会部门及其他有关部门。财会部门接到“收料单”，经审核无误，就应及时编制记账凭证和登记账簿，生产部门得到该批材料已验收入库凭证后，便可办理有关领料手续，用于产品生产等。如果仓库保管员未按时填写“收料单”或虽填写“收料单”，但没有及时送到有关部门，就会给人以材料尚未入库的假象，影响企业生产正常进行。

2. 能更好地发挥会计监督作用

经济业务的发生或完成及记录，是由若干责任人共同分工完成的。会计凭证是记录经济业务、明确经济责任的书面证明，通过正确的组织会计凭证的传递，能把本单位各有关部门和人员的活动紧密联系起来，明确分工协作关系，加强会计监督，贯彻经济责任制，使各项业务得以顺利进行。例如，从材料运到企业验收入库，需要多少时间，有谁填制“收料单”，何时将“收料单”送到供应部门和财会部门，会计部门收到“收料单”后由谁进行审核，并同供应部门的发货票进行核对，由谁何时编制记账凭证和登记账簿，由谁负责整理保管凭证等。这样，就把材料收入业务从验收入库到登记入账的全部工作，在本单位内部进行分工合作，共同完成。同时可以考核经办业务的有关部门和人员是否按规定的手续办理，从而加强经营管理，提高工作质量。

(三)会计凭证传递的基本要求

各单位的经济业务性质是多种多样的，各种经营业务又有各自的特点，所以，办理各项经济业务的部门和人员以及办理凭证所需要的时间、传递程序也必然各不相同。这就要求每个单位都必须根据自己的业务特点和管理特点，由单位领导会同会计部门及有关部门共同设计制订出一套会计凭证的传递程序，使各个部门保证有序、及时地按规定的程序处理凭证传递。各单位在设计制定会计凭证传递时，应注意以下几个问题。

1. 根据业务特点、机构设置和人员分工情况，明确传递程序

由于企业生产经营业务的内容不同，企业管理的要求也不尽相同。在会计凭证的传递过程中，要根据具体情况，确定每一种凭证的传递程序和方法。合理制订会计凭证所经过的环节，规定每个环节负责传递的相关责任人员，规定会计凭证的联数以及每一联凭证的用途。做到既可使各有关部门和人员了解经济活动情况、及时办理手续，又可避免凭证经过不必要的环节，以提高工作效率。

2.规定凭证经过每个环节所需要的时间,保证传递的及时性

会计凭证的传递时间,应考虑各部门和有关人员的工作内容和工作量在正常情况下完成的时间,明确规定各种凭证在各个环节上停留的最长时间,不能拖延和积压会计凭证,以免影响会计工作的正常程序。一切会计凭证的传递和处理,都应在报告期内完成,不允许跨期,否则将影响会计核算的准确性和及时性。

会计凭证在传递过程中的衔接手续,应该做到既完备、严密,又简单易行。凭证的收发、交接都应当按一定的手续制度办理,以保证会计凭证的安全和完整。会计凭证的传递程序、传递时间和衔接手续明确后,制定凭证传递程序,规定凭证传递路线、环节及在各个环节上的时间、处理内容及交接手续,使凭证传递工作有条不紊、迅速而有效进行。

二、会计凭证的保管

会计凭证的保管是指会计凭证记账后的整理装订归档和存查工作。会计凭证是重要的经济档案和历史资料,要对会计凭证妥善整理和保管,不得丢失或任意销毁。

(1)会计凭证登记完毕后,应当进行分类和编号,并按照分类和编号顺序保管,不得散乱丢失,也是方便检索的有效措施。

(2)各种记账凭证,连同所附原始凭证和原始凭证汇总表,要分类按照编号顺序折叠整齐,并加具封面、封底、按期装订成册;注明单位名称、年度、月份和起讫日期、凭证种类、起讫号码、凭证张数等,由装订人在装订线封签处加盖骑缝章。会计凭证封面应注明单位名称、凭证种类、凭证张数、起止号数、年度、月份、会计主管人员、装订人员等有关事项,会计主管人员和保管人员应在封面上签章。会计凭证装订封面格式如图 5-6 所示。

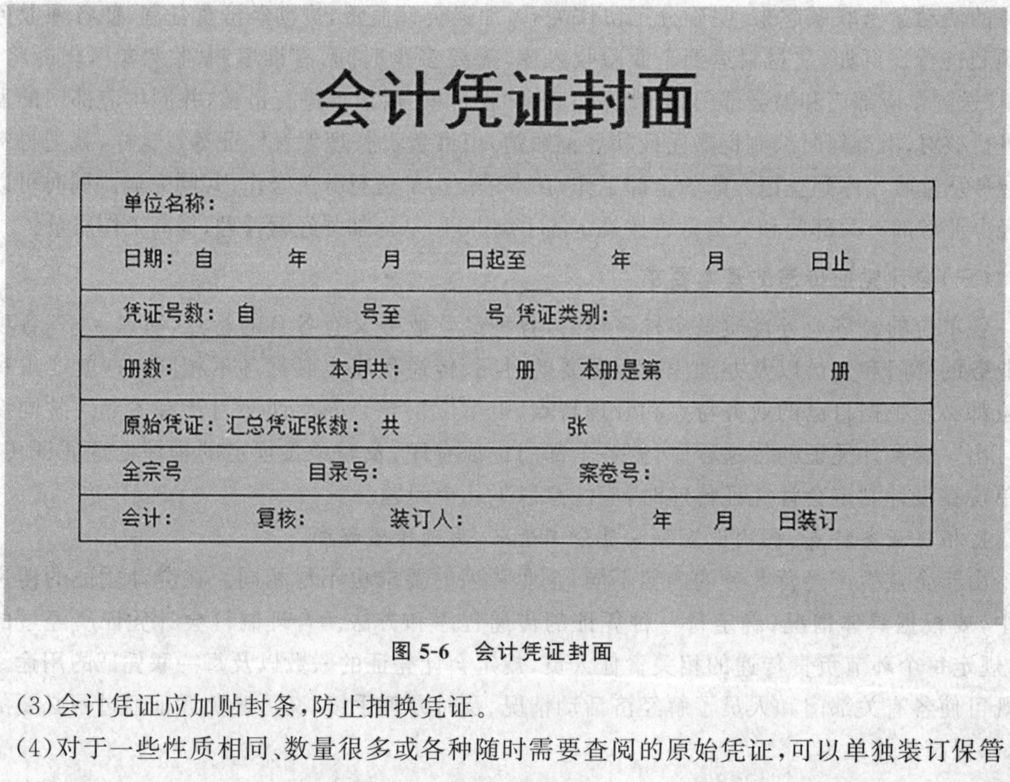
会计凭证封面

单位名称:
日期: 自 年 月 日起至 年 月 日止
凭证号数: 自 号至 号 凭证类别:
册数: 本月共: 册 本册是第 册
原始凭证: 汇总凭证张数: 共 张
全宗号 目录号: 案卷号:
会计: 复核: 装订人: 年 月 日装订

图 5-6 会计凭证封面

(3)会计凭证应加贴封条,防止抽换凭证。

(4)对于一些性质相同、数量很多或各种随时需要查阅的原始凭证,可以单独装订保管,但

应在封面上注明记账凭证日期、编号、种类，同时在所属记账凭证上注明“附件另订”和原始凭证名称及编号，以便查阅。

(5)对各种重要的原始凭证，如各种经济合同、存出保证金收据以及涉外文件等重要原始凭证，应当另编目录，单独登记保管，并在有关的记账凭证和原始凭证上分别注明日期和编号。

会计凭证在归档后，应按年月日顺序排列，以便查阅。对已归档凭证的查阅、调用和复制，都应得到批准，并办理一定的手续。会计凭证在保管中应防止霉烂破损和鼠咬虫蛀，以确保其安全和完整。

◆ 会计知识链接

凭证说明

在“项目四核算经济业务”中，为了完整叙述产品生产业务，部分票据日期为假设的；而实际工作中比如分配材料、分配工资等业务，通常都在月末。如果采用通用记账凭证，每个月编号是从1开始，根据业务发生的先后顺序逐一采用自然编号法。如果采用专用记账凭证，记账凭证编号的规律是：现收1、现收2……；银收1、银收2…….；现付1、现付2……；银付1、银付2……；转1、转2……。期末装订记账凭证时，按照现收、银收、现付、银付、转账的顺序依次排列。记账凭证中记账符号处没有划任何符号，表示尚未登记账簿，并非疏漏。

◆ 项目小结

1.会计凭证是记录经济业务事项的发生和完成情况，明确经济责任，并作为记账依据的书面证明。会计凭证的填制和审核是会计核算的基础工作和关键环节。会计凭证按其编制程序和用途不同可分为原始凭证和记账凭证两大类。

2.原始凭证按来源不同分为外来原始凭证和自制原始凭证；按填制方法不同分为一次凭证、累计凭证和汇总凭证。

3.原始凭证填制时要符合记录要真实、内容要完整、手续要完备、填制要及时、编号要连续、书写要规范六项要求。

4.原始凭证审查一是要检查其所反映经济业务的合理性、合法性和真实性；二是审核原始凭证的填制是否符合规定的要求。

5.记账凭证是会计人员根据审核后的原始凭证进行归类、整理，并确定会计分录而编制的会计凭证，是登记账簿的依据。原始凭证和记账凭证同属于会计凭证，两者之间既有联系又有区别。

6.记账凭证按其适用的经济业务不同，可分为通用记账凭证和专用记账凭证。

7.填制记账凭证应符合依据真实、内容完整、分类正确、日期正确、连续编号、简明扼要、分录正确、空行注销、填错更改九项要求。

8.记账凭证主要审核内容是否真实、项目是否齐全、科目是否准确、金额是否正确、书写是否规范。

9.会计凭证的传递，是指从会计凭证取得或填制起至归档保管时止，在单位内部有关部门和人员之间按照规定的时间、程序进行处理的过程。在设计制定会计凭证传递时，一是要根据经济业务的特点、机构设置和人员分工情况，明确会计凭证的传递程序，二是要规定会计凭证经过每个环节所需要的时间，以保证凭证传递的及时性。

10. 会计凭证的保管是指会计凭证记账后的整理、装订、归档和存查工作。

◆ 知识拓展

票　号

二维码 5-2　票号

复习思考题

1. 什么是会计凭证？会计凭证的作用是什么？
2. 原始凭证如何分类？
3. 原始凭证的填制要符合哪些要求？如何进行审核？
4. 原始凭证和记账凭证的联系和区别有哪些？
5. 记账凭证如何进行分类？
6. 简述原始凭证与记账凭证审核的内容。
7. 如何填制收款凭证、付款凭证和转账凭证？
8. 会计凭证保管的相关规定有哪些？

项目六　登记会计账簿

◆ 知识目标

掌握账簿的分类；

能正确设置日记账、明细分类账与总账账簿；

能运用正确的方法完成相关业务的记账、对账、结账工作。

◆ 技能目标

会登记各类账簿；

会对错账进行正确更正。

◆ 引导案例

小李应聘到一家新成立的公司做会计工作，因为公司规模小，领导要求小李手工记账，小李到账表商店购买账簿时，老板问他：你要哪些种类的账簿？有订本式的、有活页式的；有三栏式的、有多栏式的、有数量金额式的等等？并且一一给小李摆出来让他挑选。请问：面对如此多种类的账簿，小李该如何根据这家公司的情况合理设置购买账簿呢？

任务一　认识会计账簿

一、会计账簿的概念及作用

（一）会计账簿的概念

会计账簿简称为账簿，是由一定格式的账页组成，以审核无误的会计凭证为依据，用以全面、连续、系统地记载会计主体发生的各项交易或事项的簿籍。设置和登记会计账簿是会计核算方法中的重要方法之一，各会计主体都应根据有关规定正确设置和登记会计账簿。

登记账簿是编制会计报表的基础，是连接会计凭证与会计报表的中间环节，在会计核算中具有重要意义。各单位通过会计凭证的填制和审核，可如实、正确地记录每天发生的经济业务，明确经济责任。但会计凭证数量多、信息分散、缺乏系统性，不便于会计信息的整理与报告。为了全面、系统、连续地核算和监督单位的经济活动和财务收支情况，各企业应当按照国家统一会计制度的规定和业务需要设置会计账簿。通过账簿记录，既能对经济活动进行序时核算，又能进行分类核算；既可提供各项总括的核算资料，又可提供明细核算资料。

账簿和账户既有联系又有区别。账簿和账户所反映的经济业务内容是一致的，账户只是在账簿中按规定的会计科目设置的户头，而账簿是连续、系统、全面地进行分类记录、积累和贮存会计信息资料的载体。账户存在于账簿中,账簿是由账户构成的,账簿中的每一页就是账户的存在形式和载体。没有账簿,账户就无法存在,因此,账簿是外在形式,账户记录才是账簿的内容;账簿与账户的关系是形式和内容的关系。

(二)会计账簿的作用

设置和登记账簿,是对会计信息进行加工整理的一种专门方法,是会计工作的一个重要环节,对于提供会计核算资料,提高经营管理水平,具有重要的意义。

1. 为信息使用者提供系统、完整的会计信息

通过账簿的序时核算和分类核算,将会计凭证所记录的交易或事项全部记入有关账簿,从而将分散的会计资料加以系统化,把企业经营活动情况,费用、成本和收入、成果资料,财物的购置、使用、保管情况,全面、系统地反映出来,用于监督计划、预算的执行情况和资金的合理有效使用,促使企业改善经营管理。

2. 为编制会计报表提供数据资料

通过设置和登记账簿,对各项交易或事项进行分门别类的记录和反映,积累全面、系统的核算资料,根据账簿记录的费用、成本和收入、成果资料,可以计算一定时期的财务成果,检查费用、成本、利润计划的完成情况。经核对无误的账簿资料及其加工的数据,为编制会计报表提供总括和具体的资料,是编制会计报表的主要依据;从而反映一定日期的财务状况及一定时期的经营成果。

3. 促进企业提高经济效益

通过设置和登记账簿,利用账簿的核算资料,为开展财务分析和会计检查提供依据。如资金使用是否合理,费用开支是否符合标准,经济效益有无提高,利润的形成与分配是否符合规定等做出分析、评价,以便总结经验,发现问题,挖掘潜力,提出改进措施,进一步提高经营管理水平和经济效益。

二、会计账簿的种类

会计账簿的种类多种多样,为了正确设置和登记会计账簿,需要对会计账簿进行分类。

(一)按账簿的用途分类

账簿的用途是指各种账簿的使用范围或使用过程中所具有的功能。账簿按其用途可分为以下几类。

1. 序时账簿

序时账簿亦称日记账,是按照交易或事项发生或完成时间的先后顺序,逐日逐笔进行登记的一种账簿,用以反映某类经济业务随时间变化的情况。按其登记内容的不同,日记账又分为普通日记账和特种日记账两种。特种日记账是用来记录某一类经济业务的日记账,普通日记账是用来记录全部经济业务的日记账。设立特种日记账有利于核算和监督单位不同时日的资金情况,如对现金收付业务设置现金日记账,对银行存款收付业务设置银行存款日记账;在我国,大多数单位使用“现金日记账”和“银行存款日记账”。

2. 分类账簿

分类账簿是对交易或事项进行分类核算的账簿。按其反映内容的详细程度不同,分类账簿又分为总分类账簿和明细分类账簿。

总分类账簿简称总账，是按照总分类账户设置的，用来分类、总括核算各项交易或事项的账簿。明细分类账简称明细账，是总账科目所属的二级或明细账户设置的，用来分类、详细核算各项交易或事项的账簿。总分类账簿和明细分类账簿所提供的会计信息是相辅相成，互为补充的。设立分类账簿主要用于反映和监督某类经济业务所引起的资金增减变化和结存情况；分类账簿提供的核算信息是编制会计报表的主要依据。

3.备查账簿

备查账簿又称辅助账，是对在序时账簿、分类账簿中未能反映和记录不够详细的经济业务事项用文字进行补充登记的账簿。备查账簿主要用来记录一些供日后考查的有关经济事项，如“租入固定资产登记簿”“出租出借包装物备查簿”“应收票据备查簿”“代保管商品物资登记簿”等。备查账簿不是根据会计凭证登记的账簿，通常依据表外科目登记，与其他账簿之间不存在严密的依存、勾稽关系；只是对账簿记录的一种补充，其账页格式没有严格限制，可根据企业单位需要自行设计。

(二)按账簿的外表形式分类

账簿的外表形式就是指账簿的外在表现形式。账簿按其外表形式可分为以下三种。

1.订本账

订本账是在启用之前就已将若干具有一定格式的账页装订在一起，并对账页进行了连续编号的账簿。这种账簿能够避免账页散失和抽换账页。但是，因为账页固定，不能增减，不便于调整各账户页数，如果某一账户预留空白账页过多时，会造成浪费；相反，如果某账户预留空白账页太少，将会使账户记录前后分开，不便于登记和查阅；另外，订本账也不便于分工记账和提高工作效率。因此，订本账适用于重要交易事项的记录，按目前我国的有关会计规定，现金日记账、银行存款日记款、总分类账应采用订本账。

2.活页账

活页账是在账簿登记完毕之前并不固定装订在一起，而是装在活页账夹中。当账簿登记完毕之后(通常是一个会计年度结束之后)，才将账页予以装订，加其封面，并给各账页连续编号。这种账簿可根据需要随时添加或抽减账页，有利于分工记账，提高记账的工作效率。但是，活页账容易散失或被抽换，不利于账簿资料的安全、完整。活页账主要适用于各种明细分类账。

3.卡片账

卡片账是由若干零散的、具有专门格式的卡片作为账页组成的账簿。每一卡片均需编号，登记后按顺序放置在卡片箱内以免散失。严格地说，卡片账也是一种活页账，在一定时期使用完毕后，必须整理归类，应在卡片上连续编号，加盖有关人员的印章。这种账簿的优缺点同活页账相同。卡片账主要适用于记录对象存续时间长、日常记录少的资产明细账，最常用的是固定资产明细账，一般称为固定资产卡片。

◆ 会计知识链接

比较订本账簿、活页账簿和卡片账簿的优缺点

订本账簿的优点是可以避免账页散失，防止账页被抽换，从而保证账簿资料的安全和完整。其缺点是同一账簿在同一时间只能由一个账户预留账页。活页账的优点是可以根据实际需要增减账页，不会浪费账页，使用灵活，并且便于同时分工记账。缺点在于账页容易散失和被抽换。为克服这个缺点，空白账页使用时必须连续编号，并由有关人员在账页上盖章，以防舞弊。卡片账除了具有一般活页账具有的优、缺点外，不需每年更换，可以跨年度使用。

(三)按账簿的账页格式分类

会计账簿按账页格式的不同，可分为三栏式账簿、多栏式账簿、数量金额式账簿和横线登记式账簿。

1. 三栏式账簿

三栏式账簿是指设有"借方、贷方、余额"三个金额栏目的账页组成的账簿。三栏式账簿的账页格式是最基本的账页格式，其他账页格式都是据此增减栏目而来。其格式如表 6-1、表 6-2 所示。特种日记账、总分类账和债权、债务明细账等都可采用三栏式账簿。

表 6-1 总分类账

账户名称： 第 页

年		凭证		摘要	借方									贷方									借/贷	余额								
月	日	种类	号数		十	万	千	百	十	元	角	分	√	十	万	千	百	十	元	角	分	√		十	万	千	百	十	元	角	分	√

表 6-2 ________明细账

分页____总页____

二级明细科目____________

三级明细科目____________

年		凭证		摘要	借方									贷方									借/贷	余额								
月	日	种类	号数		十	万	千	百	十	元	角	分	√	十	万	千	百	十	元	角	分	√		十	万	千	百	十	元	角	分	√

2. 数量金额式账簿

数量金额式账簿中账页的基本格式为"收入""发出"和"结存"三栏，每一栏内都分设数量、单价和金额三小栏。该种明细账既能进行金额核算又能进行实物数量的核算，适用于各种财产物资的明细核算，如“原材料”“库存商品”等明细账一般都需要采用数量金额式账簿。其格式如表 6-3 所示。

表 6-3　＿＿＿＿明细账

分页＿＿总页＿＿

类别＿＿　编号＿＿　品名＿＿　规格＿＿　单位＿＿　最高存量＿＿　最低存量＿＿　存储地点＿＿

年		凭证		摘要	收入									发出									结存								
月	日	种类	号数		数量	单价	金额							数量	单价	金额							数量	单价	金额						
							万	千	百	十	元	角	分			万	千	百	十	元	角	分			万	千	百	十	元	角	分

3. 多栏式账簿

多栏式明细分类账是根据交易或事项的内容和管理需要，将属于同一个总账科目的各个明细科目合并在一张账页上进行登记，在一张账页的借方或贷方按明细账户或明细项目设置若干专栏，登记交易或事项的一种账簿。其格式如表 6-10 所示。这种账簿主要适用于成本、费用、收入成果类账户的明细分类核算。

4. 横线登记式账簿

横线登记式账簿是指利用平行式账页，在账页的同一行内，逐笔逐项登记每笔经济业务的“借方”和与其相对应的“贷方”。其适用于材料采购业务的付款和收料，备用金业务的支出和报销收回等情况。这样可以反映经济业务的来龙去脉，对应关系清楚明了。其格式如表 6-4 所示。

表 6-4　横线登记式明细账

编号＿＿　页次＿＿　总页＿＿

＿＿＿＿明细账　材料科目＿＿＿＿

材料类别或名称＿＿＿＿

年		凭证号数	摘要	计量单位	发票数量	实收数量	借方																								贷方								金额							
月	日						发票价格								运杂费等								合计																							
							十	万	千	百	十	元	角	分	十	万	千	百	十	元	角	分	十	万	千	百	十	元	角	分	十	万	千	百	十	元	角	分	十	万	千	百	十	元	角	分

会计账簿的分类,如图 6-1 所示。

- 账簿
  - 按账簿用途分类
    - 序时账簿
      - 普通日记账
      - 特种日记账
    - 分类账簿
      - 总分类账簿
      - 明细分类账簿
    - 备查账簿
  - 按账簿外形特性分类
    - 订本账簿
    - 活页账簿
    - 卡片账簿
  - 按账簿的账页格式分类
    - 三栏式账簿
    - 多栏式账簿
    - 数量金额式账页
    - 横线登记式账簿

图 6-1　会计账簿的分类图

三、会计账簿的基本内容

会计账簿虽然多种多样,但其基本内容是相同的,主要包括三部分。

(一)封面

封面用来表明账簿的种类和使用单位,在封面上应写明账户及记账单位的名称。账簿名称如“总分类账”“现金日记账”“原材料明细账”等。订本账通常将账簿的名称印刷在封面和账脊上,使用时可不填写;活页账需要在封面中央的卡片上填写账簿名称和使用年度,以便于查找和使用。

(二)扉页

扉页上表明了“账簿启用及经管人员一览表”及“账户目录”,在表中应填明账簿名称、编号、页数、启用日期、经管人员姓名及交接日期、主管会计人员签章等,是明确账簿经管责任的重要依据。

(三)账页

账页是会计账簿的主要内容,账页是记录交易或事项发生的物质载体。在账页一般包括:①账户名称(总账科目、二级科目或明细科目);②日期栏(登账日期);③凭证栏(登记凭证字与号);④摘要栏(登记经济业务的摘要);⑤金额栏(登记经济业务的借或贷方金额,及余额);⑥页次栏(总页数和分户页数)。一般说到账簿的栏目时,主要是指反映金额的“借方”“贷方”“余额”三个栏目;如果是存货类的明细账,还有反映存货数量的“数量”栏,并附以“单价”栏。

任务二　设置会计账簿

一、账簿设置的基本原则

任何会计主体都应当根据本单位交易或事项的特点和经营管理上的要求,设置一定种类的账簿。一般来说,设置账簿应当遵循以下原则。

(一)依法设置

《会计法》第三条明确规定:“各单位必须依法设置会计账簿,并保证其真实、完整”;同时第四十二条还明确指出:“不依法设置会计账簿”“私设会计账簿”等属严重的违法行为。《会计基础工作规范》第五十六条规定:“各单位应当按照国家统一会计制度的规定和会计业务的需要设置账簿”。

(二)满足需要

账簿的设置要能保证系统、全面地核算和控制经济活动的情况,满足各会计主体经济管理的需要,为经济管理提供总括的和明细的核算资料。

(三)适应简化

设置账簿要在保证满足实际需要的前提下,考虑人力和物力的节约,避免重复设账,贯彻“单不重填,账不重设”的原则。

(四)格式规范

账簿的格式应按照所记录交易或事项的内容和需要提供的核算指标进行设计,所要反映的内容、栏目设计、相关责任归属等,要能够满足会计信息处理的需要,符合会计规范的要求。

二、设置日记账

为了加强对货币资金的管理,各单位一般设置“现金日记账”和“银行存款日记账”两种特种日记账,有外币业务的企业,应分别设置人民币和各种外币日记账。

1. 现金日记账的格式

现金日记账是用来核算和监督库存现金每天的收入、支出和结存情况的账簿。其格式有三栏式和多栏式两种。无论采用三栏式还是多栏式现金日记账,都必须使用订本账。三栏式现金日记账格式如表 6-5 所示。

表 6-5 现金日记账

第 页

年		凭证		摘要	对方科目	借方	贷方	余额
月	日	种类	号数					

2. 银行存款日记账

银行存款日记账是用来反映银行存款的收入、支出和结余情况的账簿。银行存款日记账必须采用订本式账簿，其格式如表 6-6 所示。

表 6-6 银行存款日记账

第 页

年		凭证		摘要	结算种类	凭证号数	对方科目	借方	贷方	余额
月	日	种类	号数							

三、设置分类账

(一)设置总分类账

总分类账也称总账，是按总分类账户(会计科目)进行分类登记的账簿。总分类账能全面、总括地反映和记录经济业务引起的资金运动和财务收支情况，并为编制会计报表提供数据。因此，每一单位都必须设置总分类账。总分类账最常用的格式为三栏式订本账簿，设置借方、贷方和余额三个基本栏目，格式如表 6-7 所示。

表 6-7 总分类账

账户名称：原材料

第 页

年		凭证		摘要	借方									贷方									借/贷	余额								
月	日	种类	号数		十	万	千	百	十	元	角	分	√	十	万	千	百	十	元	角	分	√		十	万	千	百	十	元	角	分	√

(二)设置明细分类账

明细分类账也称明细账，是按照明细分类账户(子目或细目)进行分类登记的账簿。明细分类账能分类详细地反映和记录资产、负债、所有者权益、费用、成本和收入、利润的各种资料，也为编制会计报表提供详细的会计资料。

明细账的格式，应根据各单位经营业务的特点和管理需要来确定。常用格式有“三栏式账页”“多栏式账页”“数量金额式账页”等多种格式。

1. 三栏式明细分类账

三栏式明细分类账的格式和总账相同，只设“借方”、“贷方”和“余额”三个金额栏，不设数量栏。这种账页适用于只需要进行金额核算而不需要进行数量核算的明细分类账，如应收账款、应付账款等账户的明细账。格式如表 6-8 所示。

表 6-8 应收账款明细账

分页____总页____

二级明细科目 东方工厂

三级明细科目____

年		凭证		摘要	借方									贷方									借/贷	余额								
月	日	种类	号数		十	万	千	百	十	元	角	分	√	十	万	千	百	十	元	角	分	√		十	万	千	百	十	元	角	分	√

2. 数量金额式明细账

数量金额式明细分类账的账页，既要设置“收入”“发出”“结余”三栏，又要在每栏分别设置“数量”“单价”“金额”栏，以分别登记实物的数量和金额。数量金额式明细账适用于既要进行金额明细核算、又要进行数量明细核算的财产物资项目。如“原材料”“库存商品”等账户的明细核算，能满足各种财产物资收入、发出、结存的数量和金额要求，在账页的上端另外设计一些必要的项目，以便掌握一些需要的资料。格式如表 6-9 所示。

表 6-9 原材料明细账

分页____总页____

类别 钢材 编号 06 品名 不锈钢板 规格____ 单位 千克 最高存量____ 最低存量____ 存储地点 6 号库

年		凭证		摘要	收入									发出									结存								
月	日	种类	号数		数量	单价	金额							数量	单价	金额							数量	单价	金额						
							万	千	百	十	元	角	分			万	千	百	十	元	角	分			万	千	百	十	元	角	分

3. 多栏式明细分类账

多栏式明细分类账的格式视管理需要呈多种多样，在一张账页上，按明细科目分设若干专栏，根据费用项目分栏登记，集中反映有关明细项目的核算资料。多栏式明细账适用于明细项目较多，且要求分别列式的明细账，如生产成本、制造费用、管理费用等账户的明细核算。

一般情况下，多栏式明细账应在“借方”“贷方”分设专栏，在实际工作中，成本费用类科目的明细账，可以只按借方发生额设置专栏，贷方发生额由于每月发生的笔数很少，可以在借方直接用红字冲记。这类明细账也可以在借方设专栏的情况下，贷方设一总的金额栏，再设一余额栏。格式如表 6-10 所示。

表 6-10　管理费用明细账　　第　页

年		凭证		摘要	项目								
月	日	字	号		办公费	人工费	折旧费	修理费	水电费	差旅费	……	其他	合计

◆ 知识拓展

通常企业应设置哪些会计账簿？

通常，企业账簿设置的要求为一册订本式现金日记账、一册订本式银行存款日记账、一册订本式总账、一册活页式明细账。

任务三　登记会计账簿

一、启用会计账簿

会计账簿是企业重要的经济档案，为了保证会计账簿记录的合法性、真实性，明确岗位责任，会计账簿应当由专门人员负责登记。

1. 启用账簿

会计人员启用新的会计账簿时，应在账簿的扉页上填制“账簿启用及经管人员一览表”，内容包括：企业名称、账簿名称、账簿编号、账簿页数和启用日期等。并填明经管人员姓名并盖章，在指定位置加盖单位公章。其格式和需要填写的内容如表 6-11 所示。

表 6-11 账簿启用及经管人员一览表

<table>
<tr><td colspan="11">账簿启用及经管人员一览表</td></tr>
<tr><td colspan="2">单位名称</td><td colspan="8"></td><td rowspan="11">单位公章</td></tr>
<tr><td colspan="2">账簿名称</td><td colspan="8"></td></tr>
<tr><td colspan="2">账簿编号</td><td colspan="8">字第 号第 册共 册</td></tr>
<tr><td colspan="2">账簿页数</td><td colspan="8">本账簿共计 页</td></tr>
<tr><td colspan="2">启用日期</td><td colspan="8">年 月 日</td></tr>
<tr><td colspan="2">经管人员</td><td colspan="3">接管</td><td colspan="3">移交</td><td colspan="2">会计负责人</td></tr>
<tr><td>姓名</td><td>盖章</td><td>年</td><td>月</td><td>日</td><td>年</td><td>月</td><td>日</td><td>姓名</td><td>盖章</td></tr>
<tr><td></td><td></td><td></td><td></td><td></td><td></td><td></td><td></td><td></td><td></td></tr>
<tr><td></td><td></td><td></td><td></td><td></td><td></td><td></td><td></td><td></td><td></td></tr>
<tr><td></td><td></td><td></td><td></td><td></td><td></td><td></td><td></td><td></td><td></td></tr>
<tr><td></td><td></td><td></td><td></td><td></td><td></td><td></td><td></td><td></td><td></td></tr>
</table>

启用订本式账簿时，应从第一页到最后一页顺序编号，不得跳页、缺号；启用活页式账簿，应按账户顺序编号，并定期装订成册，装订后再按实际使用的账页顺序编页号，另加目录记录每个账户的名称和页次；卡片式账簿在使用前应当登记卡片登记簿。

同时，按“会计科目表”中的科目排列顺序填写“账户目录”。

2. 更换记账人员

更换记账人员时，必须办理账簿交接手续，在账簿启用及经管人员一览表上注明交接日期，接交和监交人员姓名，并签名或盖章。

二、会计账簿的登记规则

在登记账簿时，应遵循一定的登记规则。会计人员应根据审核无误的会计凭证按以下规则登记会计账簿。

1. 过账方法

会计人员应根据审核无误的会计凭证及时登记账簿，然后，在记账凭证上“记账符号”栏画过账符号“√”或签章，有的还需要注明过入账簿的页数(如：科目汇总表)，表示已经登记过账，以免重登、漏登，同时也便于查阅、核对，分清责任。

2. 登账一般规则

(1)为了保证账簿记录的准确性，必须根据审核无误的会计凭证，及时地登记各种账簿。登记账簿时，应将会计凭证的日期、编号、摘要、金额逐项登记入账，做到数字准确、摘要简明清楚、登记及时。

(2)账簿中书写的文字或数字上面要留有适当空格，不要满格书写，一般应占格距的 1/2 为宜。

(3)登记账簿要用蓝黑墨水或者碳素墨水书写，不得使用圆珠笔或铅笔书写。

(4)凡要结出余额的账户，结出余额后，应当在“借或贷”栏内写明“借”或“贷”等字样，以表明余额的方向。没有余额的账户，应当在“借或贷”栏内写“平”字，并在余额栏内的“元”位上用“0”表示。

(5)实行会计电算化的单位，用计算机打印的会计账簿必须连续编号，经审核无误后装订成册，并由记账人员和会计机构负责人、会计主管人员签字或盖章，总账和明细账应当定期打印。发生收、付款交易或事项的，在输入收款凭证和付款凭证的当天必须打印出现金日记账和银行存款日记账，并与库存现金核对无误。

3.登记数字规则

为了使账簿记录清晰并防止篡改，必须用蓝黑或黑色墨水钢笔记账，红色金额数字在会计工作中表示负数，下列特殊情况可以用红色墨水记账：

(1)采用红字更正法时，根据红字冲账的记账凭证，冲销错误记录；

(2)使用红线画线注销或画线结账；

(3)在不设借方栏或贷方栏的多栏式明细账中，用红字登记减少发生额；

(4)在三栏式账户的余额栏前，未印明余额方向的，在余额栏内登记负数余额；

(5)会计制度中规定使用红字登记的其他记录。

4.连续登记

(1)各种账簿按页次顺序逐行逐页连续登记，不得跳行隔页登记。如果不小心出现跳行或空页，应当将空行、空页划线注销，或者注明“此行空白”“此页空白”字样，并由记账人员签名或盖章。不得任意撕毁或抽换账页，以防舞弊。

(2)每页登记完毕时，应结转下页，即在最后一行的摘要栏注明“过次页”(或红色专用章)，并在次页第一行的摘要栏用红笔注明“承前页”(或红色专用章)，同时将前页的余额结转到次页。若订本账簿预留账页不够，需跳页登记时，应在末行摘要栏内注明“过入第××页”并在新账页第一行摘要栏内注明“承××页”。对需要结计“本月发生额”的账户，本页最后一行发生额合计数，应是自月初起至本页止的累计数。

(3)对需要结计“本年累计发生额”的账户，本页最后一行发生额合计数，应是自年初起至本页止的累计数。

5.错账更正

账簿记录发生错误时，不得刮、擦、挖补，随意涂改或用化学药水涂改字迹，应根据错误的情况，按规定的方法进行更正。更正错账的方法有划线更正法、红字更正法和补充登记法。

三、登记日记账

(一)登记现金日记账

现金日记账的登记方法。现金日记账由出纳人员根据审核无误的根据库存现金收款凭证、库存现金付款凭证以及从银行提取库存现金的银行付款凭证，按时间顺序逐日逐笔进行登记，并根据“上日余额＋本日收入－本日支出＝本日余额”的公式，逐日结出现金余额，与库存现金实存数核对，以检查每日库存现金的收、付、存情况及库存现金限额的执行情况；查明每日现金收付是否有误,即通常所说的“日清”。如账实不符应查明原因,并记录备案。月终同样要计算现金收、付的合计数,通常称为“月结”。格式及登记示范如表 6-12 所示。

表 6-12 现金日记账 第 页

2017 年		凭证		摘要	对方科目	借方	贷方	余额
月	日	种类	号数					
9	1			期初余额				2 600
	2	现付	1	提取现金备用	银行存款	3 000		5 600
	2	现付	2	购买办公用品	管理费用		3 100	2 500
	2	现收	1	退回暂借差旅费	其他应收款	350		2 850
	2	现收	2	零售商品款	主营业务收入	2 340		5 190
	2	现付	3	将零售款存入银行	银行存款		2 340	2 850
	2			本日合计		5 690	5 440	2 850
	31			本月合计		116 530	115 980	3 150

(二)登记银行存款日记账

银行存款日记账通常也是出纳人员根据审核后的银行存款收款凭证、银行存款付款凭证以及将库存现金存入银行的库存现金付款凭证,逐日逐笔按照先后顺序进行登记,反映银行存款的收入、支出和结余情况。银行存款日记账也必须采用订本式账簿,按企业在银行开立的账户和币种分别设置。每日终了,应分别计算银行存款的收入和支出合计数,结出余额,做到日清;月终应计算出银行存款全月的收入,支出合计数,做到月结,并定期同银行送来的对账单逐笔核对,以便检查,监督各项收支情况;每个银行账户设置一本日记账,不得用银行对账单或其他方法代替日记账。

银行存款日记账的格式和登记方法与现金日记账基本相同,但银行存款日记账在“摘要”栏和“对方科目”栏之间增设有“结算凭证种类和号数”栏,用来填写办理银行存款收付业务时所依据的结算凭证种类和号数,以便于和银行进行账目核对。格式及登记示范如表 6-13 所示。

表 6-13 银行存款日记账 第 页

2017 年		凭证		摘要	结算种类	凭证号数	对方科目	借方	贷方	余额
月	日	种类	号数							
9	1			期初余额						528 000
	2	银付	1	提取现金备用	现支	453	库存现金		3 000	525 000
	2	银付	2	购买原材料	转支	371	在途物资		117 000	408 000
	2	现付	3	收成飞公司账款	信汇	038	应收账款	175 500		583 500
	2	银付	3	将零售款存入银行	现存	386	银行存款	2 340		585 840
	2			本日合计				177 840	120 000	585 840
	31			本月合计				4 486 750	3 768 650	1 246 100

四、登记明细分类账

明细分类账根据各单位经营业务特点和管理需要设置，常用的格式有“三栏式账页”“多栏式账页”“数量金额式账页”等多种格式。各种明细账登记的依据是审核无误的记账凭证和所附的原始凭证。

1.登记三栏式明细分类账

三栏式明细分类账的格式和登记方法同逐笔登记总账基本相同，只设“借方”“贷方”和“余额”三个金额栏，不设数量栏。这种账页适用于只需要进行金额核算而不需要进行数量核算的明细分类账，如应收账款、应付账款、实收资本等账户的明细账。格式及登记示范如表 6-14 所示。

表 6-14　应收账款明细账

分页＿＿总页＿＿

二级明细科目＿伟达工厂＿

三级明细科目＿＿＿＿

2017年		凭证		摘　要	借　方									贷　方									借/贷	余　额								
月	日	种类	号数		十	万	千	百	十	元	角	分	√	十	万	千	百	十	元	角	分	√		十	万	千	百	十	元	角	分	√
9	1			期初余额																			借		9	5	0	0	0	0	0	
	9	记	5	销售产品		7	0	2	0	0	0	0											借	1	6	5	2	0	0	0	0	
	12	记	10	收到前欠货款											9	5	0	0	0	0	0		借		7	0	2	0	0	0	0	
	30			本月合计	4	9	0	0	0	0	0	0		5	2	0	0	0	0	0	0		借	1	2	5	0	0	0	0	0	0

2.登记数量金额式明细账

数量金额式明细分类账的账页，既要设置“收入”“发出”“结余”三栏，又要在每栏分别设置“数量”“单价”“金额”栏，以分别登记实物的数量和金额。数量金额式明细账适用于既要进行金额明细核算、又要进行数量明细核算的财产物资项目。如“原材料”“库存商品”等账户的明细核算，能满足各种财产物资收入、发出、结存的数量和金额要求，在账页的上端另外设计一些必要的项目，以便掌握一些需要的资料。格式及登记示范如表 6-15 所示。

表 6-15　原材料明细账

分页＿＿总页＿＿

类别＿钢材＿编号＿＿　品名＿不锈钢板＿规格＿＿　单位＿千克＿最高存量＿＿　最低存量＿＿　存储地点＿05＃库＿

2017年		凭证		摘　要	收　入			发　出			结　存		
月	日	种类	号数		数量	单价	金额	数量	单价	金额	数量	单价	金额
9	1			期初结存							300	50	15 000
	5	记	2	购入原材料	200	50	5 000				500	50	25 000

续表 6-15

2017年		凭证		摘　要	收　入			发　出			结　存		
月	日	种类	号数		数量	单价	金额	数量	单价	金额	数量	单价	金额
	7	记	8	生产领用				150	50	7 500	350	50	17 500
	8	记	9	生产领用				200	50	10 000	150	50	7 500
	30			本月合计	1 300	50	65 000	1 400	50	70 000	200	50	10 000

3.登记多栏式明细分类账

多栏式明细分类账的格式视管理需要呈多种多样，在一张账页上，按明细科目分设若干专栏，根据费用项目分栏登记，集中反映有关明细项目的核算资料。多栏式明细账适用于明细项目较多，且要求分别列式的明细账，如生产成本、制造费用、管理费用等账户的明细核算。

一般情况下，多栏式明细账应在“借方”“贷方”分设专栏，在实际工作中，成本费用类科目的明细账，可以只按借方发生额设置专栏，贷方发生额由于每月发生的笔数很少，可以在借方直接用红字冲记。其格式及登记示范如表 6-16 所示。

表 6-16　制造费用明细账　　　　第　　页

年		凭证		摘　要	项　目								
月	日	字	号		办公费	人工费	折旧费	修理费	水电费	差旅费	……	其他	合计
9	10	付	11	购买办公用品	836								836
	20	付	23	支付水电费					3 690				4 526
	30	记	44	计提折旧费			35 120						39 646
	30	记	45	计提人工费用		98 374							138 020
	30			本月合计	836	98 374	35 120		3 690				138 020
				月末分配转出	836	98 374	35 120		3 690				138 020

（注：10 000表示红字。其余相同）

五、登记总分类账

(一)账务处理程序

账务处理程序又叫会计核算程序，是指从原始凭证的整理、汇总，记账凭证的填制、汇总，日记账、明细分类账、总分类账的登记，到最后编制会计报表的步骤和方法。科学地组织账务处理程序，对提高会计核算工作的质量和会计工作效率、充分发挥会计职能具有重要意义。

根据登记总账的依据和方法不同,可以划分出不同种类的账务处理程序。目前,我国采用的账务处理程序主要有记账凭证账务处理程序、科目汇总表账务处理程序、汇总记账凭证账务处理程序、多栏式日记账账务处理程序、日记总账账务处理程序。此处主要介绍常用的两种账务处理程序,即记账凭证的账务处理程序和科目汇总表账务处理程序的应用。

各单位可以根据企业的实际情况,选择采用不同的账务处理程序进行总分类账的登记。

(二)记账凭证账务处理程序下登记总分类账

记账凭证账务处理程序是根据各种记账凭证登记总账的账务处理程序,其主要特点是:根据每一张记账凭证逐笔登记总分类账。记账凭证账务处理程序是账务处理程序中最基本的形式,其他各种账务处理程序是在他的基础上产生和发展起来的。

1.记账凭证账务处理程序的步骤

(1)根据原始凭证或原始凭证汇总表填制记账凭证。

(2)根据收款凭证、付款凭证逐笔登记现金、银行存款日记账。

(3)根据记账凭证和原始凭证(或原始凭证汇总表)逐笔登记各种明细分类账。

(4)根据记账凭证逐笔登记总分类账。

(5)月末对账,现金、银行存款日记账的余额,以及各种明细分类账的余额合计数,分别与总分类账中有关账户的余额核对相符。

(6)月末,根据总分类账和明细分类账资料编制会计报表。

记账凭证账务处理程序可用图 6-2 表示。

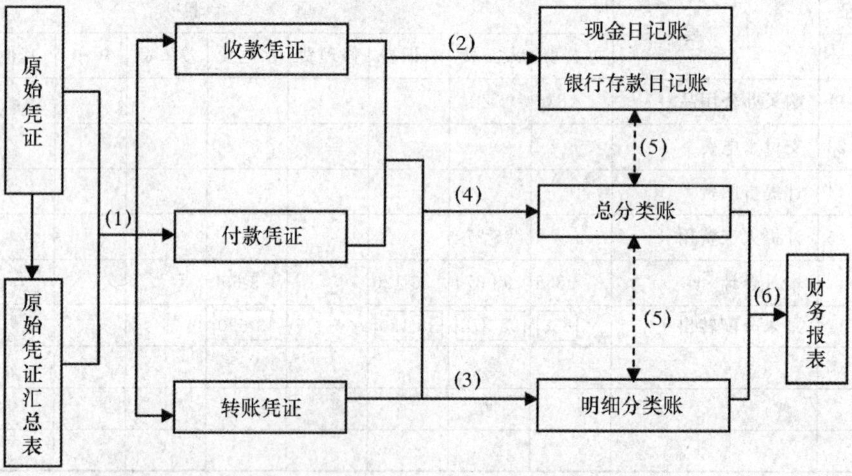

图 6-2 记账凭证账务处理程序

2.记账凭证账务处理程序的应用

记账凭证账务处理程序的主要特点是:根据记账凭证直接登记总账,对于日记账和其他明细分类账的登记,与前述讲的日记账和其他明细分类账的登记基本相同。

【例 6-1】富兴生物科技公司 2017 年 9 月份的相关会计资料如下:

1.富兴生物科技公司 2017 年 9 月 1 日有关账户余额如表 6-17 和表 6-18 所示。

表 6-17 总分类账余额表

账户名称	借　方	贷　方	账户名称	借　方	贷　方
库存现金	2 000		短期借款		900 000
银行存款	488 000		应付账款		185 200
应收账款	160 000		应付职工薪酬		32 000
其他应收款	4 800		应交税费		4 600
原材料	950 000		实收资本		2 100 000
库存商品	354 000		盈余公积		130 000
固定资产	1 823 000		利润分配		210 000
累计折旧		230 000			

表 6-18 明细分类账余额表

存货账户	存货名称	数量	单价	金额
原材料	甲材料	3 500 吨	200	700 000
	乙材料	250 吨	1 000	250 000
库存商品	A 产品	580 件	300	174 000
	B 产品	1 800 件	100	180 000

2.富兴生物科技公司 2017 年 9 月份发生的部分交易或事项如下：

(1)5 日，从农业银行提取库存现金 38 000 元。

(2)5 日，以库存现金发放 9 月份职工薪酬 32 000 元。

(3)8 日，公司总经理办公室购买办公用品 870 元。

(4)10 日，销售科赵亮借差旅费 5 000 元。

(5)10 日，通过开户银行农业银行收回宏福达运公司所欠货款 96 000 元。

根据富兴生物科技公司 2017 年 9 月份的交易或事项资料，编制通用记账凭证，登记日记账和明细分类账及其总分类账。

第一步：根据原始凭证(交易或事项证明)填制记账凭证。

根据富兴生物科技公司 2017 年 9 月份所发生的交易或事项所填制的记账凭证如表 6-19 至表 6-23 所示。

表 6-19 记 账 凭 证

2017 年 9 月 5 日　　　　记 字第 001 号

摘　要	会计科目		借方金额	贷方金额
	总账科目	明细科目		
出纳员提取现金	库存现金		38 000	
	银行存款	农业银行		38 000
合　计			38 000	38 000

记账　　审核　　出纳　　制单

表 6-20 记 账 凭 证

2017 年 9 月 5 日　　　　记 字第 002 号

摘　　要	会计科目		借方金额	贷方金额
	总账科目	明细科目		
支付职工薪酬	应付职工薪酬	工资	32 000	
	库存现金			32 000
合　　计			32 000	32 000

记账　　审核　　出纳　　制单

表 6-21 记 账 凭 证

2017 年 9 月 8 日　　　　记 字第 003 号

摘　　要	会计科目		借方金额	贷方金额
	总账科目	明细科目		
购买办公用品	管理费用	办公费	870	
	库存现金			870
合　　计			870	870

记账　　审核　　出纳　　制单

表 6-22 记 账 凭 证

2017 年 9 月 10 日　　　　记 字第 004 号

摘　　要	会计科目		借方金额	贷方金额
	总账科目	明细科目		
销售科赵亮借差旅费	其他应收款	李强	5 000	
	库存现金			5 000
合　　计			5 000	5 000

记账　　审核　　出纳　　制单

表 6-23 记 账 凭 证

2017 年 9 月 10 日　　　　记 字第 005 号

摘　　要	会计科目		借方金额	贷方金额
	总账科目	明细科目		
收回宏福达运公司货款	银行存款	农业银行	96 000	
	应收账款	宏福达运公司		96 000
合　　计			96 000	96 000

记账　　审核　　出纳　　制单

第二步：根据记账凭证登记该公司 9 月份库存现金日记账和银行存款日记账（略）。

第三步：根据记账凭证登记各种明细分类账（略）。

第四步：根据记账凭证直接登记总分类账。

富兴生物科技公司 2017 年 9 月份库存现金和银行存款账户的总分类账如表 6-24 至表 6-25 所示(其他总分类账略)。

表 6-24 库存现金总分类账

2017 年		凭证编号	摘要	借方	贷方	借/贷	余额
月	日						
9	1		期初余额			借	2 000
	5	001	出纳员从银行提取库存现金	38 000			
	5	002	支付职工 9 月份薪酬		32 000		
	8	003	总经理办公室购买办公用品		870		
	10	004	销售科赵亮借差旅费		5 000		
	30		本月发生额及余额	38 000	14 200	借	2 130

表 6-25 银行存款总分类账

2017 年		凭证编号	摘要	借方	贷方	借/贷	余额
月	日						
9	1		期初余额			借	488 000
	5	001	出纳员从银行提取库存现金		38 000		
	10	005	收回宏福达运公司货款	96 000			
	30		本月发生额及余额	96 000	38 000	借	546 000

记账凭证账务处理程序的优点是账务处理程序简单明了，总账根据记账凭证逐笔登记，在总账中就能比较详细地反映经济业务的内容，便于查阅。其缺点是登记总账的工作量大。因此，这种账务处理程序适用于规模较小，业务量较少、凭证不多的企事业单位。

(三)科目汇总表账务处理程序下登记总分类账

科目汇总表账务处理程序是根据科目汇总表登记总账的账务处理程序，其主要特点是定期根据所有的记账凭证编制科目汇总表，然后根据科目汇总表登记总分类账。

1. 科目汇总表账务处理程序的核算步骤

(1)根据原始凭证或原始凭证汇总表填制记账凭证。

(2)根据收款凭证、付款凭证逐笔登记现金、银行存款日记账。

(3)根据记账凭证和原始凭证(或原始凭证汇总表)逐笔登记各种明细分类账。

(4)根据各种记账凭证定期编制科目汇总表。

(5)根据科目汇总表，定期登记总分类账。

(6)月末对账，现金、银行存款日记账的余额，以及各种明细分类账的余额合计数，分别与总分类账中有关账户的余额核对相符。

(7)月末,根据总分类账和明细分类账资料编制会计报表。

上述核算步骤可用图 6-3 表示。

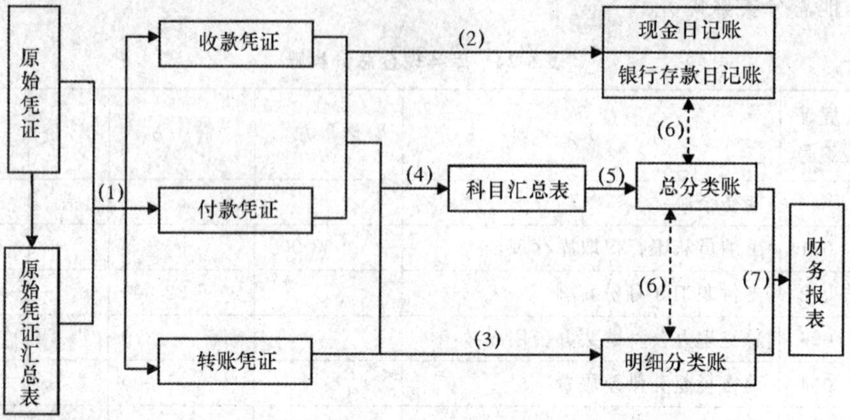

图 6-3 科目汇总表账务处理程序

2.编制科目汇总表

科目汇总表是根据记账凭证(收款凭证、付款凭证和转账凭证),按照相同的账户进行归类,定期(如 5 天、10 天、15 天或一个月)汇总每一账户的借方发生额和贷方发生额,编制成科目汇总表,所以又称为记账凭证汇总表。科目汇总表的编制方法是先把需要汇总的记账凭证,按会计科目以"T"形账户的形式编制成工作底稿,然后,把工作底稿上有关账户的借方发生额合计数和贷方发生额合计数填入科目汇总表。科目汇总表的格式如表 6-26 所示。

表 6-26 科目汇总表

编制单位: 年 月 日 汇总 号

账户名称	账页	本期发生额		记账凭证起讫编号
		借方	贷方	
合计				

3. 科目汇总表账务处理程序举例

【例 6-2】仍以【例 6-1】富兴生物科技公司 2017 年 9 月份的相关会计资料为例。

(1)根据原始凭证或原始凭证汇总表填制记账凭证；参见记账凭证账务处理程序表 6-19 至表 6-23 所示。

(2)根据收款凭证、付款凭证逐笔登记现金、银行存款日记账。(略)

(3)根据记账凭证和原始凭证(或原始凭证汇总表)逐笔登记各种明细分类账。(略)

(4)根据各种记账凭证定期(10 天)编制科目汇总表(表 6-27)。

富兴生物科技公司 2017 年 9 月份经济业务登记“T”形账户如图 6-4 所示。

借	库存现金		贷
(001)	38 000	(002)	32 000
		(003)	870
		(004)	5 000
	38 000		37 870

借	银行存款		贷
(005)	96 000	(001)	38 000
	96 000		38 000

借	应付职工薪酬		贷
(002)	32 000		
	32 000		

借	管理费用		贷
(003)	870		
	870		

借	其他应收款		贷
(004)	5 000		
	5 000		

借	应收账款		贷
		(005)	96 000
			96 000

图 6-4 经济业务“T”形账户登记图

表 6-27 科目汇总表

编制单位：富兴生物科技公司　　　　2017 年 9 月 10 日　　　　汇总 01 号

账户名称	账页	本期发生额		记账凭证起讫编号
		借方	贷方	
库存现金	略	38 000	37 870	记账凭证 001—005 号
银行存款		96 000	38 000	
应付职工薪酬		32 000		
管理费用		870		
其他应收款		5 000		
应收账款			96 000	
合计		171 870	171 870	

(5)根据科目汇总表,定期登记库存现金总分类账和银行存款总分类账(其他总账登记方法相同,省略)。

表 6-28 库存现金总分类账

2017年 月	日	凭证编号	摘要	借方	贷方	借/贷	余额
9	1		期初余额			借	2 000
	10	科汇 01	1—10 日发生额	38 000	37 870		
	20	科汇 02	11—20 日发生额	…	…		
	30	科汇 03	21—30 日发生额	…	…		
			本月发生额及余额	38 000	37 870		2 130

表 6-29 银行存款总分类账

2017年 月	日	凭证编号	摘要	借方	贷方	借/贷	余额
9	1		期初余额			借	488 000
	10	科汇 01	1—10 日发生额	96 000	38 000		
	20	科汇 02	11—20 日发生额	……	……		
	30	科汇 03	21—30 日发生额	……	……		
			本月发生额及余额	96 000	38 000		546 000

科目汇总表账务处理程序的优点是根据科目汇总表登记总分类账,可以大大减少登记总账的工作量,而且科目汇总表还能起到发生额试算平衡的作用,保证登记总账的准确性;其缺点是科目汇总表是根据会计科目归类汇总的方式编制的,而不是根据对应科目进行汇总的,因此,不能反映各科目的对应关系,不便于分析经济业务的来龙去脉。这种账务处理程序一般适用于规模较大,经济业务量较多的大中型单位。

(四)汇总记账凭证账务处理程序下登记总分类账

1. 汇总记账凭证账务处理程序的特点

这种账务处理程序的主要特点是根据记账凭证编制汇总记账凭证,再根据汇总记账凭证登记总分类账。

2. 汇总记账凭证账务处理程序的核算要求

采用这种账务处理程序时,不能够采用通用记账凭证,必须采用专用记账凭证,即收款凭证、付款凭证和转账凭证三种。除此以外,还要设置汇总收款凭证、汇总付款凭证和汇总转账凭证。三种汇总记账凭证分别根据收款、付款、转账三种记账凭证汇总填制。

汇总记账凭证要定期填制,间隔天数视业务量多少而定,一般为 5 天或 10 天,每月汇总编制一张,月终结出合计数,据以登记总分类账。汇总收款凭证和汇总付款凭证均以库存现金、银行存款账户为中心设置,因为这两个账户的收、付发生状况反映了库存现金存量和银行存款存量的变动状况,单位应及时掌握。

具体来说，汇总收款凭证应根据库存现金和银行存款的收款凭证，以这两个账户的借方分别设置，并按与这两个账户对应的贷方账户归类汇总；汇总付款凭证则方向相反；库存现金和银行存款之间相互划转的业务，则视同汇总付款凭证处理；汇总转账凭证一般按有关账户的贷方分别设置，并以对应科目的借方账户归类汇总。因此，汇总转账凭证只能是一贷一借或一贷多借，而不能相反。这样既反映了经营过程中各种存量的变动情况，又与单位资金运动的方向相一致。采用这种账务处理程序，账簿的设置与格式均与记账凭证账务处理程序相同。

3.汇总记账凭证账务处理程序的核算步骤

(1)根据原始凭证或原始凭证汇总表填制收款凭证、付款凭证和转账凭证。

(2)根据收款凭证、付款凭证逐笔登记库存现金日记账和银行存款日记账。

(3)根据记账凭证和原始凭证或原始凭证汇总表，逐笔登记各种明细账。

(4)根据收款凭证、付款凭证和转账凭证，定期编制汇总收款凭证、汇总付款凭证和汇总转账凭证。

(5)月终，根据汇总收款凭证、汇总付款凭证和汇总转账凭证登记总账。

(6)月终，将库存现金日记账和银行存款日记账的余额及各明细账的余额合计数，与总账有关账户的余额核对相符。

(7)月终，根据总账和明细账有关资料编制会计报表。

上述核算步骤如图6-5表示。

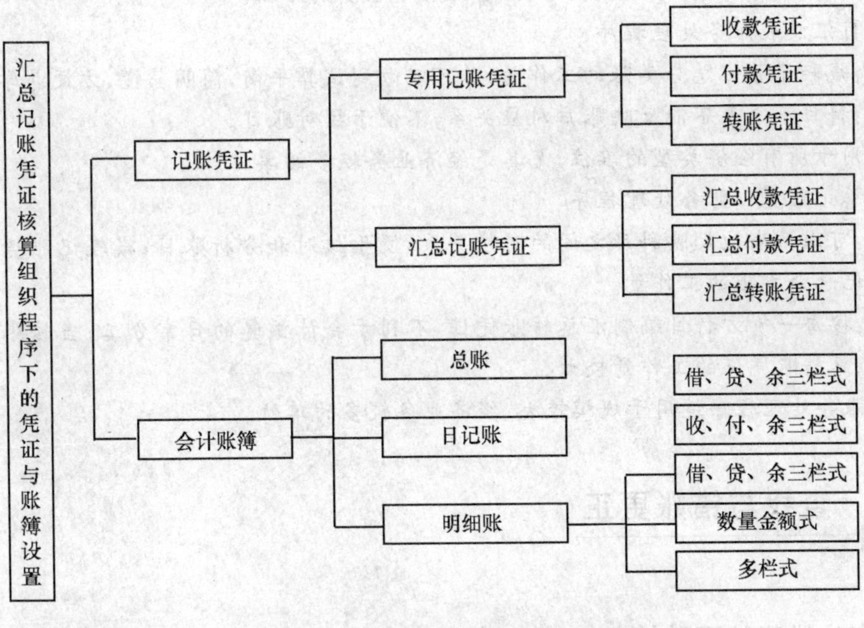

图6-5　汇总记账凭证账务处理程序

4.汇总记账凭证账务处理程序的优缺点和适用范围

采用这种账务处理程序的优点是可以大大简化登记总账的工作，由于汇总记账凭证可以反映账户对应关系，便于了解经济业务的来龙去脉，进而利于分析和检查。但是，由于记账凭证的汇总是按有关账户的借方或贷方而不是按经济业务的性质归类汇总的，不利于会计核算分工，同时汇总工作量也很大。所以，这种账务处理程序适用于规模较大、经济业务较多的单位。

◆ 会计知识链接

三种主要账务处理程序的优缺点及适用范围

一、常用的账务处理程序

常用的账务处理程序主要有记账凭证账务处理程序、汇总记账凭证账务处理程序和科目汇总表账务处理程序。其主要区别，即各自的特点主要体现在登记总账依据和方法不同。

1.记账凭证账务处理程序是直接根据记账凭证逐笔登记总分类账的一种账务处理程序。它是基本的账务处理程序。

2.科目汇总表账务处理程序又称记账凭证汇总表账务处理程序，它是根据记账凭证定期编制科目汇总表，再根据科目汇总表登记总分类账的一种账务处理程序。

3.汇总记账凭证账务处理程序是根据原始凭证或汇总原始凭证编制记账凭证，定期根据记账凭证分类编制汇总收款凭证、汇总付款凭证和汇总转账凭证，再根据汇总记账凭证登记总分类账的一种账务处理程序。

二、三种主要账务处理程序的优缺点及适用范围

1.记账凭证账务处理程序

优点：简单明了，易于理解，可以较详细地反映经济业务的发生情况。

缺点：登记总分类账的工作量较大。

该账务处理程序适用于规模较小、经济业务量较少的单位。

2.科目汇总表账务处理程序

优点：减轻了登记总分类账的工作量，并可以做到试算平衡，简明易懂，方便易学。

缺点：科目汇总表不能反映账户对应关系，不便于核对账目。

它适用于所有经济类型的单位，尤其是经济业务较多的单位。

3.汇总记账凭证账务处理程序

优点：可以清晰地反映科目之间的对应关系，便于核对和分析账目；减轻记账凭证账务处理程序登记总分类账的工作量。

缺点：按每一贷方科目编制汇总转账凭证，不利于会计核算的日常分工；当转账凭证较多时，编制汇总转账凭证的工作量较大。

这一账务处理程序适用于规模较大、经济业务较多的单位。

任务四　查找与错账更正

一、产生错账的两种情况

1.影响借贷平衡的错账

通常有倒码、错位、反方等。

①倒码就是相邻数字颠倒，如78错记为87；

②错位就是多记或少记位数，如300错记为3 000，或3 000错记为300；

③反方就是记错借贷方向，如将借方发生额错记到贷方，出现一方重记，而另一方未记；

④借贷两方一方记账，另一方漏记。以上错账在试算平衡时能够发现。

2.不影响借贷平衡的错账

①重记整笔业务；

②漏记整笔业务；

③串户，即把甲账户发生额错记入乙账户中；

④整笔业务借贷方向记反；

⑤几种错误交织，差数相互抵消。

以上错账在试算平衡时不易被发现。

二、查找错账的方法

由于各种原因账务记录可能存在错误，如何找到这些错误，会计人员在长期的账务处理中总结出了一些查找记账错误的方法，这些方法主要有：顺查法、逆查法、抽查法、余数复核法、除2法、除9法等。

1.顺查法

顺查法是按照记账程序，从原始凭证开始，直到账户与账户发生额和余额对照表，从头到尾进行检查的查错方法。首先，检查记账凭证和所附的原始凭证记录的各项内容是否相符、计算上有无差错等；然后，将记账凭证和所附的原始凭证同有关总账、日记账、明细账逐笔查对；最后，检查试算表是否抄错。

2.逆查法

逆查法是根据账务处理流程相反的顺序，从账户发生额和余额对照表到原始凭证，从尾到首进行检查的查错方法。其检查程序刚好与顺查法相反。

(1)检查账户余额试算表的余额合计是否正确。

(2)检查各账户的余额计算是否正确。

(3)将总分类账与所属明细分类账进行核对，以检查其记录是否正确、相符。

(4)逐笔核对账簿记录是否与记账凭证相符。

(5)逐笔核对记账凭证是否与原始凭证相符，以及凭证中的数字计算是否正确。

3.抽查法

抽查法是根据错误情况，靠职业判断对可能发生错误的凭证、账户及其处理环节，进行抽查的查错方法。如，差错额较大，超过一般经济业务的发生额，问题就可能发生在销售或固定资产等方面，就可查销售或固定资产等方面的凭证和账户。

4.余额复核法

余额复核法是用于查找账户余额计算是否正确的查错方法。其步骤如下：

(1)检查结出的余额是否正确，注意过次页和承前页余额有无过账或错误。

(2)检查总账各账户及其所属明细分类账户的发生额及余额是否相符。

(3)检查分析某些账户的余额有无不正常的现象，从中找出问题。

5.除2法

除2法是用于查找因数字记反方向而发生错账的查错方法，适用于查找反方错误。记账如果出现反方记录，即一笔业务借贷发生额记入同一方向，使得一方的合计数增大，而另一方的合计数减少，其差额正好是应记正确数字的两倍。将差额除以2，所得商数可能就是记错的数字，然后在账簿中查找与这个商数相同的数字，看其是否记错了方向，即可找到错账的所在。如果是单方面漏记账，则差数即为漏记的金额，这也是有可能的。

6. 除 9 法

除 9 法是查找错位或数位颠倒引起错误的查错方法，适用于查找倒码、错位的错账，因数字倒码或错位造成的正误差数都是 9 的倍数。

①发生倒码错误可以借助于“邻位数字颠倒便查表”去查实。

②发生错位错误，可将正误的差数除以 9 或 9 的倍数，即可得到正确数或错误数。

为此，应注意两点：一是如果错移一位，则差数除以 9；如果错移二位，则差数除以 99，以此类推。二是小数错位成大数时，其商数是正确数；当大数错位成小数时，其商数是错误数。

例如，将 490 错记为 49，其差数 441 除以 9 得 49，49 就是错误数。如果将 79 错记为 7 900，其差额 7 821 除以 99 得 79，79 就是正确数。

查找错账时，对于已经查过的数字，分别标上正确或错误记号，并把错账的账页号码、记账日期、凭证字号、业务内容及差错情况进行详细记录，在查清错账后，要及时更正错账。

二、错账更正

账簿登记要求正确、及时、完整，使提供的会计信息便于为各信息使用者使用。因此，会计人员必须认真、细致地做好记账工作。但是，在账簿登记过程中，由于各种原因，难免会发生记账错误，如金额登错、账户用错或是记账方向错误等。登账错误查找出来后，不得任意撕毁、涂抹、刮擦、挖补或用褪色药水更改字迹，对于不同的记账错误，应用不同的更正方法，一般常用的更正错账的方法有：划线更正法、红字更正法和补充登记法三种。

(一)划线更正法

划线更正法主要适用于记账后、结账前发现记账凭证正确，只是由于过账时发生差错或计算上有错误，导致账簿记录中有文字或数字错误。更正时，先在错误的文字或数字(整个数字)上划上一红线注销，并使原来的字迹仍可辨认，然后在红线上方空白处用蓝字填上正确的文字或数字，并在更正处由记账人员盖章。需要特别强调的是，对于文字错误，可只划去错误的文字并进行更正；对错误的数字一定要用红线全部划去，不能只改个别数字。

【例 6-3】记账时将记账凭证的金额 3 750 元在账簿中误记为 3 570 元，且在结账前发现错误，更正操作示范如图 6-6 所示。

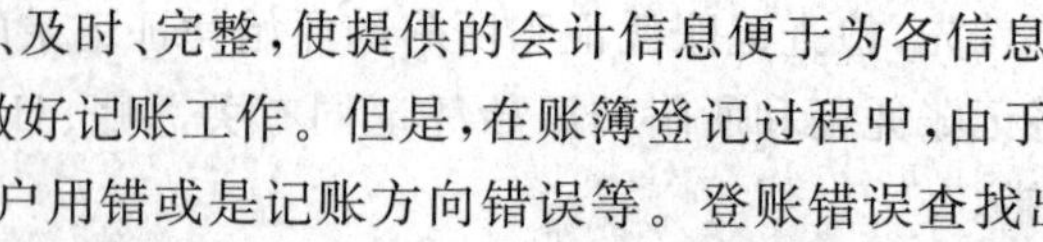

图 6-6　划线更正法示意图

(二)红字更正法

红字更正法是指用红字冲销或冲减原记科目和金额，以更正和调整原有会计记录的一种方法。这种方法适用于以下两种情况。

1. 全部冲销

红字更正法的全部冲销主要适用于记账凭证上的应记科目错误或借贷方向发生错误，并已登记入账。更正时，先用红字金额填制一张内容与错误记账凭证完全相同的记账凭证，并在摘要中写明“注销×月×日第×号凭证”，并据以用红字金额登记入账，冲销原有的错误记录；然后，再用黑色数字重填一张正确的记账凭证，并在摘要栏写明“更正×月×日第×号凭证”，据以登记入账。

【例 6-4】某车间一般耗用，仓库发出的材料 4 600 元，编制记账凭证如下：

借：生产成本　　　　4 600

　贷：原材料　　　　　4 600

费用归类错误，该项业务的更正步骤为

(1)用红字金额填制一张内容与错误记账凭证相同的记账凭证并据以入账：

借：生产成本　　　　4 600

　贷：原材料　　　　　4 600

(注：4 600 表示红字)

(2)用蓝字金额重新填制一张正确的记账凭证并据以入账：

借：制造费用　　　　4 600

　贷：原材料　　　　　4 600

(3)将上述两张记账凭证登记入账后，账簿记录的错误得以更正。记账后的账户记录(以“T”形账户代替，下同)如图 6-7 所示。

借　生产成本	贷	借　原材料	贷	借　制造费用	贷
(1)4 600			(1)4 600	(3)4 600	
			(2)4 600		
(2)4 600			(3)4 600		

图 6-7　红字更正法示意图(一)

◆ 会计知识链接

红字更正法的释义

在【例 6-4】中，这种类型的错账只能采用红字冲销、黑字重新登记的办法进行更正，而不宜采用“借：制造费用，贷：生产成本”的借贷转销的办法来更正。

其原因为：①账户余额虽然得到更正，但虚增了发生额；②转销分录的账户对应关系得不到正常解释，容易使人产生误解。

2. 部分冲销

红字更正法的部分冲销主要适用于记账凭证中应记科目及方向正确，但所记金额有错误，且错误金额大于应记金额，并已过账。更正时，填制一张红字金额记账凭证，与原会计科目、方向相同，在“金额”栏中填列多记数额，在摘要栏内注明“冲销×月×日第×号凭证多记金额”，并据以入账，以冲销原来多记金额。

【例 6-5】办公室王海出差借支差旅费 4 500 元，填制记账凭证时将金额误写为 5 400 元，编制并已登记入账的记账凭证如下：

借：其他应收款　　5 400

　贷：库存现金　　5 400

该项业务的更正方法为：

按多计金额 900 元(5 400－4 500)编制红字记账凭证，并登记入账，冲销多记金额：

借：其他应收款　　[900]

　贷：库存现金　　[900]

将上述更正错误的记账凭证记入有关账户后，原账簿中的错误记录便得到更正。记账后的账户记录如图 6-8 所示。

借　其他应收款　贷

借	贷
(1)5 400	
(2) [900]	

借　库存现金　贷

借	贷
	(1)5 400
	(2) [900]

图 6-8　红字更正法示意图(二)

(三)补充登记法

补充登记法主要适用于结账前、记账后发现记账凭证中应记科目及方向正确，但所记金额有错误，且错误金额小于应记金额，并已过账。采用补充登记法更正时，填制一张会计科目和方向与错误凭证相同，但金额是少记差额的黑字金额记账凭证，在摘要栏内注明“补记×月×日第×号凭证少记金额”，并据以登记入账。这样便将少记的金额补充登记入账。

【例 6-6】海达公司月末结转已销售产品成本 29 400 元，填制记账凭证时将金额误写为 24 900 元，并已登记入账，编制并已登记入账的记账凭证如下：

借：主营业务成本　　24 900

　贷：库存商品　　24 900

该项业务的更正方法为：

按少计金额 4 500 元(29 400－24 900)编制蓝字记账凭证，并登记入账，以补充少记金额：

借：主营业务成本　　4 500

　贷：库存商品　　4 500

将上述更正错误的记账凭证登记入账后，原账簿记录中的错误记录就得到了更正。记账后的账户记录如图 6-9 所示。

借　库存商品　贷

借	贷
(1) 24 900	
	(2) 4 500

借　主营业务成本　贷

借	贷
(1) 24 900	
(2) 4 500	

图 6-9　补充登记法示意图

任务五 对账和结账

一、对账

为了保证账簿记录的真实可靠,以便为编制会计报表提供正确无误的数据资料,对账簿和账户所记录的有关数据加以检查和核对,这种核对工作,在会计上叫对账。即对账是指通过核对账簿记录,用以检查账簿是否正确的一种方法,是会计核算的一项重要内容。

账簿记录的准确与真实可靠,不仅取决于账簿本身,还涉及账簿与凭证的关系,以及账簿与实际情况是否相符的问题等。所以,对账应包括:账簿与会计凭证的核对,各种账簿之间的核对,账簿与实物的核对,账簿与款项的核对。这种核对要建立定期的对账制度,在结账前和结账过程中,把账簿记录的数字核对清楚,做到账证相符、账账相符、账实相符。

(一)账证核对

账证核对是指将各种账簿记录与有关会计凭证相核对,核对会计账簿记录与原始凭证、记账凭证的时间、凭证字号、内容、金额是否一致,记账方向是否相符。这是保证账账相符、账实相符的基础。账证核对工作,一般是在日常编制凭证和记账中的"复核"环节进行的。在期末结账时,对主要内容有疑问的,应进行重点抽查与核对。

(二)账账核对

账账核对是指各种账簿之间有关数字应该核对相符,主要包括以下内容:

1.总账借方与贷方的核对(总账试算平衡)

总分类账中,全部账户的借方余额合计数应同贷方余额合计数相符。

2.总账与日记账核对

总分类账中"库存现金"、"银行存款"账户的本期发生额和期末余额应同相对应的日记账的相应数字核对相符。

3.总账与明细账核对(平行登记的结果检查)

总分类账中,各账户的月末余额,与所属明细分类账户月末余额之和核对相符。

4.各部门财产物资明细账的核对

会计部门有关财产物资的明细分类账余额,与财产物资保管部门或使用部门相应的明细账(卡)核对相符。

以上各种账簿间,可以直接进行核对,对内容较多的可以通过编表进行核对。

(三)账实核对

账实核对是指将账簿记录与对应的财产物资实有数额进行的核对。

1.账款核对

现金日记账的账面余额,应与库存现金实有数的核对相符。

2.账单核对

银行存款日记账的账面余额,应与银行对账单余额的核对相符。

3.账物核对

如固定资产、原材料、库存商品等各种财产物资明细账的账面余额,应与其财产物资的实存数额相核对,检查是否一致,做到账实相符。

4.账人核对

各种应收款、应付款明细分类账账面余额,应与有关债务人、债权人核对相符。

除以上对账工作外,在编制财务报表时,还需要进行账表核对。会计账簿为财务报表的编制提供了资料,为保证财务报表的正确性,需要将财务报表的有关数据与账簿记录相核对,做到账表相符。

◆ 会计知识链接

造成账实不符的原因

如财产物资保管过程中发生的自然损耗;财产收发过程中由于计量或检验不准,造成多收或少收的差错;由于管理不善,制度不严造成的财产损坏、丢失、被盗;在账簿记录中发生的重记、漏记、错记;由于有关凭证未到,形成未达账项,造成结算双方账实不符;发生意外灾害等。造成账实不符的原因是多方面的,因此,各单位一般需要通过定期的财产清查来弥补这方面的漏洞,保证会计信息的真实、可靠,提高会计主体的管理水平。

二、结账

为了正确反映一定时期内的经营成果和期末的财务状况,各企业单位必须按照规定在每一会计期间终结时进行结账。结账,是指将一定时期(月度、季度、年度)内发生的经济业务在全部登记入账的基础上,将各种账簿记录结计出本期发生额和期末余额,结束本期账簿记录的方法。各单位应当按照规定定期结账。结账工作的程序和方法如下。

1.结账前

(1)必须将本期内所发生的各项交易或事项全部登记入账。不能为赶编会计报表而提前结账,也不能先编报表后结账。如发现错账、漏账应及时更正、补记。

(2)按权责发生制原则要求,编制期末账项调整的记账凭证,并据以入账。

(3)按配比原则要求,编制结转已售产品成本等的记账凭证,并据以入账。

(4)结转各收入、成果账户和费用、成本账户,编制结账分录并据以入账,以确定本期财务成果。

(5)计算所得税并结转;年末结转"本年利润"和"利润分配"账户。

2.结账时

(1)对于本月没有发生额的账户,不必进行月结(也不划结账红线)。

(2)对于重要的财产物资、债权债务明细账,如各项应收款明细账,每次记账后,立即结出余额,每月最后一笔余额即为月末余额。月末时只需本月最后一笔经济业务记录下面划一条通栏单红线,表示"本期记录到此结束"。

(3)对于库存现金日记账和银行存款日记账,应在本月最后一笔记录下面画一条通栏单红线，并在下一行的摘要栏中用红字居中书写“本月合计”（或盖“本月合计”章），同时在该行结出本月发生额合计及余额，然后在“本月合计”行下面再画一条通栏单红线。

(4)对于其他明细账，如应交税费明细账、成本类明细账和损益类明细账，平时只登记发生额，月末结出发生额合计和月末余额即可，画线方法与上相同。2月及以后月份结账时，应在“本月合计”行下结计自年初起至本月末止的累计发生额，登记在月份发生额下面，在摘要栏内注明“本年累计”字样，并在下面再划一道单红线。12月末的“本年累计”就是全年累计发生额，全年累计发生额下面划双红线。

(4)对于总账，如果用记账凭证核算程序，需逐日逐笔登记总账，平时可不结余额，月末结出发生额合计及余额，并画一条通栏红线。如果采用科目汇总表核算程序，汇总一次，登记一次，月末结出发生额合计及余额，并画一条通栏红线。年终结账时，为了反映全年各项资产、负债及所有者权益变动的全貌，便于核对账目，要将所有总账账户结计全年发生额和年末余额，在摘要栏内注明“本年合计”字样，并在合计数下划一双红线，表示“封账”。

(5)需要结计本月发生额的某些账户，若本月只发生一笔经济业务，由于这笔记录的金额就是本月发生额，结账时，只要在此行记录下划一单红线，表示与下月的发生额分开即可，不需要另结出“本月合计”数。

(6)结账如何划线。结账划线的目的，是为了突出本月合计数及月末余额，表示本会计期的会计记录已经截止或结束，并将本期与下期的记录明显分开。月结划单红线，年结划双红线；划线时，应划红线；划线应划通栏线，不应只在本账页中的金额部分划线。

(7)账户余额的填写方法。每月结账时，应将月末余额写在本月最后一笔经济业务记录的同一行内。但在现金日记账、银行存款日记账和其他需要按月结计发生额的账户，如各种成本、费用、收入的明细账等，每月结账时，还应将月末余额与本月发生额写在同一行内，在摘要栏注明“本月合计”字样。需要结计本年累计发生额的某些明细账户，每月结账时，“本月合计”行已有余额的，“本年累计”行就不必再写余额了。

(8)账簿记录中使用的红字，具有特定的含义，他表示蓝字金额的减少或负数余额。因此，在结账时，如果出现负数余额，可以用红字在余额栏登记，但如果余额栏前印有余额的方向(如借或贷)，则应用蓝黑墨水书写，而不得使用红色墨水。

3. 更换新账

年度结账后，更换新账。年末结账的具体做法：在各账户的“本年合计”或本年最后一笔记录下面画通栏双红线，表示“年末封账”；有余额的账户，要在摘要栏加盖“结转下年”戳记，并把余额结转到下年新账簿相应账户的余额栏，即在下年新建有关会计账簿的第一行余额栏内填写上年结转的余额，并在摘要栏注明“上年结转”字样。

任务六　更换与保管账簿

一、更换账簿

账簿是企业重要的档案，为了保持会计账簿资料的连续性，在每一会计年度结束，新的会计年度开始时,应按会计制度规定,进行账簿的更换。同时对旧账簿加以妥善保管。

账簿更换的具体做法如下。

1.每年更换一次

总账、日记账和大部分明细账,要每年更换一次。

年初,将旧账簿上的各账户的余额直接记入新账簿中有关账页的第一行"余额"栏内,并标明余额方向。同时,在"摘要"栏内加盖"上年结转"戳记。将旧账页最后一行数字下的空格,划一条红线注销,并在旧账页最后一行在"摘要"栏内加盖"结转下年"戳记。在新旧账户之间转记余额,不需要编制记账凭证。

在年度内,订本账记满更换新账时,其办理与年初更换新账簿相似的手续。

2.连续使用

(1)对于数额变动较小、内容格式特殊的明细账,如固定资产明细账;有些财产物资明细账和债权、债务明细账,由于材料品种、规格和往来单位较多,更换新账、重抄一遍的工作量较大,可以连续使用多年,而不必每年更换新账。但在"摘要"栏内要加盖"结转下年"戳记,以划分新旧年度之间的金额。

(2)各种备查账簿也可以连续使用。

二、保管账簿

正在使用的账簿,由经管账簿的会计人员负责保管。账簿在更换新账后除跨年使用的账簿外,其他账簿应按时整理归入会计档案保管。

(一)装订账簿的要求

1.账簿装订前的工作

首先按"账簿启用及经管人员一览表"的使用页数核对账户是否相符,账页是否齐全,序号排列是否连续;然后,按会计账簿封面、账簿启用及经管人员一览表、账户目录和排序整理好的账页顺序装订。

2.活页账簿装订要求

将账页填写齐全,去除空白页和账夹,并加具封底封面;多栏式活页账、三栏式活页账、数量金额式活页账等不得混装,应按同类业务、同类账页装订在一起;在装订账页的封面上填写好账簿的种类,编好卷号,由会计主管人员、装订人或经办人签章。

3.账簿装订后的其他要求

会计账簿应牢固、平整,不得有折角、缺角、错页、掉页、加空白纸的现象;会计账簿的封口要严密,封口处要加盖印章;封面应齐全、平整,并注明所属年度及账簿名称、编号,编号要一年一编,编号顺序是总账、现金日记账、银行存款日记账、分类明细账;旧账装订完毕后,按规定要求进行保管。

(二)保管账簿的要求

各种账簿应按年度分类归档,编制目录,妥善保管。会计账簿一般暂由本单位财务会计部门保管1年,期满之后,由财务会计部门编造"会计档案移交清册",移交本单位的档案部门保管,其保管年限和销毁审批程序应按会计制度的规定严格执行。

◆ 知识拓展

企业3年账簿"不翼而飞"

青岛市国税局稽查局检查人员在对岛城企业增值税缴纳情况例行检查时发现，生产销售挂车支撑桥及其配件的青岛市某汽车配件有限公司，年产值稳定在2 000万元以上，但该公司2007至2011年8月的增值税税负率为0.88%，明显低于青岛市同行业增值税平均税负率。针对这一线索，当检查人员直接来到该公司，要求企业提供近年来的账簿时，该公司负责人牛先生称会计出差了，暂时无法提供。第二天，检查人员再次到该公司时，牛先生却支支吾吾，先称找不到了，后又说3年账簿被盗丢失，但却无法提供账簿丢失向公安机关报案的相关记录。在检查人员环环相扣的执法措施下，该公司法定代表人牛先生最终交出了2007至2009年3个年度的账簿和凭证。青岛市国税局稽查局依法责令该公司补缴了查补税款、滞纳金、罚款合计200余万元，并将此案定性为阻挠税务检查行为，处1万元的罚款。

◆ 项目小结

1.设置和登记账簿是编制会计报表的基础，是连接会计凭证与会计报表的中间环节，在会计核算中具有重要意义。

2.会计账簿是由专门格式并以一定形式联结在一起的账页所组成，以经过审核的会计凭证为依据，对全部经济业务进行全面、系统、连续、分类地记录和核算的簿籍。

3.账簿按其用途分类，可以分为序时账簿、分类账簿和备查登记簿；账簿按外表形式的不同，可分为订本式账簿、活页式账簿和卡片式账簿三种；会计账簿按账页格式的不同，可分为三栏式账簿、数量金额式账簿、多栏式账簿。

4.总账和日记账的设置一般用三栏式订本账簿；明细账设置可采用三栏式、多栏式、数量金额式活页账簿。

5.日记账和明细账的登记以审核无误的原始凭证和记账凭证为登记依据；总账的登记可采用记账凭证的账务处理程序、科目汇总表账务处理程序进行登记。

6.在账簿登记过程中，对于不同的记账错误，应用不同的更正方法，一般常用的更正错账的方法有：划线更正法、红字更正法和补充登记法三种。

7.为了保持会计账簿资料的连续性，在每一会计年度结束，新的会计年度开始时，应按会计制度规定，进行账簿的更换。一般情况下，总账、日记账和大部分明细账，要求每年更换一次，其他根据需要可连续使用。

8.各种账簿应按年度分类归档，编制目录，妥善保管。会计账簿一般暂由本单位财务会计部门保管一年，期满之后，由财务会计部门编造清册移交本单位的档案部门保管。

◆ 知识拓展

中国农业银行金融债券和大明通行宝钞

二维码 6-1 中国农业银行金融债券和大明通行宝钞

复习思考题

1. 设置账簿有何重要意义？
2. 账簿的种类有哪些？
3. 如何设置总分类账、明细分类账、日记账？
4. 如何登记银行存款日记账？
4. 如何登记总分类账？
6. 更正错账的方法哪些？如何使用？
7. 如何进行对账、查账和结账？
8. 会计账簿如何更换？

项目七　财产清查

◆ 知识目标

☞理解财产清查的必要性和种类；

☞掌握各种材料物资、货币资金和往来款项的清查方法；

☞能对财产清查的结果进行账务处理。

◆ 技能目标

☞会对各种财产物资进行清查。

◆ 引导案例

东方公司在盘点存货时，发现甲材料盘亏 60 千克，单位成本 280 元，乙材料盘亏 20 千克，单位成本 120 元。经查明原因，甲材料短缺是由于非常灾害造成的材料毁损；乙材料盘亏是由于管理不善造成的定额内损耗。对此，东方公司该如何进行账务处理？

任务一　准备财产清查

一、财产清查及其意义

(一)财产清查的概念

财产清查就是通过对财产物资、库存现金的实地盘点和对银行存款、债权、债务的查对，来确定其实有数与账面结存数是否相符的一种专门方法。它是会计核算方法体系的一个组成部分。

任何企业、单位各项资产的增减变动及其结存情况通过凭证的正确编制与严格的审核、账簿登记与核对已经可以得到正确的反映。但是账簿记录的正确性，不足以说明账簿记录的真实。即使在账证相符、账账相符的情况下，由于有多种原因可能出现资产账面结存数与实际结存数不一致。因此为了保证会计资料的真实性，必须运用财产清查的方法，对各项资产进行定期或不定期的盘点与核对，做到账实相符。

造成各种财产账实不符的原因主要有以下几个方面：

(1)在收、发各项财产过程中，由于计量、检验不准确而发生数量或质量上的差错。

(2)在财产发生增减变动时，没有填制凭证且登记入账；或者在填制凭证、登记账簿时，出现漏记、重记、错记或计算上的差错。

(3)在财产的保管过程中，受到气候等自然因素影响如风吹、日晒、雨淋等而发生自然损耗。

(4)由于保管不善或工作人员失职发生的财产残损、变质与短缺，以及货币资金、债权债务的差错。

(5)由于不法分子营私舞弊，贪污盗窃等造成的财产物资损失。

(6)因结算凭证传递不及时而造成未达账项，而引起单位之间账账不符。

(7)由于自然灾害和意外事故造成了财产物资损失等。

无论以上哪一种情况造成的账实不符，都要通过财产清查发现问题，并进行调整，所以财产清查对于保护企业财产的安全、完整具有十分重要的意义。

(二)财产清查的意义

1.保证会计核算资料的真实可靠

通过财产清查，可以查明各项财产物资的实有数量，确定实有数量与账面数量之间的差异，查明原因和责任，以便采取有效措施，消除差异，改进工作，从而保证账实相符，提高会计资料的准确性。

2.保证财产物资的安全完整

通过财产清查，可以查明各项财产物资的保管情况是否良好，有无因管理不善，造成霉烂、变质、损失浪费，或者被非法挪用、贪污盗窃的情况，以便采取有效措施，改善管理，切实保障各项财产物资的安全完整。

3.有利于挖潜增效，促进财产物资的有效利用

通过财产清查，可以查明各项财产物资的库存和使用情况，合理安排生产经营活动，充分利用各项财产物资，加速资金周转，提高资金使用效果；另外，还可以查明各种款项的结算情况，有无长期拖欠、拒付款项及未达账项等，以便及时发现问题，为加速资金周转，提高资金使用效果，加强经济管理提供依据。

4.有利于建立健全的规章制度，提高企业的管理水平

通过财产清查，可以发现问题，及时采取措施弥补经营管理中的漏洞，建立健全的规章制度，促进生产经营管理水平的提高。

二、财产清查的种类

(一)按照清查的范围分类

1.全面清查

(1)全面清查的内容　全面清查是指对所有的资产进行全面的清查、盘点与核对。全面清查可以了解企业整个资产的详细情况。一般包括以下内容：①库存现金、银行存款、其他货币资金等货币资金和有价证券等；②固定资产、原材料、在产品、库存商品以及其他物资；③在途的各种材料物资、货币资金等；④各种往来结算款项、预算缴拨款项和银行借款；⑤委托其他单位代保管、代加工的各项材料物资等。

(2)需要全面清查的情况　由于全面清查涉及的范围广、内容多，参加的人员多，花费的时间也长，因此不宜经常进行。一般在以下4种情况下，需要进行全面清查：①年终决算前，为了确保年终决算会计资料的真实性，要进行一次全面清查；②单位撤销、倒闭、合并或改变隶属关系时；③开展清产核资时；④单位主要负责人调离工作岗位时。

2.局部清查

局部清查就是根据需要，只对部分财产物资进行的盘点核对。一般情况下，局部清查适用于企业对那些流动性较大又易于损耗的物资和比较贵重的财产，如库存现金、原材料、库存商品及贵重物品进行的清查盘点。由于局部清查涉及的范围小、内容少、时间短，参与的人员也少，因此企业经常进行的都是局部清查。一般包括：

(1)对于库存现金，应由出纳员在每日业务终了时清点核对。

(2)对于银行存款、银行借款，应由出纳员每月与银行核对一次对账单。

(3) 企业的原材料、在产品、在途材料、库存商品等，除年终全部清查外，还应在年内轮流盘点或重点抽查。

(4)对于各种债权、债务，每年至少要同对方核对一至两次，发现问题及时解决，避免发生坏账损失。

(5)各种贵重财产每月至少要清查一次。

(二)按照清查的时间分类

1.定期清查

定期清查是指根据事先计划安排好的时间，对企业财产物资进行的清查。这种清查一般是在月末、季末、年末结账前进行。通过定期清查，可以在编制会计报表前发现账实不符的情况，并据以调整有关账簿的记录，使账实相符，保证会计资料的真实性。

2.不定期清查

不定期清查是指预先不规定清查时间而临时进行的财产清查，因此，也称临时清查。不定期清查一般在以下几种情况下进行：

(1)企业更换保管员、出纳员时，要对其保管的物资进行清查，以明确经济责任。

(2)发生自然灾害或意外损失时，对受损物品进行清查，以查明受损情况。

(3)上级主管部门和财政、审计部门对本单位进行财务检查时。

(4)进行临时性、突击性的清产核资时。

(5)企业关、停、并、转、清产核资、破产清算时。

定期清查和不定期清查的范围，可以是全部清查也可以是局部清查，要视具体情况来确定。

任务二 完成财产清查前的准备工作

一、财产清查的一般程序

为了保证财产清查的质量，充分发挥财产清查的作用，必须按照规定的程序，科学合理地组织清查工作。财产清查的一般程序包括准备、实施和总结阶段。

(一)财产清查的准备阶段

财产清查的准备阶段，这一阶段包括组织准备和业务准备两个方面内容。

1.组织准备

为了有组织、有计划地进行财产清查，企业在进行财产清查(尤其是全面清查)时，应成立由总会计师、单位主要负责人牵头的，由财会、设备、销售、采购、仓库等有关部门人员参加的财产清查领导小组，具体负责财产清查事宜，其主要任务包括以下工作。

(1)负责清查工作意义的宣传，提高清查工作的自觉性。

(2)事先制定财产清查的目的、任务，确定清查范围、时间和步骤，掌握清查进度。

(3)配备清查人员，落实清查人员的分工和职责。

(4)在清查过程中，随时掌握清查情况，督促检查清查工作的质量，协调有关部门处理清查中出现的矛盾，随时解决清查中发现的问题。

(5)在清查结束后，及时进行总结，提出清查结果的书面处理意见，将清查结果上报有关部门。

2.业务准备

为做好财产清查工作，保证财产清查的质量，有关部门要积极配合，特别是财会和财产物资管理部门，要认真做好以下工作。

(1)会计部门和人员，应在清查之前将截至清查日止的全部经济业务登记入账，结算出总账和明细账的余额，并相互核对，做到账证相符和账账相符，为清查提供可靠的资料。

(2)财产物资管理部门和有关人员，应将准备清查的各种财产分类整理清楚，排列整齐，并分别悬挂标签，详细标明实物的编号、名称、规格、结存数量等，与保管明细账核对清楚，结出账面余额，以便盘点核对。

(3)有关人员应在清查地点准备好各种必要的度量衡器具，检测调试好，以保证计量准确。

(4)对银行存款、借款及结算款项，事先取得对账单，以便查对。

(5)准备印制好有关盘点表格、账册，以备清查时使用。

(二)财产清查的实施阶段

财产清查准备工作就绪，由清查人员根据各种资产的自然属性，采取相应的方法对其数量与质量予以清查。为明确责任，在财产清查过程中实物保管人员必须在场，并参加盘点工作，盘点结果应由清查人员填写“盘存单”，详细说明各项财产物资的编号、名称、规格、计量单位、数量、单价、金额等，并由盘点人员和实物保管人员分别签字盖章。

“盘存单”是实物盘点结果的书面证明，也是反映财产物质实存数额的原始凭证。其一般格式如表 7-1 所示。

表 7-1 盘存单

编号：

单位名称：　　　　　　盘点时间：

财产类别：　　　　　　存放地点：

编号	名称	规格	计量单位	数量	单价	金额	备注

盘点人签章：　　　　　　实物保管人签章：

（三）总结阶段

盘点完毕，会计部门应根据“盘存单”上所列的物资的实际结存数与账面结存记录进行核对，发现某些财产物资账实不符时，填制“实存账存对比表”，确定财产物资盘存或盘亏的数额。“实存账存对比表”是财产清查的重要依据。其一般格式如表7-2所示。

表 7-2 实存账存对比表

单位名称：　　　　　　　　　　　　　　　　　　　　　　　　年　月　日

编号	类别及名称	计量单位	单价	实存		账存		对比结果				备注
								盘盈		盘亏		
				数量	金额	数量	金额	数量	金额	数量	金额	

二、建立财产清查制度

（一）永续盘存制

永续盘存制，又叫账面盘存制，它是指平时对各项财产物资的增加数和减少数，都要根据会计凭证记入有关账簿，并随时在账簿中结出各种财产物资的账面结存数额的一种盘存制度。其目的是以账存数控制实存数。

在永续盘存制下，期末账面结存数的计算公式如下：

期初结存数＋本期增加数－本期减少数＝期末结存数

采用永续盘存制，日常核算的工作量较大，但手续严密，可以随时了解财产物资的收、发、存情况，发现问题可以及时处理，堵塞管理上的漏洞，有利于加强财产物资的管理。

（二）实地盘存制

采用实地盘存制的企业，平时在账簿记录中，只登记财产物资的增加数，不登记减少数；月末，通过对财产物资的实地盘点来作为账面结存数，然后再倒推出本期减少数，据以登记账簿。在实地盘存制下，本期减少数的计算公式如下：

期初结存数＋本期增加数－期末实地盘存数＝本期减少数

由此可见，在实地盘存制下，月末对财产物资进行清查盘点的目的，在于确定期末账面结存数，并倒推出本期减少数，这有悖于财产清查的初衷。同时，采用实地盘存制，虽然核算工作较简单，但手续不严密，可能掩盖财产物资管理上存在的问题，致使成本核算不真实。因此，除非特殊情况，企业一般不宜采用实地盘存制。

◆ 会计工作技能链接

实地盘存制和永续盘存制的区别

永续盘存制与实地盘存制的区别主要表现在以下两个方面：

1. 两者对各项财产物资在账簿中登记的方法不同。永续盘存制平时对各项财产物资的增加数和减少数都要根据会计凭证在有关的账簿中进行连续的登记，并随时在账簿中结算出各项财产物资的账面结存数；实地盘存制平时只对各项财产物资的增加数根据会计凭证记入有关账户，而不登记减少数，月末根据实地盘点的各项财产物资的实际结存数，计算出本期减少数，并记入有关账簿。

2. 两者财产清查的目的不同。永续盘存制下财产清查的目的是为了与账簿记录进行核对；实地盘存制下财产清查的目的是计算期末财产的结存数。

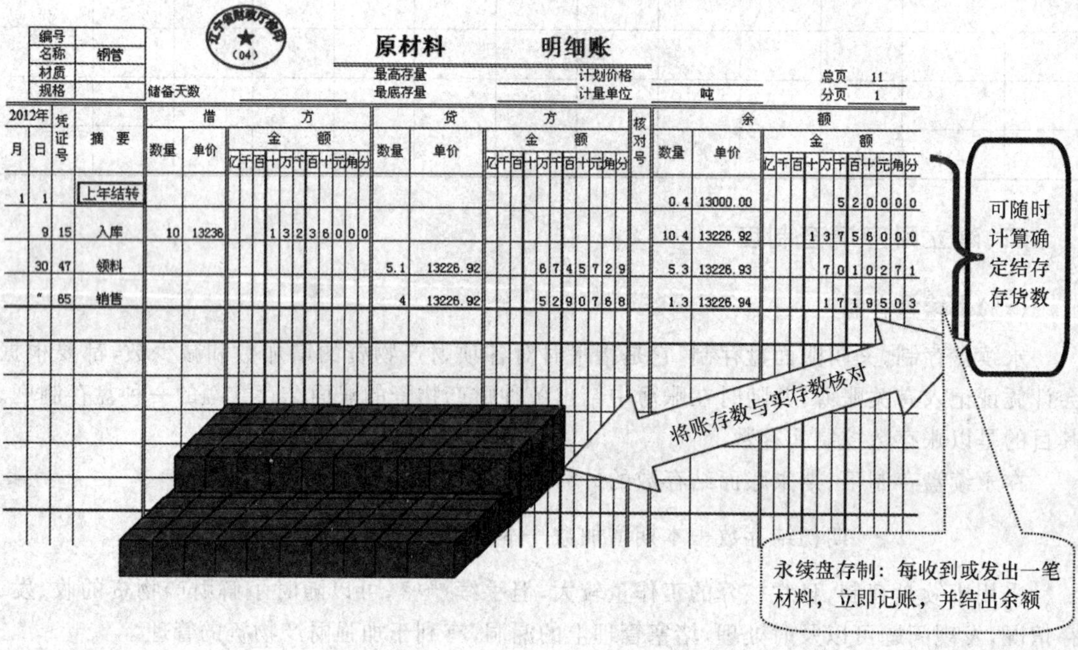

三、财产清查的方法

（一）财产物资的清查方法

1. 实地盘点法

这种方法主要是通过对财产物资的逐一清点、计件、过磅等方法来确定其实存数量的。此方法适用范围较广，大多数财产物资都可以通过此方法进行盘点。

2. 技术推算盘点法

这种方法主要适用于一些体积较大、笨重、不易搬动和逐一点数过磅的财产物资。此方法主要通过计尺、量方等技术推算手段来确定某些财产物资的实存数量。

为了明确经济责任，在进行盘点清查时，保管人员必须在场，对于盘点结果，应如实登记在盘存单上，并由盘点人员和保管人员签字盖章。盘存单是记录盘点结果的书面证明，也是反映财产物资实存数的原始凭证。

为了查明实存数与账存数是否一致，确定盘亏或盘盈情况，还要根据盘存单和有关账簿的记录，编制“账存实存对比表”，通过对比，揭示账面结存数与实际结存数之间的差异。

(二)库存现金的清查方法

库存现金的清查，主要采用实地盘点法，盘点应当由清查人员同出纳人员共同负责，一般在当天业务结束或开始之前进行，注意清查时不得以“白条”抵充库存现金，盘点结果要填入“库存现金盘点报告表”，并由清查人员和出纳人员签章。“库存现金盘点报告表”兼有盘存单和账存实存对比表的作用，是反映库存现金实有数和调整账簿记录的重要原始凭证。

(三)银行存款的清查方法

银行存款的清查，是采用与开户银行核对账目的方法进行的，即将本单位的银行存款日记账与开户银行转来的对账单逐笔进行核对，检查账账是否相符。

银行对账单上的余额，常与企业银行存款日记账上的余额不一致，其原因一是由于某一方记账有错误。如有的企业同时在几家银行开户，记账时会发生银行之间串户的错误，同样，银行也可能把各存款单位的账目相互混淆；但有时即使在双方记账均无差错的情况下，也往往会出现双方的余额不相一致的情况。这是由存在未达账项引起的。

所谓未达账项是指由于企业与银行之间对于同一项经济业务，因取得凭证的时间不同，导致记账时间不一致而发生的一方已取得结算凭证并已登记入账，而另一方由于尚未取得结算凭证尚未入账的款项。产生未达账项的原因有以下四种情况：

(1)企业已收，银行未收的款项。如企业销售产品收到支票，送存银行后即可根据银行盖章退回的“进账单”回单联登记银行存款的增加，而银行则要等款项收妥后才能登记增加，如果此时对账，就形成了企业已收款入账，银行尚未收款入账的款项。

(2)企业已付，银行未付的款项。如企业开出一张支票支付购料款，企业可根据支票存根、发票及收料单等记银行存款的减少，而这时银行由于未接到支付款项的凭证而尚未记银行存款减少，如果此时对账，就形成了企业已付款入账，银行尚未付款入账的款项。

(3)银行已收，企业未收的款项。如外地某单位给企业汇来货款，银行收到汇款单后，登记企业银行存款增加，企业由于未收到汇款凭证尚未记银行存款增加，如果此时对账就形成了银行已收款入账，企业尚未收款入账的款项。

(4)银行已付，企业未付的款项。如银行代企业支付款项，银行已取得支付款项的凭证登记银行存款的减少，企业由于未接到凭证尚未登记银行存款减少，如果此时对账，就形成了银行已付款入账，企业尚未付款入账的款项。

如确有未达账项存在，即编制“银行存款余额调节表”，待调整后，再确定企业与银行之间记账是否一致，双方账面余额是否相符。

(四)往来款项的清查方法

往来款项的清查盘点，适宜采用询证法。即企业应在清查日截止时，将有关往来款项的全部结算凭证登记入账，并编制对账单(一式两联)，送交对方进行核对。对方将核对结果，不论正确与否，均需在对账单上注明，并盖章寄回。对清查过程中有争议或确实无法收回的款项，要及时处理，避免坏账损失。

任务三 进行财产清查

一、实地财产清查

(一)清查货币资金

1. 清查库存现金

先通过盘点库存现金的实有数,再与现金日记账的余额进行核对,以查明账实是否相符。现金清查包括以下两种情况:

(1)出纳人员每日盘点。出纳人员每日清点库存现金实有数,并与现金日记账结余数相核对,这种经常性的现金清查工作,是出纳人员的职责。在实行严格的内部控制制度情况下,这种方式比较省时、省力,确有成效。但在管理岗位责任制不严格的情况下,只采用这种不够严密,容易出漏洞。

(1)清查小组监盘。在实际工作中,除了由出纳人员对现金进行经常性清查外,还应由清查小组对库存现金进行定期或不定期清查。清查时,出纳人员必须在场,现金由出纳人员经手盘点,清查人员从旁监督。同时,清查人员还要认真审核现金收付凭证和有关账簿,检查账务处理是否合理合法,账簿记录有无错误,以确定账存与实存是否相符。

对于临时个人借款挪用的现金,不允许以"白条"收据抵充;对于超过银行核定限额的现金在送存之前应严格核算与清查;对于"坐支"现金,不得超过银行审批的范围和定额,更不允许任意坐支。在进行现金清查之前,出纳员应将有关先前收入、付出业务凭证全部登记入账,并结出余额,作为核对现金实存数量与账存数量是否相符的依据。清查结束后,应根据清查结果填制"库存现金盘点报告表"。其一般格式如表 7-3 所示。

表 7-3 库存现金盘点报告表

单位名称: 年 月 日

实存余额	账存余额	对比结果		备注
		盘盈	盘亏	

盘点人员签章: 出纳人员签章:

2. 清查银行存款

银行存款的清查是采取与银行核对账目的方法进行的。核对前应把截止到清查日所有银行存款的收付业务登记入账,并结出余额。然后应将单位存款日记账上的每一笔收支业务与银行对账单逐笔核对,不仅要核对金额,更重要的是核对结算凭证的种类、号数是否相符。对于核对相符的业务记录应用铅笔在双方的账目上画"√"或其他标志。如发现错账、漏账,应查清原因并及时更正。

如果是由于未达账项导致的账单余额不符，则应编制“银行存款余额调节表”来检验调整后的账面余额是否相等。编制银行存款余额调节表的依据是银行对账单上银行存款余额与企业银行存款日记账账面余额及未达账项之间的关系，消除未达账项的影响后，双方银行存款的余额应该相等，并且是企业当时实际可以动用的款项。其计算公式如下：

企业银行存款日记账余额＋银行已收企业未收款项－银行已付企业未付款项＝银行对账单余额＋企业已收银行未收款项－企业已付银行未付款项

【例 7-1】资料：Q公司 2017 年 6 月 30 日银行存款日记账余额为 176 000 元，该公司银行存款日记账如表 7-4 所示，银行对账单余额为 316 600 元，对账单如表 7-5 所示。

表 7-4 银行存款日记账

2017年		凭证编号	摘要	对方账户	借方	贷方	余额
月	日						
6	1	略	期初余额	略			450 000
	3		偿还甲公司材料款			140 000	310 000
	5		收回乙公司前欠销货款		137 000		447 000
	12		存入销货款		135 100		582 100
	18		提取现金			150 000	432 100
	26		向丁公司购买材料			117 000	315 100
	29		收到戊公司销货款		200 000		515 100
	30		开出支票偿还己公司购料款			105 100	410 000
	30		开出支票购入设备一台			234 000	176 000

表 7-5 银行对账单

2017年		摘要	结算凭证		存入	支出	余额
月	日		种类	号数			
6	1	期初余额					450 000
	3	付甲公司	转支	54		140 000	310 000
	5	收乙公司	委收		137 000		447 000
	12	存入销货款	进账单		135 100		582 100
	18	付现金	现支	42		150 000	432 100
	26	付丁公司	转支	56		117 000	315 100
	30	支付电力公司电费	托收			58 500	256 600
	30	托收款划回	托收		60 000		316 600

要求：将“银行存款日记账”与“银行对账单”进行核对，编制“银行存款余额调节表”，如表 7-6 所示。

表 7-6 银行存款余额调节表

2017 年 6 月 30 日　　　　　　　　　　　　　　　　　　单位:元

项　目	金额	项　目	金额
企业银行存款日记账余额	176 000	银行对账单余额	316 600
加:银行已收企业未收款	60 000	加:企业已收银行未收款	200 000
减:银行已付企业未付款	58 500	减:企业已付银行未付款	105 100
			234 000
调节后的余额	177 500	调节后的余额	177 500

需要说明的是如果调整后,双方账面银行存款余额相符,则说明企业银行存款账实相符,否则应继续检查。另外,未达账项并非错账,并不需要根据“银行存款余额调节表”更改账簿记录,对于未达账项也并不立即作账务处理。“银行存款余额调节表”只是清查的一种方式,不能作为账务处理的原始依据。通常作为清查资料与银行对账单一并附在当月银行存款日记账后保存。对于银行已入账而单位未入账的未达账项,应在收到有关原始凭证后,才能据以编制记账凭证,登记入账。

◆ 会计知识链接

关于未达账项

QW 工厂 2017 年 8 月 31 日银行存款日记账余额为 500 000 元,银行对账单余额为 580 000 元,经逐笔核对,存在以下未达账项:①公司于月末开出转账支票 3 万元,企业已记账,银行未记账;②银行代企业收回 7 万元,银行已入账,企业未收到收账通知,尚未入账;③银行代企业支付电话费 20 000 元。要求根据资料,计算 2017 年 8 月底企业可动用的银行存款为(　　)元。

A. 500 000　　B. 680 000　　C. 550 000　　D. 630 000

【参考答案】

企业年末银行存款余额=500 000+700 000-200 000=550 000。调整后为 550 000 元。故选 C。

(二)清查实物资产

1. 清查存货

存货的清查通常采用实地盘点法,其一般清查的程序如下:

(1)盘点前将存货的有关账簿结出余额。

(2)进行实地盘点。到现场,通过点数、过秤、尺量等适当的技术方法来确定存货的实存数,根据盘点结果填入存货“盘存单”,并由盘点人员和存货保管员签字或盖章。为了明确经济责任,盘点时存货保管员必须在场,并参加盘点工作。“盘存单”是记录各项存货实存数量的书面证明,也是财产清查工作的原始凭证之一。“盘存单”的一般格式如表 7-7 所示。

表 7-7 盘存单

年 月 日

单位名称： 存放地点：

财产类别： 编 号：

编号	名称	单位	数量	单价	金额	备注

盘点人签字或盖章： 实物保管人签字或盖章：

(3)编制实存账存对比表。为了进一步查明实存数与账存数是否一致，在盘点出各种实物的实存数后，会计人员应根据盘存单和账簿记录编制"实存账存对比表"，以分析实存数和账面数之间的差异，明确经济责任。此表是调整账簿记录的原始凭证。其一般格式如表 7-8 所示。

表 7-8 实存账存对比表

年 月 日

单位名称： 金额单位：元

编号	名称规格	计量单位	单价	实存		账存		对比结果				备注
								盘盈		盘亏		
				数量	金额	数量	金额	数量	金额	数量	金额	

复核人： 编制人：

表中的"实存"栏的数量和金额，应根据盘存单记录填列；"账存"栏中的数量和金额，应根据各种存货明细账的余额填列。账存数小于实存数，填列在"盘盈"栏内，反之，账存数大于实存数，填列在"盘亏"栏内。其盘盈、盘亏的原因则在"备注"栏内注明。

2.清查固定资产

固定资产的清查与存货一样，一般采用实地盘点法。进行固定资产盘点时，其保管人员必须在场。对各项固定资产盘点的结果，应逐一如实地登记在"盘存单"上，并由参加盘点的有关人员和保管人员同时签章生效。盘点完毕，将"盘存单"中所记录的实存数和账存数余额进行对比，发现某些固定资产账实不符时，填列"实存账存对比表"，确定固定资产盘盈或盘亏数额。

进行固定资产清查，不仅应查明账实是否相符，还需进一步检查固定资产的使用、保管和维修情况，以便采取措施，改进固定资产管理，发挥其效能。

(三)清查往来款项

往来款项的清查主要指的是对应收款、应付款、暂收款等款项的清查(其中的暂收款通过“其他应付款”核算)。在保证本单位所记账目正确完整的基础上,按每一个经济往来单位编制“往来款项对账单(询证函)”,寄往各往来单位进行核对。“询证函”一式两联,其中一联作为回单联,另一联送交对方单位核对账目,对方单位经过核对相符后,在回单上加盖公章退回;如不相等则在回单联上注明情况寄回本单位。往来款项对账单格式如图 7-1 所示。

____________单位:

你单位 2017 年 6 月 15 日到我厂购入甲产品 200 件,已付货款 300 000 元,尚有 51 000 元货款未付,请核对后将回单联寄回。

××单位(盖章)

2017 年 6 月 10 日

沿此虚线剪开,将以下回单联寄回!

往来款项对账单(回联)

____________单位:

你单位寄来的“往来款项对账单”已收到,经核对相符无误。

××单位(盖章)

2017 年 6 月 10 日

图 7-1 往来款项对账单(询证函)

收到上述回单后,应据此编制“往来款项清查报告表”,填列各项债权债务的余额。注明核对相符与不符的款项,对不符的款项按有争议、未达账项、无法收回等情况归类合并,针对具体情况及时采取措施予以解决。“往来款项清查报告表”一般格式如表 7-9 所示。

表 7-9 往来款项清查报告表

总分类账户名称: 年 月 日

明细分类账		清查结果		核对不符原因分析			备注
账户名称	账面余额	相符金额	不符金额	未达账项金额	有争议款金额	其他	

清查人员签章: 记账人员签章:

二、财产清查结果的处理步骤

(一)核准数字,查明原因,提出处理方法

根据财产清查的情况,核准各项财产物资的盘亏、盘盈数,分析差异产生的原因,明确经济责任,提出处理方法,按照规定程序报经有关部门审批后,予以认真处理。

(二)调整账簿记录,保证账实相符

在核准数字,查明各种差异的性质和原因的基础之上,根据"实存账存对比表"编制记账凭证,并据以入账,做到账实相符。

(三)根据批复处理意见,编制记账凭证据以入账,予以核销

根据财产物资差异的性质和原因,报经有关部门批准后取得的批复处理意见,编制记账凭证,据此登记入账,予以核销。

三、财产清查的账户设置

1."待处理财产损溢"账户

(1)账户性质　资产类账户。

(2)核算内容　用来核算企业在清查财产过程中查明的各种财产盘盈、盘亏和毁损的价值。物资在运输途中发生的非正常短缺与损耗,也通过本账户核算。企业如有盘盈固定资产的,应作为前期差错记入"以前年度损益调整"不在本账户核算。

(3)账户结构　该账户的贷方登记各种财产的盘盈数以及按规定程序批准的盘亏、毁损转销数;借方登记各种财产盘亏、毁损数以及按规定程序批准的盘盈转销数;在期末结账前处理完毕,处理后本账户无余额;期末如有特殊情况没被批准处理,如有贷方余额为企业尚未处理的各种财产的净溢余,如有借方余额为反映企业尚未处理的各种财产的净损失。

(4)明细账设置　按照"待处理流动资产损溢""待处理非流动资产损溢"设置明细账户,进行明细分类核算。适合采用"三栏式"明细账。

该账户的结构如图 7-2 所示。

待处理财产损溢

登记各种财产盘亏、毁损数 按规定程序批准的盘盈转销数	登记各种财产的盘盈数 按规定程序批准的盘亏、毁损转销数
反映企业尚未处理的各种财产的净损失	企业尚未处理的各种财产的净溢余额

图 7-2　待处理财产损溢账户结构

2."以前年度损益调整"账户

(1)账户性质　损益类账户。

(2)核算内容　用来核算企业本年度发生的调整以前年度损益的事项以及本年度发现的重要前期差错更正涉及调整以前年度损益的事项。企业在资产负债表日至财务报告批准报出日之间发生的需要调整报告年度损益的事项,也可以通过本账户核算。

(3)账户结构 该账户的借方登记调整减少以前年度利润或增加以前年度亏损,贷方登记企业调整增加以前年度利润或减少以前年度亏损。本账户结转后应无余额。

(4)明细账设置 本账户适合采用"三栏式"明细账进行明细分类核算。

四、财产清查结果的账务处理

现举例说明财产清查结果的账务处理方法。

(一)库存现金清查结果的账务处理

【例7-2】A公司在盘点现金时,发现短缺300元,其中200元系由出纳员过失造成,100元系无法查明的其他原因造成。

财产清查中发现现金短缺应先调整账簿记录,做到账实相符,根据"库存现金盘点报告表"作会计分录如下:

借:待处理财产损溢——待处理流动资产损溢　　300

　贷:库存现金　　300

上述现金短缺公司批准后予以转销。根据批准文件短缺现金应由出纳员王丽赔偿200元,其余100元记入"管理费用"作会计分录如下:

借:其他应收款——王丽　　200

　管理费用　　100

　贷:待处理财产损溢——待处理流动资产损溢　　300

注:若现金的短缺属于保险公司赔款则计入"其他应收款——应收保险赔款"。现金的溢余属于无法查明原因的转入"营业外收入",属于应支付有关人员或单位的,应转入"其他应付款——应付现金溢余(某单位或某人)"。

【例7-3】B公司在财产清查中,发现长款550元。

借:库存现金　　550

　贷:待处理财产损溢——待处理流动资产损溢　　550

经反复核查,未查明原因,报经批准作"营业外收入"处理。

借:待处理财产损溢——待处理流动资产损溢　　550

　贷:营业外收入　　550

(二)存货清查结果的账务处理

1.存货盘盈的核算

【例7-4】D公司财产清查中盘盈原材料B材料100千克,单位成本80元。

(1)财产清查中发现材料盘盈应先调整账面记录,做到账实相符,根据"实存账存对比表"作会计分录如下:

借:原材料——B材料　　8 000

　贷:待处理财产损溢——待处理流动资产损溢　　8 000

(2)经查明B材料的盘盈是由于计量不准造成的,经董事会批准,直接冲减期间费用计入"管理费用"账户,根据批准文件作会计分录如下:

借:待处理财产损溢——待处理流动资产损溢　　8 000

　贷:管理费用　　8 000

注意：在实际工作中，管理费用明细账贷方只有一栏，留作结转。登记冲减管理费用时，用红字登记到借方——“盘亏损失”栏，表示冲减管理费用。

2. 存货盘亏、毁损的核算

【例 7-5】C 公司在盘点存货时，发生盘亏乙材料 100 千克，单位成本 100 元，增值税税率为 17%。

(1)在清查中发现盘亏材料，在报经批准前应先调整账面记录，使账实相符，根据“实存账存对比表”作会计分录如下：

借：待处理财产损溢——待处理流动资产损溢　　11 700
　贷：原材料——乙材料　　10 000
　　应交税费——应交增值税(进项税额转出)　　1 700

◆ 会计知识链接

存货盘亏、毁损“进项税额转出”释义

2009 年 1 月 1 日起实施的《中华人民共和国增值税暂行条例》中第十条明文规定，下列项目的进项税额不得从销项税额中抵扣：用于非增值税应税项目、免征增值税项目、集体福利或者个人消费的购进货物或者应税劳务；非正常损失的购进货物及相关的应税劳务(是指因管理不善造成被盗、丢失、霉烂变质的损失)；非正常损失的在产品、产成品所耗用的购进货物或者应税劳务等。管理不善，损失的不仅是原材料，而且损失了购买材料时所支付的增值税，所以，上述损失金额是 1 700 元，因进项税额不得从销项税额中抵扣，处理盘亏时必须转出。

(2)上项盘亏的材料，报批准后予以转销。材料盘亏，报经董事会批准分别作如下处理：因保管不当造成短缺，其中，由保管员王芳赔偿 3 000 元，列入“管理费用”。

根据上述处理意见，作会计分录如下：

借：其他应收款——王芳　　3 000
　管理费用——盘亏损失　　8 700
　贷：待处理财产损溢——待处理流动资产损溢　　11 700

【例 7-6】M 公司因暴雨袭击，库存商品——庚产品损失 200 件，计 20 000 元；经过保险公司勘验现场，同意理赔 16 000 元，尚未收款。处理残值估价 600 元，入材料库。

(1)盘点庚产品损失，做到账实相符，作会计分录如下：

借：待处理财产损溢——待处理流动资产损溢　　20 000
　贷：库存商品——庚产品　　20 000

(2)根据批准文件作会计分录如下：

借：原材料——残料　　600
　其他应收款——保险公司　　16 000
　营业外支出——意外损失　　3 400
　贷：待处理财产损溢——待处理流动资产损溢　　20 000

◆ 会计知识链接

关于盘盈、盘亏及其处理项目

QW 工厂 2017 年 7 月 31 日对存货类财产进行清查时，发现有下列情况：

(1)盘盈甲产品 10 件，单位成本为 200 元；后经查明是由于收发计量上的误差所造成的。(2)乙产品毁损 20 件，单位成本为 300 元，单位残值为 50 元，作原材料入库。(3)后经查明为责任人工作过失所造成的损失，应由责任人赔偿 2 400 元，其余的属于自然损耗。假定不考虑相关税费。要求根据以上资料，计算并回答第 1～5 题。

1. 批准前，“待处理财产损溢”科目借方应记的金额为(　　)元。

A. 2 000　　B. 4 000　　C. 6 000　　D. 8 000

2. 批准前，“待处理财产损溢”科目贷方应记的金额为(　　)元。

A. 2 000　　B. 4 000　　C. 6 000　　D. 8 000

3. 批准后，“管理费用”科目借方应记的金额为(　　)元。

A. 2 000　　B. 2 600　　C. 3 600　　D. 6 000

4. 批准后，“管理费用”科目贷方应记的金额为(　　)元。

A. 2 000　　B. 4 000　　C. 6 000　　D. 8 000

5. 批准后，应由责任人赔偿 2 400 元应记入的会计科目有(　　)。

A.“管理费用”　　B.“其他应收款”　　C.“库存商品”　　D.“待处理财产损溢”

【参考答案】

(1)C　(2)C　(3)B　(4)A　(5)BD

(三)固定资产清查结果的账务处理

1. 固定资产盘盈的核算

对于企业在清查中盘盈的固定资产，应作为前期差错处理。企业盘盈的固定资产，在按管理权限报经批准前应先通过“以前年度损益调整”账户核算，并应按重置成本确定其入账价值，借记“固定资产”账户，贷记“以前年度损益调整”账户。

【例 7-7】E 公司在财产清查中，发现账外设备一台，估计价值为 4 800 元，八成新。

(1)发现固定资产盘盈时，先根据“实存账存对比表”调整账簿记录，应作会计分录如下：

借：固定资产　　4 800

　贷：以前年度损益调整　　4 800

(2)在报经批准后，调整增加以前年度利润，所得税税率为 25%，则根据批准文件作会计分录如下：审批后，根据批复意见，结转入账，所得税税率 25%

借：以前年度损益调整　　1 200

　贷：应交税费——应交所得税　　1 200

借：以前年度损益调整　　3 600

　贷：盈余公积——法定盈余公积　　360

　　利润分配——未分配利润　　3 240

2. 固定资产盘亏、毁损的核算

财产清查中盘亏、毁损和因自然灾害造成损失的固定资产，如已向保险公司投保，则应扣除赔偿部分后，将其净损失转入“营业外支出”科目。

【例 7-8】F 公司在财产清查中发现短缺设备一台，原价 28 000 元，已提折旧 10 000 元；已办理保险 10 000 元，保险公司勘验后，同意理赔，尚未收款。

(1)发现盘亏固定资产，报经批准前应先调整账面记录。应作会计分录如下：

借：待处理财产损溢——待处理非流动资产损溢　　18 000
　　累计折旧　　10 000
　贷：固定资产　　28 000

(2)经批准盘亏设备扣除赔偿部分后列“营业外支出”处理。根据批准文件作会计分录如下：

借：营业外支出　　8 000
　　其他应收款——保险公司　　10 000
　贷：待处理财产损溢——待处理非流动资产损溢　　18 000

(四)往来款项清查结果的账务处理

企业无法收回的应收款和无法支付的应付款，在报经批准后，按规定的方法进行会计处理，不需通过“待处理财产损溢”账户。

1. 应收账款无法收回

(1)资产负债表日计提坏账准备

借：资产减值损失——计提坏账准备
　贷：坏账准备

(2)企业确实无法收回的应收款项，经批准作为坏账损失，冲销已经提取的坏账准备

借：坏账准备
　贷：应收账款

(3)已确认并转销的坏账损失，如果以后又收回，按实际收回的金额

借：应收账款
　贷：坏账准备

借：银行存款
　贷：应收账款

(4)冲销多计提的坏账准备

借：坏账准备
　贷：资产减值损失——计提坏账准备

(5)本期应计提的坏账准备大于其账面余额的差额，需要补提坏账准备

借：资产减值损失——计提坏账准备
　贷：坏账准备

【例 7-9】G 公司应收红兴公司的账款 13 000 元，已确认无法收回，转作坏账损失，企业已计提坏账准备。

借：坏账准备　　　　　　　　　　　　　　　　　　13 000

　贷：应收账款——红兴公司　　　　　　　　　　　　13 000

2. 应付账款无法支付

【例 7-10】H 公司在财产清查中发现，应付梧桐公司的购料款 14 000 元，因为对方倒闭破产，已确认无法支付。

(1)审批前不做任何处理。

(2)审批后处理如下：

借：应付账款——梧桐公司　　　　　　　　　　　　14 000

　贷：营业外收入　　　　　　　　　　　　　　　　14 000

◆ 会计知识链接

常见业务及分录

二维码 7-1　常见业务及分录

◆ 项目小结

1. 财产清查是指通过对货币资金、存货、固定资产、债权债务等各项财产物资的盘点核对，确定其实际结存数，并查明实际结存数与账面结存数是否相符的一种专门方法。

2. 按清查对象和范围划分为全面清查和局部清查；按清查时间划分为定期清查和不定期清查。

3. 库存现金的清查一般应采用实地盘点法；银行存款的清查，一般是采用与开户银行核对账目记录的方法。

4. 实物资产的清查可采用实地盘点法、技术推算法进行清查。

5. 往来款项的清查主要采用“函证核对法”进行清查。

6. 对财产清查的结果处理需要设置“待处理财产损溢”账户进行核算。并在该账户下设置“待处理流动资产损溢”和“待处理非流动资产损溢”两个明细分类账户进行明细核算。

◆ 知识拓展

票据和外汇券

二维码 7-2　票据和外汇券

复习思考题

1. 财产清查的意义是什么？

2. 造成账实不符的原因有哪些？

3. 财产清查的种类有哪些？

4. 怎样进行库存现金和银行存款的清查？

5. 什么叫未达账项？未达账项产生的原因是什么？

项目八　编报财务报告

◆ 知识目标

☞了解财务报告的概念、作用和组成；

☞掌握资产负债表的作用、结构和编制方法；

☞掌握利润表的作用、结构和编制方法；

☞掌握资产负债表、利润表的数据来源；

☞了解现金流量表、所有者权益变动表与财务报表附注。

◆ 技能目标

☞会编制资产负债表；

☞会编制利润表。

◆ 引导案例

某企业2017年12月31日流动资产为3 200万元，其中应收账款900万元，存货1 500万元；非流动资产2 500万元；企业所有者权益3 000万元，非流动负债1 900万元。2017年企业营业收入20 000万元，财务费用(全部视为利息支出)500万元，利润总额4 000万元，所得税费用1 000万元。请问该企业应该如何编制2017年资产负债表及利润表。

任务一　认知财务报告

一、财务报告的概念及作用

(一)财务报告的概念

编制财务报告，作为会计核算的一种专门方法，既是会计核算的最后环节，又是会计核算工作的总结。任何一个单位都要在会计期末编制财务报告，并按照有关规定报送。

财务报告又称财务会计报告，是指企业对外提供的综合反映企业某一特定日期的资产、负债和所有者权益状况，以及某一会计期间的经营成果和现金流量等情况的会计信息的书面文件。它是企业根据日常的会计核算资料归集、加工和汇总后而形成的企业会计核算的最终成果。从《企业会计准则——基本准则》对财务报告的定义中可以看出，财务报告至少应该包括以下三个层次。

(1)财务报告应当是对外报告——其服务对象主要是投资者、债权人等外部使用者。专门为满足企业内部管理需要而形成的报告不属于财务报告的范畴。

(2)财务报告应当综合反映企业的生产经营状况——能够从整体上勾画出企业财务状况、经营成果、现金流量的全貌。

(3)财务报告包括一套系统文件——财务报表及其附注和其他应当在财务报告中披露的相关信息和资料。财务报表至少应当包括资产负债表、利润表、现金流量表等报表。

在企业日常的会计核算中,企业所发生的各项经济业务都已按照一定的会计程序,在有关会计账簿中进行全面、连续、分类汇总地记录和计算。企业的财务状况、经营成果、现金流量,在日常会计记录中已有所反映,但是,这些日常核算资料比较分散,不能集中、概括地反映企业的财务状况、经营成果和现金流量。为了向企业的管理者、投资者、债权人以及税收、证券等政府管理机构和其他有关方面提供必要的财务资料,就必须把日常核算资料定期地加以归类、加工、汇总,编制成各种财务报告。

(二)财务报告作用

财务报告的目标是向财务报告使用者提供与企业财务状况、经营成果和现金流量等有关的会计信息,反映企业管理层受托责任履行情况,有助于财务报告使用者做出经济决策。财务报告是提供会计信息的重要工具,对于单位内部和外部的利益关系集团都具有重要作用。

1.可以将分散在账簿中的会计记录系统化

在会计核算过程中,通过填制凭证、登记账簿,已经将单位发生的零星、个别的经济业务按会计科目进行了分类和汇总,会计资料的使用者可以了解某类经济业务的总括或明细情况。但是每个会计科目只能登记一类经济业务,不能总括地反映单位的经济业务全貌。必须通过编制财务报告,将分散在各个账簿中的会计记录定期进行整理和汇总,全面、系统地反映单位的经济业务全貌。

2.可以为单位内部的经营管理者提供会计信息

财务会计报告为企业管理者提供企业的财务状况和各类信息,有利于改善经营管理,提高经济效益。企业的有关管理人员利用财务会计报告可以及时掌握企业的资产、负债、所有者权益的构成情况及成本、费用、利润的实现和分配情况,可以评估和分析其他所取得的业绩及存在的问题。单位的资金运动是一个连续不断的过程,在会计分期假设的基础上,通过定期编制财务会计报告,可以分期提供单位的财务状况、经营成果和现金流量等资料,使经营管理者及时掌握有用的会计信息,可以反映企业管理层受托责任的履行情况,帮助企业领导和管理人员分析、检查企业的经营活动是否符合制度规定;考核企业资金、成本、利润等计划指标的完成程度:一方面发现问题,改善管理,不断提高经营水平;另一方面可以据此分析自身的资产结构、偿债能力、营运能力和盈利能力,为编制下期计划提供依据,以正确地进行预测和决策,防止失误。

3.可以为单位外部的利益关系集团提供会计信息

单位的外部利益关系集团包括投资人、债权人和有关政府的财政、税务、工商、银行等机构。利用财务报告所提供的资料:①为投资者、债权人进行正确的投资决策以及关心企业的有关各方提供关于企业财务状况、经营成果和财务状况变动的资料。投资人可以通过财务报告了解投资风险,判断未来的投资收益,正确进行投资决策;债权人可以通过财务报告了解该单位的偿债能力,保护债权。②便于国家财税部门加强对企业生产经营活动的监督检查。财税部门通过财务报告所提供的资料可以了解企业资金筹集和运用是否合理,检查企业税收、利润计划的完成与解交情况,以及有无违反税法和财经纪律的现象,以更好地发挥财政、税收的监督职能。③便于银行和其他金融机构了解企业的偿贷情况。银行部门通过财务报告所提供的资料可以考查企业流动资金的使用情况，分析企业银行借款的物质保证程度，研究企业资金的正常需求量，了解银行借款的归还以及信贷纪律的执行情况，充分发挥银行经济监督和经济杠杆作用；④为上级主管部门和政府管理部门进行宏观调控提供参考资料。如审计部门可以了解企业财务状况和经营情况及财经政策、法令和纪律的执行情况，从而为进行财务审计和经济效益审计提供必要的资料。有关政府机构可以通过财务报告了解单位资金来源和使用情况、利润的形成和分配情况、执行会计法规和有关财经纪律的情况，以便于对其实行有效的管理和监督，保证国民经济的健康发展。

二、财务报告的构成

财务报告包括财务报表及其附注和其他应当在财务报告中披露的相关信息和资料。

(一)财务报表的组成

财务报表又称会计报表，是财务报告的主要组成部分，它们分别从不同的角度反映了企业的财务状况、经营成果和现金流量的情况。一套完整的财务报表至少应当包括"四表一注"，即资产负债表、利润表、现金流量表、所有者权益变动表及附注。

(1)资产负债表，是指反映企业在某一特定日期的财务状况的会计报表。包括资产、负债和所有者权益三个部分，分别反映企业拥有的经济资源、所承担的经济义务，以及资产减去负债后所有者的剩余权益。通过资产负债表，投资者、债权人及其他财务会计报告的使用者可以了解企业的资本结构、偿债能力等。

(2)利润表，是指反映企业在某一定会计期间的经营成果的会计报表。包括收入、费用等项目，利润表提供企业各项收入来源及各项费用或成本的信息，以及企业净利润或净损失所产生的原因，以及对所有者权益变动的影响。

(3)现金流量表，是指反映企业在一定会计期间的现金和现金等价物流入和流出情况的会计报表。

(4)所有者权益变动表，是指反映企业在一定会计期间所有者(股东)权益各项目的增减变动情况的会计报表。

(5)附注，是指对在会计报表中列示项目所作的进一步说明，以及对未能在这些报表中列示项目的说明等。

(二)财务报表的分类

根据需要，财务报表可以按照不同的标准进行分类。

1.按编制与报送的时间分类

按财务会计报告编报时间的不同，可以分为月报、季报、半年报和年报。其中：

(1)月份报表　简称月报，用来总括反映企业月末的财务状况及其一个月的经营成果情况。主要包括资产负债表、利润表。季度报表——简称季报，用来总括反映企业季末的财务状况及其一个季度的经营成果情况。季报至少包括资产负债表、利润表。

(2)半年度报表　简称半年报，用来总括反映企业会计年度中期财务状况和经营成果情况。在每个会计年度的前 6 个月结束后对外报送。

(3)年度报表　简称年报、年终决算报表，用来总括反映企业会计年终财务状况和全年的经营成果情况。包括资产负债表、利润表、现金流量表、所有者权益变动表和附注。

月报要求简明扼要、及时反映；年报要求揭示完整、反映全面，至少反映两个会计年度或者两个会计期间的比较数据；季报和半年报在披露会计信息的详细程度方面，则介于二者之间。目前，我国股份有限公司还需要编制中期财务报告。广义的中期财务报告包括月报和季报；狭义的中期财务报告仅指半年报。季度和月度财务报告仅指会计报表，但国家另有要求的，则应按国家要求增加相关资料。

2.按反映的资金运动状态分类

(1)静态报表　也称时点报表，是反映企业在某一时点上的资金情况的报表，如资产负债表等。

(2)动态报表　也称时期报表，是所反映企业在某一特定时期资金运动变化情况的报表，如利润表和现金流量表等。

3.按报表编制的会计主体分类

(1)个别报表　指会计核算只以一个特定的会计主体的核算范围所编制而成的会计报表，主要反映企业自身的财务状况、经营成果和现金流量等。

(2)合并报表　以母公司和子公司组成的企业集团为一会计主体，以母公司和子公司单独编制的个别财务报表为基础，由母公司编制的综合反映企业集团的财务状况、经营成果和现金流量等。

4.按编报单位分类

(1)单位财务报表　由独立核算的单位编制的，用以反映本单位财务状况和经营成果的报表。

(2)汇总财务报表　上级和主管部门将本身的财务报表与其所属单位报送的财务报表汇总编制而成的财务报表。

三、财务报表的编制要求

为了保证财务报表的质量，更充分地发挥其在经济管理中的作用，编制财务报表时必须按照《会计法》的规定，满足以下要求。

(一)内容完整

财务报表必须按照有关规定编制。各单位对统一会计制度规定应予填报的各种报表、附注和财务情况说明书，都要填报齐全、不得漏报、漏编，也不能任意改变财务报表项目的内容。需要经注册会计师审计的，也应当将注册会计师出具的审计报告随同财务报告一并提供。

(二)数字真实

财务报表中的各项数字必须以真实的会计核算资料为依据，如实地反映单位的经济活动，不能以计划数或估计数代替实际数，不得弄虚作假，不能为了达到非法目的而编制多套财务报表。会计人员在编表前必须认真对账、按期结账，确保会计核算资料真实、正确，再编制财务报表。各单位主要负责人必须按照《会计法》的要求，不得以任何方式授意、指使、强令会计人员提供虚假的财务报表，并且要在本单位的财务报表签名并盖章，保证财务报表的真实、完整。

(三)计算准确

财务报表必须以会计账簿中准确无误的数字资料为依据，按规定的方法计算和填列报表数字，并确保各种报表之间、各期报表之间、财务报表各项目之间，凡有对应关系的数字，应当相互衔接一致，保持应有的勾稽关系，做到表表相符。

(四)编报及时

财务报表提供的信息具有很强的时效性，必须按规定的时间及时编制报送，以便于会计信息的及时利用。为了保证其时效性，会计部门应当科学地组织日常核算工作，并加强与各个部门的协作，使对账、财产清查、结账等各项工作有序地进行，既保证报表质量，又保证及时编报。

(五)手续完备

对外财务报表应依次编定页码、加具封面、装订成册、盖上单位公章；企业行政领导人员、总会计师、会计机构负责人和会计主管人员要签字；需要注册会计师行使监督验证职能的财务报表，还要有注册会计师签章。

◆ 会计知识链接

财务会计报告与财务报表有什么区别

《企业会计准则——基本准则》第四十四条规定：财务会计报告是指企业对外提供的反映企业某一特定日期的财务状况和某一会计期间的经营成果、现金流量等会计信息的文件。财务会计报告包括会计报表及其附注和其他应当在财务会计报告中披露的相关信息和资料。财务报表至少应当包括资产负债表、利润表、现金流量表等报表。

从上看出，财务会计报告包括会计报表、会计报表附注和财务情况说明书。其中，会计报表是财务会计报告的组成部分，主要包括资产负债表、利润表、所有者权益变动表和现金流量表。财务会计报告除了会计报表以外，还包括文字说明性的内容。

任务二　编制资产负债表

一、资产负债表认知

资产负债表是反映企业在某一特定日期(如月末、季末、年末)财务状况的会计报表。它是根据“资产＝负债＋所有者权益”这一会计平衡公式为理论依据，依照一定的分类标准和顺序，将企业在某一特定日期的全部资产、负债和所有者权益项目进行适当分类、汇总、排列后编制而成的。资产负债表总括地反映企业的资产、负债和所有者权益的基本情况，揭示了企业资产、负债和所有者权益的规模、结构及其相互关系等财务状况。

资产负债表是财务报表的主要组成部分，所提供的会计信息具有重要作用，主要体现在以下几个方面。

(一)表明企业拥有或控制的资源及其分布情况

可以提供某一日期资产的总额及其结构，使用者可以从资产负债表上了解企业经济实力，分析企业的生产经营能力，评价企业资源结构是否合理。

(二)反映企业负债和所有者权益情况

可以提供某一日期的负债总额及其结构,表明企业未来需要用多少资产或劳务清偿债务以及清偿时间;可以反映所有者所拥有的权益,据以判断资本保值、增值的情况以及对负债的保障程度。

(三)反映企业的流动性和财务实力

资产负债表还可以提供进行财务分析的基本资料,如将流动资产与流动负债进行比较,计算出流动比率;将速动资产与流动负债进行比较,计算出速动比率等,可以表明企业的变现能力、偿债能力和资金周转能力,从而有助于报表使用者做出经济决策。

总之,资产负债表提供的上述信息,对内,可以使单位的内部管理者全面了解本身的资金状况,及时发现问题,强化管理,科学地预测和决策;对外,可以帮助该单位的投资人、债权人、政府管理部门和有关各方了解其财务状况,正确地进行投资决策或制定相关政策。

二、资产负债表的结构与格式

目前,国际上流行的资产负债表格式主要有:报告式和账户式两种。我国企业会计准则规定,企业的资产负债表采用账户式。

(一)账户式资产负债表

账户式资产负债表分为左、右两方,左方为资产,右方为负债和所有者权益。这种结构设计,是以"资产=负债+所有者权益"这一平衡公式为理论基础,资产负债表左方的资产总额必须与右方的负债和所有者权益总额相等。即左右排列,金额相等。如果不等,则说明在会计核算或报表编制过程中出现了问题。

资产负债表由表头、基本部分和补充资料三部分组成。表头部分包括报表名称、编制单位、编表时间和货币单位等内容;基本部分包括资产负债表中各项目的名称、各项目的年初数和本期数等内容;补充资料部分是对某些项目的补充说明,按有关规定填列。

1. 资产项目

资产项目按照资产的流动性大小(或变现能力强弱)排列,流动性大的资产项目排列在前,流动性小的资产项目排列在后。在表内的具体排列顺序是:

(1)流动资产 包括的项目:货币资金、以公允价值计量且其变动计入当期损益的金融资产、应收票据及应收账款、预付款项、其他应收款、存货、持有待售资产等。

(2)非流动资产 包括的项目:债权投资、其他债权投资、长期股权投资、投资性房地产、固定资产、在建工程、生产性生物资产、无形资产、开发支出、商誉、长期待摊费用、递延所得税资产等。

2. 负债项目

负债项目按债务的偿还期的长短排列,偿还期短的排列在前,偿还期长的排列在后。在表内的具体排列顺序是:

(1)流动负债 包括的项目:短期借款、以公允价值计量且其变动计入当期损益的金融负债、应付票据及应付账款、预收款项、应付职工薪酬、应交税费、其他应付款、持有待售负债、一年内到期的非流动负债等。

(2)非流动负债 包括的项目:长期借款、应付债券、长期应付款、递延所得税负债等。

3.所有者权益项目

所有者权益项目按其稳定程度(永久性递减)排列，稳定性强的排列在前，具体排列顺序是:实收资本(或股本)、资本公积、盈余公积、未分配利润等。

账户式资产负债表的基本格式，如表8-1所示。

表8-1 资产负债表(账户式)

会企01表

编制单位： 年 月 日 单位：元

资产	期末余额	年初余额	负债和所有者权益(或股东权益)	期末余额	年初余额
流动资产：			流动负债：		
货币资金			短期借款		
以公允价值计量且其变动计入当期损益的金融资产			以公允价值计量且其变动计入当期损益的金融负债		
衍生金融资产			衍生金融负债		
应收票据及应收账款			应付票据及应付账款		
预付款项			预收款项		
其他应收款			应付职工薪酬		
存货			应交税费		
持有待售资产			其他应付款		
一年内到期的非流动资产			持有待售负债		
其他流动资产			一年内到期的非流动负债		
流动资产合计			其他流动负债		
非流动资产：			流动负债合计		
可供出售金融资产			非流动负债：		
持有至到期投资			长期借款		
长期应收款			应付债券		
长期股权投资			其中：优先股		
投资性房地产			永续债		
固定资产			长期应付款		
在建工程			预计负债		
生产性生物资产			递延收益		
油气资产			递延所得税负债		
无形资产			其他非流动负债		
开发支出			非流动负债合计		
商誉			负债合计		
长期待摊费用			所有者权益(或股东权益)：		
递延所得税资产			实收资本(或股本)		
其他非流动资产			其他权益工具		
非流动资产合计			其中：优先股		

续表 8-1

资　　产	期末余额	年初余额	负债和所有者权益 (或股东权益)	期末余额	年初余额
			永续债		
			资本公积		
			减:库存股		
			其他综合收益		
			盈余公积		
			未分配利润		
			所有者权益(或股东权益)合计		
资产总计			负债和所有者权益(或股东权益)总计		

◆ 知识拓展

资产负债表修订新增项目说明

二维码 8-1　资产负债表修订新增项目说明

(二)报告式资产负债表

报告式资产负债表是将资产、负债、所有者权益自上而下排列，首先是资产，其次是负债，再次是所有者权益。其简化格式，如表 8-2 所示。

表 8-2　资产负债表(报告式)

会企 01 表

编制单位：　　　　年 月 日　　　　单位:元

项　　目	行次	期末余额	年初余额
资产			
流动资产：			
货币资金			
⋮			
其他流动资产			
流动资产合计			
非流动资产：			
可供出售的金融资产			
⋮			

续表 8-2

项　　目	行次	期末余额	年初余额
其他非流动资产			
非流动资产合计			
资产合计			
负债			
流动负债：			
短期借款			
⋮			
其他流动负债			
流动负债合计			
非流动负债：			
长期借款			
⋮			
其他非流动负债			
非流动负债合计			
负债合计			
所有者权益(或股东权益)			
实收资本(或股本)			
⋮			
未分配利润			
所有者权益(或股东权益)合计			

三、资产负债表的编制方法

资产负债表中的各项目均需填列“年初数”和“期末数”两栏内容。“年初数”栏内各项数字应根据上年资产负债表中“期末数”栏内所列数字抄列。“期末数”可以根据有关账户的总分类账户和明细分类账户期末余额进行填列。具体填列方法如下。

(一)根据有关总分类账户期末余额直接填列

当资产负债表上所列项目名称与总分类账户的名称及所包括的内容完全一致时,则根据总分类账户期末余额直接填列。在资产负债表中有部分项目都可以直接根据有关总分类账户的期末余额填列。

(1)根据有关总分类账户的期末借方余额直接填列。如资产负债表左边——资产项目中的“可供出售金融资产”“递延所得税资产”等项目的金额,有其与以上项目名称相同的总分类账户且所包括的内容完全一致,应根据这些总分类账户的期末借方余额直接填列。

(2)根据有关总分类账户的期末贷方余额直接填列。如资产负债表右边——负债与所有者权益项目中的“短期借款”“应付职工薪酬”“应交税费”“持有待售负债”“实收资本”“资本公积”“盈余公积”等项目的金额,有其与以上项目名称相同的总分类账户且所包括的内容完全一致,应根据这些总分类账户的期末贷方余额直接填列。

(二)根据总分类账户余额计算填列

当报表指标项目名称与账户名称不一致时,应根据指标性质和有关账户之间的关系,进行分析计算填列。

(1)“货币资金”项目,应根据“库存现金”“银行存款”和“其他货币资金”账户的期末余额合计数填列。

(2)“其他应付款”项目,应根据“应付利息”“应付股利”和“其他应付款”科目的期末余额合计数填列。

(3)“长期应付款”项目,反映资产负债表日企业除长期借款和应付债券以外的其他各种长期应付款项的期末账面价值。该项目应根据“长期应付款”科目的期末余额,减去相关的“未确认融资费用”科目的期末余额后的金额,以及“专项应付款”科目的期末余额填列。

(三)根据明细分类账户余额计算填列

有些项目不能直接根据某个总账及其所属的明细账期末余额填列,而是要对相关总账所属明细账的期末余额进行分析后计算填列。

(1)“预收款项”项目,应根据“预收账款”账户和“应收账款”账户所属明细账户的期末贷方余额合计填列。

(2)“应付账款”项目,应根据“应付账款”账户和“预付账款”账户所属明细账户的期末贷方余额合计填列。

(四)根据总分类账户和明细分类账户余额分析计算填列

资产负债表中某些项目不能根据有关总账的期末余额直接或计算填列,也不能根据有关账户所属相关明细账户的期末余额填列,而需要根据总账和明细账的期末余额分析计算填列。

(1)“长期待摊费用”项目应根据“长期待摊费用”账户的期末余额扣除其中一年内(含一年)摊销的数额后的余额填列。

(2)“长期借款”(“应付债券”)等项目,应根据“长期借款”(“应付债券”)等账户的期末贷方余额扣除其相应账户中将于一年内到期数且企业不能自主地将清偿义务展期的长期借款(应付债券)后的金额计算填列,一年内到期的数额应填列在“一年内到期的非流动负债”项目。

(3)“应付票据及应付账款”项目,反映资产负债表日企业因购买材料、商品和接受服务等经营活动应支付的款项,以及开出、承兑的商业汇票,包括银行承兑汇票和商业承兑汇票。该项目应根据“应付票据”科目的期末余额,以及“应付账款”和“预付账款”科目所属的相关明细科目的期末贷方余额合计数填列。

(4)“未分配利润”项目,如何填列应区分“本年利润”账户及已分配的利润是否结转 2 种情况:①年度终了的 12 月末,因本年实现的利润和已分配的利润已经结转,可直接根据“利润分配——未分配利润”账户的年末余额填列。该账户如为贷方余额(正数),表示未分配利润;该账户如为借方余额(负数),表示未弥补亏损,则在本项目内以“－”号填列。②年度中间的 1—11 月份,应根据“本年利润”账户和“利润分配”账户的期末余额计算填列。如果“本年利润”账户和“利润分配”账户的期末余额方向一致,将其合计数填入报表;如果“本年利润”账户和“利润分配”账户的期末余额方向不一致,将其差额填入报表;也可以将“本年利润”和“利润分配”作为 2 个项目单独列示。因为企业一般情况下在年末才进行利润分配,年度中间的“利润分配”反映年初数,单独列示可以简化编制报表的工作。

(五)根据有关账户余额减去备抵账户余额后的净额填列

(1)“持有待售资产”项目,反映资产负债表日划分为持有待售类别的非流动资产及划分为持有待售类别的处置组中的流动资产和非流动资产的期末账面价值。该项目应根据“持有待售资产”科目的期末余额,减去“持有待售资产减值准备”科目的期末余额后的金额填列。

(2)“长期股权投资”(可供出售金融资产、持有至到期投资、生产性生物资产、商誉、投资性房地产、油气资产,将在后续课程《财务会计》讲解)等项目,应分别根据“长期股权投资”等账户的借方余额,减去其相应的“减值准备”账户的贷方余额后的差额填列。

(3)“无形资产”项目根据其账户的借方余额,减去“累计摊销”和“无形资产减值准备”账户的贷方余额后的差额填列。

(六)统合运用上述填列方法分析填列

(1)“应收票据及应收账款”项目,反映资产负债表日以摊余成本计量的、企业因销售商品、提供服务等经营活动应收取的款项,以及收到的商业汇票,包括银行承兑汇票和商业承兑汇票。该项目应根据“应收票据”和“应收账款”科目的期末余额,减去“坏账准备”科目中相关坏账准备期末余额后的金额填列。

(2)“预付款项”项目,应根据“预付账款”账户和“应付账款”账户所属明细账户的期末借方余额合计数,减去“坏账准备”账户中有关预付账款计提的坏账准备期末余额后的净额填列。

(3)“其他应收款”项目,应根据“应收利息”“应收股利”和“其他应收款”科目的期末余额合计数,减去“坏账准备”科目中相关坏账准备期末余额后的金额填列。

(4)“存货”项目,根据“在途物资”“材料采购”“原材料”“周转材料”“发出商品”“委托加工物资”“生产成本”和“库存商品”等总分类账户的借方余额之和,加或者减“材料成本差异”账户的期末余额(如是借方余额加上,如是贷方余额则减去),减去“存货跌价准备”账户贷方余额后的差额填列。

(5)“固定资产”项目,反映资产负债表日企业固定资产的期末账面价值和企业尚未清理完毕的固定资产清理净损益。该项目应根据“固定资产”科目的期末余额,减去“累计折旧”和“固定资产减值准备”科目的期末余额后的金额,以及“固定资产清理”科目的期末余额填列。

(6)“在建工程”项目,反映资产负债表日企业尚未达到预定可使用状态的在建工程的期末账面价值和企业为在建工程准备的各种物资的期末账面价值。该项目应根据“在建工程”科目的期末余额,减去“在建工程减值准备”科目的期末余额后的金额,以及“工程物资”科目的期末余额,减去“工程物资减值准备”科目的期末余额后的金额填列。

◆ 会计知识链接

关于资产负债表中数据的计算填列项目

2017 年 3 月 31 日,QW 工厂有关账户期末余额及相关经济业务如下:

(1)“库存现金”账户借方余额 2 000 元,“银行存款”账户借方余额 350 000 元。“其他货币资金”账户借方余额 500 000 元。(2)“应收账款”总账账户借方余额 350 000 元,其所属明细账户借方余额合计为 480 000 元,所属明细账贷方余额合计 130 000 元,“坏账准备”账户贷方余额为 30 000 元(均系应收账款计提)。(3)“固定资产”账户借方余额 8 700 000 元,“累计折旧”账户贷方余额 2 600 000 元,“固定资产减值准备”账户贷方余额为 600 000 元。(4)“应付账款”总账账户贷方余额 240 000 元,其所属明细账户贷方余额合计为 350 000 元,所属明细账户借方余额合计为 110 000 元。(5)“预付账款”总账账户借方余额 130 000 元,其所属明细账户借方余额合计为 160 000 元,其所属明细账贷方余额合计为 30 000 元。要求根据以上资料,计算并回答第 1～5 题。

1. 公司 2017 年 3 月 31 日资产负债表中“货币资金”项目和“应收账款及应收票据”项目“期末余额”的金额是(　　)。

A. 货币资金为 852 000 元　　B. 货币资金为 352 000 元

C. 应收账款及应收票据为 450 000 元　　D. 应收账款及应收票据为 350 000 元

2. 公司 2017 年 3 月 31 日资产负债表中“预收账款”项目“期末余额”栏的金额是(　　)元。

A. 480 000　　B. 450 000　　C. 350 000　　D. 130 000

3. 公司 2017 年 3 月 31 日资产负债表中“固定资产”项目“期末余额”栏的金额是(　　)元。

A. 700 000　　B. 6 100 000　　C. 5 500 000　　D. 6 700 000

4. 公司 2017 年 3 月 31 日资产负债表中“应付账款及应付票据”项目“期末余额”栏的金额是(　　)元。

A. 240 000　　B. 380 000　　C. 270 000　　D. 130 000

5. 以上账户中,属于资产类账户的有(　　)。

A. “应收账款”账户　　B. “固定资产”账户

C. “应付账款”账户　　D. “预付账款”账户

【参考答案】

(1)资产负债表中“货币资金”项目“期末余额”＝2 000＋350 000＋500 000＝852 000 元。选项 A 正确。

“应收账款及应收票据”项目的“期末余额”栏的金额＝480 000－30 000＝450 000(元)。选项 C 正确。

(2)“预收账款”项目“期末余额”＝“应收账款”账户所属明细账的期末贷方余额130 000 元,选 D 正确。

(3)“固定资产”项目“期末余额”＝8 700 000－2 600 000－600 000＝5 500 000(元)。选 C 正确。

(4)“应付账款及应付票据”项目“期末余额”＝350 000＋30 000＝380 000(元)。选 B 正确。

(5) ABD

四、编制资产负债表示例

恒利公司 2017 年 12 月 31 日的资产负债表(年初数略)及 2018 年 8 月 31 日的科目余额表分别见表 8-3 和表 8-4。

表 8-3　资产负债表

会企 01 表

编制单位:恒利公司　　　　2017 年 12 月 31 日　　　　单位:元

资　产	年初数	期末数	负债和所有者权益	年初数	期末数
流动资产:			流动负债:		
货币资金		1 045 300	短期借款		250 000
以公允价值计量且其变动计入当期损益的金融资产		25 000	以公允价值计量且其变动计入当期损益的金融负债		0
应收票据		254 000	应付票据		150 000
应收账款		279 100	应付账款		843 800
预付款项		170 000	预收款项		0
应收利息		0	应付职工薪酬		86 300
应收股利		0	应交税费		47 500
其他应收款		6 000	应付利息		1 000
存货		2 380 000	应付股利		0
持有待售资产		0	其他应付款		60 000
一年内到期的非流动资产		0	持有待售负债		0
其他流动资产		80 000	一年内到期的非流动负债		0
流动资产合计		4 239 400	其他流动负债		900 000
非流动资产:			流动负债合计		2 339 600
可供出售的金融资产		0	非流动负债:		
持有至到期投资		0	长期借款		650 000
长期应收款		0	应付债券		0
长期股权投资		300 000	长期应付款		0
投资性房地产		0	专项应付款		0
固定资产		1 250 000	预计负债		0
在建工程		1 500 000	递延所得税负债		0
工程物资		0	其他非流动负债		0
固定资产清理		0	非流动负债合计		650 000
生产性生物资产		0	负债合计		2 989 600
油气资产		0	股东权益:		
无形资产		600 000	实收资本(或股本)		4 800 000
开发支出		0	其他权益工具		0
商誉		0	资本公积		0
长期待摊费用		0	减:库存股		0
递延所得税资产		0	其他综合收益		0
其他非流动资产		100 000	盈余公积		140 000
非流动资产合计		3 750 000	未分配利润		59 800
			股东权益合计		4 999 800
资产总计		7 989 400	负债和所有者权益总计		7 989 400

表 8-4 科目余额表

单位：元

科目名称	借方余额	科目名称	贷方余额
库存现金	3 000	短期借款	150 000
银行存款	678 534	应付票据	100 000
其他货币资金	9 700	应付账款	841 600
应收票据	98 000	其他应付款	70 000
应收账款	620 000	应付职工薪酬	276 000
坏账准备	－3 100	应交税费	286 464
预付账款	170 000	应付股利	74 100
其他应收款	6 000	长期借款	1 250 000
材料采购	175 320	股本	4 800 000
原材料	645 130	盈余公积	164 700
周转材料	46 853	未分配利润	255 196
库存商品	1 622 450		
材料成本差异	4 245		
其他流动资产	80 000		
长期股权投资	300 000		
固定资产	2 558 970		
累计折旧	－285 482		
固定资产减值准备	－29 560		
工程物资	180 000		
在建工程	458 000		
无形资产	700 000		
累计摊销	－70 000		
递延所得税资产	0		
其他长期资产	200 000		
合　计	8 168 060	合　计	8 168 060

根据提供资料，编制恒利公司 2018 年 8 月 31 日的资产负债表。如表 8-5 所示。

表 8-5 资产负债表

会企 01 表

编制单位：恒利公司　　2018 年 8 月 31 日　　单位：元

资产	期末余额	年初余额	负债和所有者权益（或股东权益）	期末余额	年初余额
流动资产：			流动负债：		
货币资金	691 234	1 045 300	短期借款	150 000	250 000
价值计量且其变动计入当期损益的金融资产	0	25 000	以公允价值计量且其变动计入当期损益的金融负债	0	0

续表 8-5

资产	期末余额	年初余额	负债和所有者权益（或股东权益）	期末余额	年初余额
衍生金融资产	0	0	衍生金融负债	0	0
应收票据及应收账款	714 900	533 100	应付票据及应付账款	841 600	993 800
预付款项	170 000	170 000	预收款项	0	0
其他应收款	6 000	6 000	应付职工薪酬	276 000	86 300
存货	2 493 998	2 380 000	应交税费	286 464	47 500
持有待售资产	0	0	其他应付款	144 100	61 000
一年内到期的非流动资产	0	0	持有待售负债	0	0
其他流动资产	80 000	80 000	一年内到期的非流动负债	0	900 000
流动资产合计	4 156 132	4 239 400	其他流动负债	0	
非流动资产：			流动负债合计	1 698 164	2 339 600
可供出售金融资产	0	0	非流动负债：		
持有至到期投资	0	0	长期借款	1 250 000	650 000
长期应收款	0	0	应付债券		
长期股权投资	300 000	300 000	其中：优先股		
投资性房地产	0	0	永续债		
固定资产	2 243 928	1 250 000	长期应付款		
在建工程	638 000	1 500 000	预计负债		
生产性生物资产	0	0	递延收益		
油气资产	0	0	递延所得税负债		
无形资产	630 000	600 000	其他非流动负债		
开发支出	0	0	非流动负债合计	1 250 000	650 000
商誉	0	0	负债合计	2 948 164	2 989 600
长期待摊费用	0	0	所有者权益（或股东权益）：		
递延所得税资产	0	0	实收资本（或股本）	4 800 000	4 800 000
其他非流动资产	200 000	100 000	其他权益工具		
非流动资产合计	4 011 928	3 750 000	其中：优先股		
			永续债		
			资本公积		
			减：库存股		
			其他综合收益		
			盈余公积	164 700	140 000
			未分配利润	255 196	59 800
			所有者权益（或股东权益）合计	5 219 896	4 999 800
资产总计	8 168 060	7 989 400	负债和所有者权益（或股东权益）总计	8 168 060	7 989 400

任务三 编制利润表

一、认知利润表

利润表又称损益表，是反映企业在一定会计期间经营成果的会计报表。所谓经营成果，是指将企业一定期间的收入与其相关的费用支出进行配比，计算出的企业一定期间的净利润。

利润表根据权责发生制的原则，将某一会计期间的收入与同期的成本费用相配比，计算出利润，总括地反映单位的收入、成本费用和利润情况。因此，通过利润表可以向会计信息使用者提供如下方面的会计信息。

(一)评价企业一定时期的经营业绩，分析企业的盈利能力

在利润表年度报表中列示了本年和上年的利润情况，可据以预测企业未来的损益变化趋势、获利能力；并通过计算资产收益率、权益资本收益率等指标，来分析提示企业的资金营运能力和盈利能力，以判断该企业的市场竞争能力和地位。信息使用者通过利润表了解其获利能力，为其决策提供帮助。

(二)检查影响利润或亏损变动的因素，考核管理人员的绩效

分析影响企业利润增减变动的因素和原因，衡量企业的经营和管理水平，评价管理人员的功过得失以及受托责任的完成情况并作为奖惩的依据，促使管理人员尽职尽责并不断提高经营管理水平。

(三)分析和预测企业的偿债能力，测试投资者和债权人的风险程度

企业的偿债能力不仅仅取决于资产的流动性和资本结构，其最根本的动力源是企业的盈利能力，便于会计报表使用者分析企业的盈利能力、投资报酬和偿债能力，测试投资债权人的风险程度。

二、利润表的结构与格式

利润表的设计，是以权责发生制为基本前提，以"收入－费用＝利润"这一反映经营成果的会计等式为理论基础，结合会计信息使用者的要求，充分考虑重要性原则，通过分类反映各种利润信息的形式进行设计。

目前国际上比较普遍的利润表格式主要有单步式利润表和多步式利润表两种。

1.多步式利润表

在我国，企业利润表采用的是多步式结构，即通过对当期的收入、费用、支出项目按性质加以归类，按利润形成的主要环节列示一些中间性利润指标，分步计算当期净损益。

所谓多步式利润表，是指根据各种收入与费用的配比关系、各种利润的构成以及净利润的计算过程，分步列示出净损益的一种格式。各步骤中各项目排列仍然遵循经营成果的计算原理以及各项内容的重要性的排序原则。多步式利润表通常分为以下几步骤。

(1)以营业收入为起点，减去营业成本、税金及附加，再减去销售费用、管理费用、财务费用和资产减值损失、信用减值损失，加上其他收益、投资收益、净敞口套期收益、公允价值变动收益资

产处置收益、研发费用，计算出营业利润。

(2)在营业利润的基础上，加上营业外收入，减去营业外支出，计算出利润总额。

(3)在利润总额的基础上，减去所得税费用，计算出净利润。

如果企业为股份公司，应列示出基本每股收益与稀释每股收益。

多步式利润表注意了收入和费用配比的层次性，反映了净利润各要素之间的内在联系，便于报表使用者对企业生产经营情况进行分析，有利于不同企业之间进行比较，并通过盈利能力的分析，预测企业未来的盈利能力。采用多步式利润表的优点是可以将损益的构成分项列示，并对收入、费用进行适当归类，充分反映了营业利润、利润总额、净利润等指标，可以用来较为准确地评价企业管理部门的管理效能。不足之处是报表编制方法比较复杂。

2. 单步式利润表

单步式利润表是将收入和费用项目自上而下集中顺序排列，并通过一次性比较而计算出净利润的一种结构表式。计算过程如下：①先列示收入项目并计算收入合计数；②再列示费用项目并计算费用项目合计数；③最后，将收入项目合计数减去费用项目合计数得出当期净利润。

这种结构完全体现了"收入－费用＝利润"的计算公式，编制程序比较简单方便，但收入与费用缺乏配比性，不能反映各项收入和费用在利润总额中所处的地位和净利润的形成过程。

我国《企业会计准则》规定，企业利润表采用多步式格式，《企业会计准则第 30 号——财务报表列报》对一般企业利润表的格式规范如表 8-6 所示。

表 8-6 利润表

会企 02 表

编制单位：　　　　　　　　　　____年____月　　　　　　　　　　单位：元

项　目	本期金额	上期金额
一、营业收入		
减：营业成本		
税金及附加		
销售费用		
管理费用		
研发费用		
财务费用		
其中：利息费用		
利息收入		
资产减值损失		
加：其他收益		
投资收益(损失以"－"号填列)		
其中：对联营企业和合营企业的投资收益		
公允价值变动收益(损失以"－"号填列)		
资产处置收益(损失以"－"号填列)		
二、营业利润(亏损以"－"号填列)		

续表 8-6

项　　目	本期金额	上期金额
加：营业外收入		
减：营业外支出		
三、利润总额（亏损总额以"一"号填列）		
减：所得税费用		
四、净利润（净亏损以"一"号填列）		
（一）持续经营净利润（净亏损以"一"号填列）		
（二）终止经营净利润（净亏损以"一"号填列）		
五、其他综合收益的税后净额		
（一）不能重分类进损益的其他综合收益		
1. 重新计量设定受益计划变动额		
2. 权益法下不能转损益的其他综合收益		
……		
（二）将重分类进损益的其他综合收益		
1. 权益法下可转损益的其他综合收益		
2. 可供出售金融资产公允价值变动损益		
3. 持有至到期投资重分类为可供出售金融资产损益		
4. 现金流量套期损益的有效部分		
5. 外币财务报表折算差额		
……		
六、综合收益总额		
七、每股收益：		
（一）基本每股收益		
（二）稀释每股收益		

◆ 知识拓展

利润表修订新增项目说明

二维码 8-2　利润表修订新增项目说明

三、利润表的编制方法

利润表中的金额部分，分为“本期金额”和“上期金额”两栏内容。

1. “上期金额”栏的填列

“上期金额”栏内各项数字，应根据上年度利润表“本期金额”栏内所列数字填列。如果上年度利润表规定的各个项目的名称和内容同本年度不相一致，应对上年度利润表各项目的名称和数字按本年度的规定进行调整，填入本表“上期金额”栏内。

2. “本期金额”栏的填列

利润表中各主要项目的“本期金额”栏内各项数字，应根据各有关账户发生额分析填列。具体分为以下几种类型。

第一种，依据对应账户发生额分析填列的项目。主要包括：“管理费用”项目、“财务费用”项目、“销售费用”项目、“税金及附加”项目、“资产减值损失”项目、“营业外收入”项目、“营业外支出”项目和“所得税费用”项目等。其中，“营业外支出”项目下的“非流动资产处置损失”项目是依据“营业外支出”账户的明细账发生额分析填列。

第二种，依据相关账户发生额分析计算填列的项目。主要包括：

(1)“营业收入”项目，反映企业经营主要业务和其他业务所确认的收入总额，是依据“主营业务收入”和“其他业务收入”账户的贷方发生额计算填列；但若有销货退回时（即借方发生额），则要从中扣减后再予填列。

(2)“营业成本”项目，反映企业经营主要业务和其他业务发生的实际成本总额，是依据“主营业务成本”和“其他业务成本”账户的借方发生额计算填列。

(3)“公允价值变动收益”项目，反映企业按照相关准则规定应当计入当期损益的资产或负债公允价值变动净收益。如以公允价值计量且其变动计入当期损益的金融资产当期公允价值的变动额，是依据“公允价值变动损益”账户的发生额分析填列。如为净损失，以“－”号填列。

(4)“投资收益”项目，反映企业以各种方式对外投资所取得的收益，是依据“投资收益”账户的发生额分析填列。如为净损失，以“－”号填列。若企业持有的以公允价值计量且其变动计入当期损益的金融资产处置和出售时，处置收益部分应当自“公允价值变动损益”项目转出，列入本项目。其中，“对联营企业和合营企业的投资收益”项目是依据“投资收益”账户的明细分类账发生额分析填列。

第三种，直接计算填列项目。主要包括：

(1)“营业利润”项目、“利润总额”项目和“净利润”项目，是依据利润表内计算公式直接计算填列。如为亏损数，以“－”号填列。

(2)“基本每股收益”和“稀释每股收益”项目，应当依据《企业会计准则第 34 号——每股收益》的相关规定计算填列。

◆ 会计知识链接

关于利润的数据计算填列项目

QW 工厂 2017 年 10 月份有关损益类账户资料：主营业务收入 1 630 000 元，其他业务收入 70 000 元，主营业务成本 970 000 元，其他业务成本 30 000 元，税金及附加 20 000 元，管理费用 70 000 元，财务费用 34 000 元，资产减值损失 5 000 元，营业外收入 50 000 元，公允价值变动收益 40 000 元，投资收益 15 000 元，销售费用 40 000 元，营业外支出 20 000 元，企业适用所得税税率为 25%（不考虑纳税调整）。要求根据以上资料，计算回答第(1)～(5)题。

(1)M 公司 10 月份的营业收入为（　　）元。

A. 1 700 000　　B. 540 000　　C. 580 000　　D. 1 490 000

(2)M 公司的期间费用总额为（　　）元。

A. 160 000　　B. 144 000　　C. 122 000　　D. 180 000

(3)M 公司的营业利润为（　　）元。

A. 493 000　　B. 586 000　　C. 356 750　　D. 571 000

(4)M 公司的利润总额为（　　）元。

A. 616 000　　B. 586 000　　C. 356 750　　D. 601 000

(5)M 公司的净利润为（　　）元。

A. 493 000　　B. 400 000　　C. 462 000　　D. 450 750

【参考答案】

(1)A，营业收入＝主营业务收入＋其他业务收入＝1 630 000＋70 000＝1 700 000(元)。

(2)B，期间费用＝销售费用＋管理费用＋财务费用＝40 000＋70 000＋34 000＝144 000(元)。

(3)B，营业利润＝营业收入－营业成本－税金及附加－销售费用－管理费用－财务费用－资产减值损失＋公允价值变动收益(－公允价值变动损失)＋投资收益(－投资损失)＝1 700 000－970 000－30 000－20 000－40 000－70 000－34 000－5 000＋40 000＋15 000＝586 000(元)。

(4)A，利润总额＝营业利润＋营业外收入－营业外支出＝586 000＋50 000－20 000＝616 000(元)。

(5)C，净利润＝利润总额－所得税费用＝616 000－616 000×25%＝462 000(元)。

四、编制利润表示例

南方公司 2017 年 6 月各损益类账户发生额资料如表 8-7 所示。根据所给资料编制南方公司 6 月份的利润表。

表 8-7　损益类账户发生额　　单位:元

账户名称	本月借方发生额	本月贷方发生额
主营业务收入		1 386 000
其他业务收入		70 000
营业外收入		6 000
投资收益		80 000
主营业务成本	686 000	
其他业务成本	48 000	
税金及附加	6 200	

续表 8-7

账户名称	本月借方发生额	本月贷方发生额
销售费用	30 000	
管理费用	36 000	
财务费用	8 200	
资产减值损失	15 000	
营业外支出	8 000	
所得税费用	176 650	
合计		

南方公司 6 月份的利润表。见表 8-8 所示。

表 8-8 利润表

会企 02 表

编制单位:南方公司　　　　2017 年 6 月　　　　单位:元

项　目	本期金额	上期金额
一、营业收入	734 000	
减:营业成本	6 200	
税金及附加	30 000	
销售费用	36 000	
管理费用		
研发费用	8 200	
财务费用		
其中:利息费用		
利息收入	15 000	
资产减值损失	15 000	
加:其他收益		
投资收益(损失以"—"号填列)	80 000	
其中:对联营企业和合营企业的投资收益		
公允价值变动收益(损失以"—"号填列)		
资产处置收益(损失以"—"号填列)		
二、营业利润(亏损以"—"号填列)	706 600	
加:营业外收入	6 000	
减:营业外支出	8 000	
三、利润总额(亏损总额以"—"号填列)	704 600	
减:所得税费用	176 650	
四、净利润(净亏损以"—"号填列)	527 950	

续表 8-8

项　　目	本期金额	上期金额
(一)持续经营净利润(净亏损以“—”号填列)		
(二)终止经营净利润(净亏损以“—”号填列)		
五、其他综合收益的税后净额		
(一)不能重分类进损益的其他综合收益		
1.重新计量设定受益计划变动额		
2.权益法下不能转损益的其他综合收益		
……		
(二)将重分类进损益的其他综合收益		
1.权益法下可转损益的其他综合收益		
2.可供出售金融资产公允价值变动损益		
3.持有至到期投资重分类为可供出售金融资产损益		
4.现金流量套期损益的有效部分		
5.外币财务报表折算差额		
……		
六、综合收益总额		
七、每股收益:		
(一)基本每股收益		
(二)稀释每股收益		

任务四　认知现金流量表

一、现金流量表的概念及作用

现金流量表是反映企业一定时期内现金流入与流出情况的报表。企业为了维持正常经营和发展,必须具有一定的获利能力和良好的财务状况。除此之外,人们还非常重视企业现金流动的情况。因为,无论企业的债务偿付能力、现金股利分配能力、支付能力还是今后的发展,均取决于能否及时获取足够的现金和合理使用现金。现金流量表的作用,主要体现在以下几个方面。

1.评价企业产生现金的能力

现金流量表从若干方面对现金的流入与流出进行反映,说明企业是如何取得现金,如何使用现金的,借此可以对企业产生现金的现实能力做出评价。同时,由于过去的现金流量与未来的现金流量相关,是未来现金流量的预示,所以通过现金流量表还可以预测企业创造未来现金流量的能力,并可借此检查过去对现金流量预测的准确性。

2.有助于提高会计信息的可比性

不同企业对同样的事项有着不同的会计处理方法,这会干扰企业间经营业绩的可比性。

现金流量表以现金流量表现企业的经营状况，可在一定程度上避免不同会计方法所造成的影响，提高不同企业经营业绩的可比性。

3.说明利润与现金流量的关系

由于企业是分会计期间、按照权责发生制核算基础报告其经营成果的，所以不可避免地会使某一期间的利润与现金净流量(按实际收到或付出反映)不一致。比如，有利润时可能没有相应的现金结存；发生了亏损却不缺少周转现金。现金流量表通过将会计的权责发生制基础转化为收付实现制基础，能够表现企业利润与现金结余之间的差异及其原因，能够说明企业获利能力与现金净流量之间的关系。

二、现金流量表中“现金”的含义

编制现金流量表，首先应明确该表中“现金”的含义，即明确现金流量表的编制基础。现金流量表的“现金”是指现金和现金等价物。这里的现金包括企业库存现金和活期存款；现金等价物是指期限短、流动性强、易于转换成已知金额的现金且价值变动风险很小的投资。一般来说，权益性投资被排除在现金等价物之外(取得期限短且到期日特定的优先股尚可属于现金等价物)。所谓期限短，是指通常限定某项投资自取得日起3个月或者更短的时间内到期。

现金流量表所表现的现金流量，也就是现金和现金等价物的流入和流出。但是，现金或者现金等价物之间的交易事项，不构成现金流量交易事项。应该注意的是，企业现金形式的转换不会产生现金的流入和流出，如企业从银行提取现金，是企业现金存放形式的转换，并未流出企业，不构成现金流量；同样，现金与现金等价物之间的转换也不属于现金流量，比如，企业用现金购买将于3个月内到期的国库券。

现金流量是某一段时期内企业现金流入和流出的数量。如企业销售商品、提供劳务、出售固定资产、向银行借款等取得现金，形成企业的现金流入；购买原材料、接受劳务、购建固定资产、对外投资、偿还债务等而支付现金等，形成企业的现金流出。将现金流入量和流出量相抵的差额称为现金净增加额。如果是正数，则为净流入；如果是负数，则为净流出。现金流量信息能够表明企业经营状况是否良好，资金是否紧缺，企业偿付能力大小。

三、现金流量表的内容与结构

(一)现金流量表的内容

现金流量表应当分别经营活动、投资活动和筹资活动列报现金流量，每类活动又分为各具体项目。现金流量应当分别按照现金流入和现金流出总额列报。

1.经营活动现金流量

经营活动，是指小企业投资活动和筹资活动以外的所有交易和事项。经营活动产生的现金流量应当单独列示反映下列信息的项目：

(1)销售产成品、商品、提供劳务收到的现金；

(2)购买原材料、商品、接受劳务支付的现金；

(3)支付的职工薪酬；

(4)支付的税费。

2. 投资活动现金流量

投资活动，是指小企业固定资产、无形资产的购建和短期投资、长期债券投资、长期股权投资及其处置活动。投资活动产生的现金流量应当单独列示反映下列信息的项目：

(1)收回短期投资、长期债券投资和长期股权投资收到的现金；

(2)取得投资收益收到的现金；

(3)处置固定资产和无形资产收回的现金净额；

(4)短期投资、长期债券投资和长期股权投资支付的现金；

(5)购建固定资产和无形资产支付的现金。

3. 筹资活动现金流量

筹资活动，是指导致小企业资本及债务规模和构成发生变化的活动。筹资活动产生的现金流量应当单独列示反映下列信息的项目：

(1)取得借款收到的现金；

(2)吸收投资者投资收到的现金；

(3)偿还借款本息支付的现金；

(4)分配利润支付的现金。

现金流量表分为主表和附表(即补充资料)两大部分。主表部分是以"现金流入－现金流出＝现金流量净额"为基础，采取多步式，分别经营活动、投资活动和筹资活动，分项报告企业的现金流入量和流出量。附表部分又细分为三部分，第一部分是不涉及现金收支的投资和筹资活动；第二部分是将净利润调节为经营活动的现金流量，即所谓现金流量表编制的净额法；第三部分是现金及现金等价物净增加情况。

现金流量表的基本格式，如表 8-9 所示。

表 8-9 现金流量表

会企 03 表

编制单位： ______年__月 单位：元

项目	本期金额	上期金额
一、经营活动产生的现金流量		
销售商品、提供劳务收到的现金		
收到的税费返还		
收到的其他与经营活动有关的现金		
经营活动现金流入小计		
购买商品、接受劳务支付的现金		
支付给职工以及为职工支付的现金		
支付的各种税费		
支付的其他与经营活动有关现金		
经营活动现金流出小计		
经营活动产生的现金流量净额		

续表 8-9

项　　　　目	本期金额	上期金额
二、投资活动产生的现金流量		
收回投资收到的现金		
取得投资收益收到的现金		
处置固定资产、无形资产和其他长期资产收回的现金净额		
处置子公司及其他营业单位收到的现金净额		
收到其他与投资有关的现金		
投资活动现金流入小计		
购建固定资产、无形资产和其他长期资产支付的现金		
投资支付的现金		
取得子公司及其他营业单位支付的现金净额		
支付的其他与投资活动有关的现金		
投资活动现金流出小计		
投资活动产生的现金流量净额		
三、筹资活动产生的现金流量		
吸收投资收到的现金		
取得借款收到的现金		
收到其他与筹资活动有关的现金		
筹资活动现金流入小计		
偿还债务支付的现金		
分配股利、利润或偿付利息支付的现金		
支付其他与筹资活动有关的现金		
筹资活动现金流出小计		
筹资活动产生的现金流量净额		
四、汇率变动对现金及现金等价物的影响		
五、现金及现金等价物净增加额		
加：期初现金及现金等价物余额		
六、期末现金及现金等价物余额		

四、现金流量表的编制方法

(一)总额法和净额法

所谓现金流量表编报的总额法是指编制现金流量中现金流入量、流出量分别以总额列示，收支互不相抵。

净额法是指现金流量中按项目以收支相抵后净额列示。

现金流量表一般应当以总额反映，从而全面揭示现金流量的方向、规模和结构。但对于那些代客户收取或支付的现金以及周转快、金额大、期限短的项目的现金收入和支出应当以净额列示。

(二)直接法和间接法

直接法是通过现金收入和支出的主要类别反映来自企业经营活动的现金流量。间接法是以本期净利润为起算点,调整不涉及现金的收入、费用、营业外收支以及有关项目的增减变动,据此计算出经营活动的现金流量。

现行会计准则规定采用直接法,同时要求在现金流量表附注中披露将净利润调节为经营活动现金流量的信息,也就是用间接法来计算经营活动的现金流量。具体编制方法在财务会计中详细讲解。

任务五 认知所有者权益变动表

一、所有者权益变动表的概念及作用

(一)所有者权益变动表的概念

所有者权益变动表,是反映构成所有者权益各组成部分当期增减变动情况的报表。

(二)所有者权益变动表的作用

所有者权益变动表可以为会计报表使用者提供下列信息。

(1)所有者权益总量变动的金额;

(2)所有者权益增减变动的结构性信息;

(3)所有者权益变动的根本原因。

二、所有者权益变动表的内容与结构

(一)所有者权益变动表的内容

按照《企业会计准则——会计报表列报》的规定,所有者权益变动表至少应当列示下列信息。

(1)净利润;

(2)直接计入所有者权益的利得和损失项目及其总额;

(3)会计政策变更和会计差错更正的累积影响金额;

(4)所有者投入资本和向投资者分配的利润;

(5)提取的盈余公积金额:

(6)实收资本或股本、资本公积、盈余公积、未分配利润的期初和期末余额及其调节情况。

(二)所有者权益变动表的结构

所有者权益变动表以矩阵的形式列示:一方面,列示导致所有者权益变动的交易或事项,即所有者权益变动的来源,对一定时期所有者权益变动进行全面反映;另一方面,按照所有者权益组成部分即实收资本、资本公积、盈余公积、未分配利润和库存股,列示交易或事项对所有者权益各部分的影响。

我国企业所有者权益变动表的格式如表 8-10 所示。

表 8-10　所有者权益变动表

会企××表

编制单位：　　　　　　　　　　　　____年度　　　　　　　　　　　　单位：元

项目	本年金额										上年金额									
	实收资本（或股本）	其他权益工具			资本公积	减:库存股	其他综合收益	盈余公积	未分配利润	所有者权益合计	实收资本（或股本）	其他权益工具			资本公积	减:库存股	其他综合收益	盈余公积	未分配利润	所有者权益合计
		优先股	永续债	其他								优先股	永续债	其他						
一、上年年末余额																				
加:会计政策变更																				
前期差错更正																				
其他																				
二、本年年初余额																				
三、本年增减变动金额(减少以“—”号填列)																				
(一)综合收益总额																				
(二)所有者投入和减少资本																				
1.所有者投入的普通股																				
2.其他权益工具持有者投入资本																				
3.股份支付计入所有者权益的金额																				
4.其他																				
(三)利润分配																				
1.提取盈余公积																				
2.对所有者(或股东)的分配																				
3.其他																				
(四)所有者权益内部结转																				
1.资本公积转增资本(或股本)																				
2.盈余公积转增资本(或股本)																				
3.盈余公积弥补亏损																				
4.设定受益计划变动额结转留存收益																				
5.其他综合收益结转留存收益																				
6.其他																				
四、本年年末余额																				

三、所有者权益变动表的编制

所有者权益变动表各项目均需填列“本年金额”和“上年金额”两栏。

所有者权益变动表“上年金额”栏内各项数字，应根据上年度所有者权益变动表“本年金额”内所列数字填列。上年度所有者权益变动表规定的各个项目的名称和内容同本年度不一致的，应对上年度所有者权益变动表各项目的名称和数字按照本年度的规定进行调整，填入所有者权益变动表的“上年金额”栏内。

所有者权益变动表“本年金额”栏内各项数字一般应根据“实收资本(或股本)”“资本公积”“盈余公积”“利润分配”“库存股”“以前年度损益调整”科目的发生额分析填列。

任务六　认知财务报表附注

一、财务报表附注的含义

财务报表附注是为了便于财务报表使用者理解财务报表的内容而对财务报表的编制基础、编制依据、编制原则和方法以及报表主要项目等所做的解释。

《企业会计准则第 30 号——财务报表列报》第三十七条规定：附注是对在资产负债表、利润表、现金流量表和所有者权益变动表等报表中列示项目的文字描述或明细资料，以及对未能在这些报表中列示项目的说明等。

财务报表附注不仅便于财务报表使用者理解财务报表的内容而对财务报表的编制基础、编制依据、编制原则和方法及主要项目等所做的解释，对其本身起补充说明的作用，也便于报表使用者做出更科学合理的决策。它是财务会计报告体系的重要组成部分。随着经济环境的复杂化以及人们对相关信息要求的提高，附注在整个报告体系中的地位日益突出。

二、财务报表附注的特征

1. 附属性

财务报表与附注之间存在一个主次关系：财务报表是根，附注处于从属地位。没有财务报表的存在，附注就失去了依靠，其功能也就无处发挥；而没有附注恰当的延伸、说明，财务报表的功能就难以有效地实现。两者相辅相成，形成一个完善的有机整体。

2. 解释性

财务报表项目是被高度浓缩的会计信息，且由于经济业务的复杂性和企业在编制财务报表时可能选择了不同的会计政策，企业需要通过财务报表附注对财务报表的编制基础、编制依据、编制原则和方法及主要事项等进行解释，以此增进会计信息的可理解性，同时使不同企业的会计信息的差异更具可比性，便于进行对比分析。

3. 补充性

财务报表附注拓展了企业会计信息的内容。打破了三张主要报表内容必须符合会计要素的定义，又必须同时满足相关性和可比性的限制，突破了揭示项目必须用货币加以计量的局限性。通过报表附注的文字说明.辅以某些统计资料或定性信息，可弥补财务信息的不足，从而能全面反映企业面临的机会与风险，将企业价值充分体现出来，保证了信息的完整性。从而有助于信息使用者做出最佳的决策。

4.建设性

财务报表附注除了解释和补充说明财务报表内容外，还要对其加以分析、评价，并有针对性地提出一些改进工作的建议、措施。如通过市场占有率、投入产出等信息，管理当局可以了解本企业在同行中的地位。发现自己的优势与不足，从而采取措施改进企业经营管理，提高生产效率和产品质量，扩大产品的市场占有率。此外，在附注中通过自愿披露企业在安排就业、员工培训、社区服务、环境治理等方面信息。有助于树立企业良好形象，促进企业健康发展。

三、财务报表附注的重要性和必要性

(一)重要性

1.提高会计信息的相关性和可靠性

会计信息既要相关又要可靠，相关性和可靠性是会计信息的两个基本质量特征。由于财务会计本身的局限，相关性和可靠性的选择犹如鱼与熊掌的选择，很多时候都是不可兼得的。但是，财务报表附注披露可以在不降低会计信息可靠性的前提下提高信息的相关性，如或有事项的处理。或有事项由于发生的不确定性而不能直接在主表中进行确认，但等到完全可靠或基本能够预期的时候，又可能因为及时性的丧失而损伤了信息的相关性。为此，可以通过在财务报表附注中进行披露，揭示或有事项的类型和影响，以此来提高信息的相关性。

2.增强不同行业和行业内部不同企业之间信息的可比性

会计信息是由多种因素综合促成的，经济环境的不确定性，不同行业的不同特点，以及各个企业前后各期情况的变化，都会降低不同企业之间会计信息的可比性，以及企业前后各期会计信息的一贯性。财务报表附注可以通过披露企业的会计政策和会计估计的变更等情况，向投资者传递相关信息，使投资者能够“看透”会计方法的实质，而不被会计方法误导。

3.与财务报表主表的不可分割性

财务报表主表与财务报表附注的关系可概括为：主表是根，附注是补充。没有主表的存在，附注就失去了依靠；而没有附注恰当的补充，财务报表主表的功能就难以有效地实现。

(二)必要性

1.使用者更全面了解企业状况的要求

会计信息应全面充分地反映企业的财务状况、经营成果及现金流量，不得有意忽略或隐瞒重要的财务数据，以免使用者发生误解，这就是所谓的充分披露原则。作为会计信息的使用者，由于外部与企业的信息不对称，想要对企业有所了解，就必须依赖于其所提供的各项资料。因此就对披露的充分性提出了较高的要求：从横向来看，只要是反映企业生产经营全貌的信息，不论有利或不利的都应该予以披露；从纵向来看，不应只停留在披露对象的表面，而要进行深层次的揭示。由于成本等多种因素的限制，这些要求财务报表可能无法实现，而对于附注信息的披露就显得尤为重要。

2.基于缓解财务报表信息披露压力的考虑

信息需求方总是希望企业提供尽可能多的信息，以便他们据以做出各项正确决策，这无形当中增加了财务报表披露信息的压力。但信息的披露应当是有一定限度的，过多的披露可能会适得其反。这主要基于两点考虑:第一,成本效益原则的考虑。只有披露的效益大于成本,企业才有披露信息的动力,过多的披露信息一方面势必增加企业的披露成本,另一方面会有损企业的商业秘密,在竞争中处于劣势,不利于企业的经营运作;第二,重要性原则的考虑。重要性是指当一项会计信息不加以说明,即可能使财务报表使用者发生误解,从而足以影响或改变其决策。因此从披露目的出发,只有重要性的信息对于需求者来说才是有用的。信息需求者依赖重要性的信息了解企业的财务状况、经营成果等情况,从而为其所用作出合理判断。而过多地披露信息不仅不会起到决策有用的目的,反而会影响使用者的理解、判断和掌握,使其无所适从,甚至产生误导作用,造成使用者的利益受损。报表附注将那些不符合成本效益原则和重要性原则的信息收纳其中,缓解了财务报表信息披露的压力,解决了企业和使用者对于信息提供和需求之间的矛盾和冲突。

3. 增强财务报告体系的灵活性

财务报表由于其固有的格式、项目和填列方法,使得表内信息并不能完整地反映一个企业的综合素质。而报表附注相对来说比较灵活,可以弥补表内信息的局限性,使表内信息更容易理解,更加相关。具体说来,由于财务会计在确认计量上有严格的标准,使得一些与决策相关的信息不能进入财务报表,忽视它们的存在,势必影响到使用者做出正确的决策。而对报表附注尚无统一的规范,其可以借助于多种计量手段、计量属性及不同的格式,将那些无法进入表内的信息加以适当地披露,这有利于完整反映企业生产经营的全貌,提高了财务报告体系的总体水平和层次。

4. 保持原有报告模式的需要

经济环境的日新月异,使得会计标准的制定往往落后于会计实务的发展,原有的财务报表模式也不免过时。为满足人们对决策有用信息的需求,就需要不断对财务报表的内容和体系进行相应的变革。这可以依靠新会计制度和会计准则的出台予以重新规范和指导,但这一过程往往费时费力,而且不利于保证财务信息的一贯性和可靠性。因此,借助财务报表附注和其他报告形式,增加表外信息披露,可以在保持原有报告模式的基础上对其进行完善和改进,已成为人们普遍愿意接受的一种改革方式。

四、附注披露的内容及顺序

附注应当按照如下顺序披露有关内容:

(一)企业的基本情况

(1)企业注册地、组织形式和总部地址。

(2)企业的业务性质和主要经营活动,如企业所处的行业、所提供的主要产品或服务、客户的性质、销售策略、监管环境的性质等。

(3)母公司以及集团最终母公司的名称。

(4)财务报告的批准报出者和财务报告批准报出日。

(二)财务报表的编制基础

财务报表编制的基本要求:以持续经营为编制基础。

(三)遵循企业会计准则的声明

企业应当声明编制的财务报表符合企业会计准则的要求,真实、完整地反映了企业的财务状况、经营成果和现金流量等有关信息。以此明确企业编制财务报表所依据的制度基础。

如果企业编制的财务报表只是部分地遵循了企业会计准则，附注中不得做出这种表述。

(四)重要会计政策和会计估计

根据财务报表列报准则的规定，企业应当披露采用的重要会计政策和会计估计，不重要的会计政策和会计估计可以不披露。

1.重要会计政策的说明

由于企业经济业务的复杂性和多样化，某些经济业务可以有多种会计处理方法，也即存在不止一种可供选择的会计政策。例如，存货的计价可以有先进先出法、加权平均法、个别计价法等；固定资产的折旧，可以有平均年限法、工作量法、双倍余额递减法、年数总额法等。企业在发生某项经济业务时，必须从允许的会计处理方法中选择适合本企业特点的会计政策，企业选择不同的会计处理方法，可能极大地影响企业的财务状况和经营成果，进而编制出不同的财务报表。为了有助于报表使用者理解，有必要对这些会计政策加以披露。

需要特别指出的是，说明会计政策时还需要披露下列两项内容：

(1)财务报表项目的计量基础　会计计量属性包括历史成本、重置成本、可变现净值、现值和公允价值，这直接显著影响报表使用者的分析，这项披露要求便于使用者了解企业财务报表中的项目是按何种计量基础予以计量的，如存货是按成本还是可变现净值计量等。

(2)会计政策的确定依据　主要是指企业在运用会计政策过程中所做的对报表中确认的项目金额最具影响的判断。例如，企业如何判断持有的金融资产是持有至到期的投资而不是交易性投资；又比如，对于拥有的持股不足50%的关联企业，企业为何判断企业拥有控制权因此将其纳入合并范围；再比如，企业如何判断与租赁资产相关的所有风险和报酬已转移给企业，从而符合融资租赁的标准；以及投资性房地产的判断标准是什么等等，这些判断对在报表中确认的项目金额具有重要影响。因此，这项披露要求有助于使用者理解企业选择和运用会计政策的背景，增加财务报表的可理解性。

2.重要会计估计的说明

财务报表列报准则强调了对会计估计不确定因素的披露要求，企业应当披露会计估计中所采用的关键假设和不确定因素的确定依据，这些关键假设和不确定因素在下一会计期间内很可能导致对资产、负债账面价值进行重大调整。

在确定报表中确认的资产和负债的账面金额过程中，企业有时需要对不确定的未来事项在资产负债表日对这些资产和负债的影响加以估计。例如，固定资产可收回金额的计算需要根据其公允价值减去处置费用后的净额与预计未来现金流量的现值两者之间的较高者确定，在计算资产预计未来现金流量的现值时需要对未来现金流量进行预测，并选择适当的折现率，应当在附注中披露未来现金流量预测所采用的假设及其依据、所选择的折现率为什么是合理的等等。又如，为正在进行中的诉讼提取准备时最佳估计数的确定依据等。这些假设的变动对这些资产和负债项目金额的确定影响很大，有可能会在下一个会计年度内做出重大调整。因此，强调这一披露要求，有助于提高财务报表的可理解性。

(五)会计政策和会计估计变更以及差错更正的说明

企业应当按照《企业会计准则第28号——会计政策、会计估计变更和差错更正》及其应用指南的规定，披露会计政策和会计估计变更以及差错更正的有关情况。

(六)报表重要项目的说明

企业应当以文字和数字描述相结合、尽可能以列表形式披露报表重要项目的构成或当期增减变动情况,并且报表重要项目的明细金额合计,应当与报表项目金额相衔接。在披露顺序上,一般应当按照资产负债表、利润表、现金流量表、所有者权益变动表的顺序及其项目列示的顺序。

(七)其他需要说明的重要事项

主要包括或有和承诺事项、资产负债表日后非调整事项、关联方关系及其交易等。

任务七 财务报告的报送和汇总

一、财务报告的报送

企业的会计报表必须由企业领导、总会计师、会计主管人员和制表人员签名盖章后才能报出。单位负责人对会计报表的合法性、真实性负法律责任。

企业需要向哪些单位报送会计报表,这与各单位的隶属关系、经济管理和经济监督的需要有关。国有企业一般要向上级主管部门、开户银行、财政、税务和审计机关报送会计报表。同时应向投资者、债权人以及其他与企业有关的报表使用者提供会计报表。股份有限公司还应向证券交易和证券监督管理机构提供会计报表。根据法律和国家有关规定,对会计报表必须进行审计的单位应先委托会计师事务所进行审计,并将注册会计师出具的审计报告,随同财务会计报告按照规定期限报送有关部门。

二、财务报告的审核

上级主管部门或总公司、财政、税务和金融部门,对各企业报送的会计报表应当认真审核。主要审核会计报表的编制是否符合会计准则和会计制度的有关规定,审查和分析会计报表的指标内容,以便对报送单位的财务活动情况进行监督。在审核过程中,如果发现报表编制有错误或不符合要求,应及时通知原单位进行更正,错误较多的应当重新编报。如果发现有违反法律和财经纪律、弄虚作假的现象,应查明原因,及时纠正,严肃处理。

会计报表审核后,要进行批复。年度决算报表除经上级主管部门审核批复外,还应由财政部门审批。企业要认真研究、执行上级主管部门对报表的批复意见,并在账务上作相应处理。

三、财务报表的汇总

国有企业会计报表报送上级主管部门后,上级主管部门要将所属单位上报的会计报表合并,编制汇总会计报表。汇总会计报表是上级根据所属单位上报的会计报表汇总编制,用来总括反映所属单位财务状况和经营成果的书面文件。在汇编会计报表时,必须先审核后汇总。汇总会计报表的格式和基层单位会计报表的格式基本相同。编制方法是根据所属单位的会计报表和汇编单位本身的会计报表,经过合并、分析计算、汇总而填列的。

各级企业主管部门编好汇总会计报表后,应按规定的期限逐级上报,并及时报送同级财政、计划、税务等国家综合部门，以便及时提供国家宏观管理所需的会计信息。

◆ 项目小结

1.财务报告是指企业对外提供反映企业某一特定日期的财务状况和某一会计期间的经营成果和现金流量等会计信息的文件。

2.一套完整的财务报表包括资产负债表、利润表、现金流量表、所有者权益（或股东权益，下同）变动表和附注。

3.财务报表按编报的会计主体不同，分为个别报表和合并报表；按编报单位不同，分为基层财务报表和汇总财务报表；按编制和报送的时间分类，可分为中期财务报表和年度财务报表；按报表所提供会计信息的重要性，可以分为主表和附表；按服务对象，可以分为对外报表和内部报表。

4.资产负债表是反映企业在某一特定日期财务状况的会计报表。国际上资产负债表通常有两种格式，即报告式和账户式。目前我国资产负债表的格式采用的是账户式。

5.利润表是反映企业在一定会计期间经营成果的会计报表。常见的利润表结构主要有单步式和多步式两种。在我国，企业利润表采用的是多步式结构。

6.现金流量表是反映企业在一定会计期间现金和现金等价物流入和流出的报表。

7.所有者权益变动表，是反映构成所有者权益各组成部分当期增减变动情况的报表。

8.附注是对在资产负债表、利润表、现金流量表和所有者权益变动表等报表中列示项目的文字描述或明细资料，以及对未能在这些报表中列示项目的说明等。

◆ 知识拓展

大清银行兑换券和中统元宝交钞

二维码 8-3　大清银行兑换券和中统元宝交钞

复习思考题

1.简述财务会计报告的作用。

2.财务会计报告的编制应符合哪些要求？

3.简述资产负债表中“期末数”栏各项目的具体填列方法。

4.简述利润表中“本月数”栏各项目的具体填列方法。

5.现金流量表可以提供哪些会计信息？

项目九　组织会计工作

◆ 知识目标

- 了解会计工作组织的形式和会计法规体系；
- 了解会计机构和会计工作岗位的设置；
- 明确会计人员的职责权限；
- 会正确管理会计档案。

◆ 技能目标

- 会根据企业具体情况设置会计岗位；
- 会会计工作的移交。

◆ 引导案例

永和公司负责人李华，为加强公司的财务管理，2016 年 3 月，将自己同学的孩子王东调入该公司财务部做出纳工作，并兼管会计档案工作。2017 年 7 月，因工作需要，公司任命王东为该公司财务部经理，全面主持该公司财务部工作。

根据上述情况，请指出永和公司对王东的人事安排工作是否符合国家相关规定？并说明理由。

任务一　合理组织会计工作

一、会计工作组织的概念及意义

(一)会计工作组织的概念

会计工作组织，是指如何安排、协调和管理好企业单位的会计工作，包括会计机构的设置、会计人员的配备、会计法规的制定与执行和会计档案的保管等一系列工作。会计机构和会计人员是会计工作系统运行的必要条件，而会计法规是保证会计工作系统正常运行的必要约束机制。

(二)会计工作组织的意义

科学有效地组织会计工作对于发挥会计职能，实现会计的目标，具有十分重要的意义，具体表现在以下几个方面。

1. 有利于保证会计工作的质量

会计工作是一项细致而复杂的工作。会计工作需要把各种各样的财务收支和经济活动从凭证到账簿，从账簿到报表，连续收集、记录、分类、汇总和分析，涉及各个部门，包括各种程序和方法。各种程序、方法之间必须环环相扣，联系紧密。在任何一个环节出现差错或者脱节都会使整个核算结果不正确或不能及时完成。如果没有专职的机构和办事人员，没有一套完整的工作制度和办事程序，就不能把会计工作科学地组织起来，就不能很好地完成会计的各项工作任务。

2.有利于企业预算控制和各项制度的贯彻执行

会计工作既独立于其他经济管理工作，又与其他经济管理工作存在着十分密切的联系。例如会计工作需要与国家财政、税收、金融工作有着密切的联系，又与各单位内部的计划、统计等工作有非常密切的关系。会计工作一方面需要其他经济管理工作的配合与协调；另一方面也能够促进其他经济管理工作的顺利进行。因此，只有科学地组织好会计工作，并与本单位的计划、统计工作密切配合，相互协调，口径一致，才能互相促进，全面完成会计任务，充分发挥会计的作用，提高企业的整体管理水平。

3.有利于加强企业内部经济责任制，提高企业经济效益

会计是经济管理的重要组成部分，经济责任制是各个企业实行内部经济管理的重要手段。实行内部经济责任制离不开会计，如科学的经济预测。正确的经济决策，计划完成情况的分析和业绩考评等，都离不开会计工作的支持。因此.科学地组织会计工作可以促使企业加强内部经济责任制，促使内部各有关部门管好、用好资金.增收节支，不断提高企业的经济效益。

4.维护相关者的经济利益和社会市场经济秩序

会计工作既是一项错综复杂的系统工作，又是一项要求极高的综合性经济管理工作，必须通过核算如实地反映各单位的经济活动和财务收支情况.通过监督来贯彻执行国家的有关政策、方针、法律和制度。因此，科学地组织好会计工作有利于会计法规、制度的执行，维护相关者的经济利益和社会主义市场经济秩序。

二、组织会计工作的要求

会计工作组织的原则就是组织会计工作应遵循的基本规律和基本要求。它是组织好会计工作的基本保证。

(一)统一性原则

组织会计工作必须按照《会计法》和《企业会计准则》以及其他相关会计法规制度对会计工作的统一要求，贯彻执行国家的有关规定，只有按照统一性原则要求组织会计工作，才能更好地发挥会计工作在维护社会主义市场经济秩序，加强经济管理.提高经济效益中的应有作用。

(二)适用性原则

在实际工作中，每一个会计主体的组织形式、经济活动范围、经营规模和业务内容都各不相同，对会计的管理和信息的要求也千差万别，因此，对会计机构的设置和会计人员的配备都要结合本单位的实际情况和具体要求，科学地组织会计工作。也就是说各单位会计工作的组织应在遵守国家法规和准则的前提下，必须适应本单位经营管理的特点，制定适应本单位需要的具体会计制度和方法。

(三)成本效益原则

会计工作十分复杂，如果组织不好就会造成严重的重复劳动和资源浪费。各个会计主体

在组织会计工作时，一方面要保证会计工作的质量；另一方面又应讲求效益，节约人力和物力。所以，对会计管理程序的规定应力求简捷，会计凭证、账簿、报表的设计，会计机构的设置以及会计人员的配备等，都应避免烦琐，力求精简，以提高工作效率。

（四）内部控制及责任制原则

各个会计主体在组织会计工作时，要遵循内部控制的原则，在保证贯彻整个单位责任制的同时，建立和完善会计工作自身的责任制，从现金出纳、财产物资进出以及各项费用的开支等方面，形成彼此相互牵制的机制，防止工作中的失误和弊端。对会计工作进行合理分工，不同岗位上的会计人员各司其职，使得会计处理手续和会计工作程序达到规范化、条理化。

三、会计工作组织的形式

会计部门的工作是与业务部门及其他管理部门的工作协调进行的，如何进行分工，涉及会计工作组织形式的选择。企业应该根据经营规模大小、业务繁简程度以及其他内部组织机构的设置情况，确定合理、科学的会计工作组织形式。

独立核算单位的会计工作组织形式，一般分为集中核算组织形式和非集中核算组织形式两种。

1. 集中核算

集中核算就是把整个单位的会计工作都集中在会计部门进行。单位内部的其他部门和下属单位只对其发生的经济业务填制原始凭证或原始凭证汇总表，定期送交会计部门，由会计部门填制记账凭证，登记账簿，编制会计报表。采用集中核算可以减少核算层次、节约费用，但不利于内部管理部门及时利用会计资料分析和解决问题。

2. 非集中核算

非集中核算又称为分散核算，是指将会计工作分散在各有关部门进行，会计部门主要从事登记总账和部分明细账、计算产品全部成本、编制会计报表等工作，而把与内部各部门业务有关的明细分类核算工作分散在各有关部门进行。实行非集中核算，有利于各部门、各车间及时利用会计资料进行分析和考核，但会增加核算层次，并使核算费用增加。

一个单位的会计工作组织形式，是采用集中核算形式还是非集中核算形式，要根据本单位经营管理的需要合理选择。

任务二　遵守会计法规

目前，我国的会计法律制度基本形成了以《会计法》为主体的比较完整的会计法规体系，主要包括四个层次，即会计法律、会计行政法规、会计部门规章和地方性会计法规。

一、会计法律

会计法律是指由全国人民代表大会及其常务委员会经过一定立法程序制定的有关会计工作的法律。如《中华人民共和国会计法》以下简称《会计法》。

《会计法》是我国会计工作的根本大法，是会计法律制度中层次最高的法律规范，是制定会计准则、会计制度和各项会计法规的基本依据，也是指导会计工作最根本的准则。《会计法》主要规定了会计工作的基本目的、会计管理权限、会计责任主体、会计核算和会计监督的基本要求、会计人员和会计机构的职责权限,并对会计法律责任做出了详细的规定。立法的宗旨是规范会计行为,保证会计资料的真实、完整,加强经济管理和财务管理,提高经济效益,维护社会主义市场经济秩序。

二、会计行政法规

会计行政法规是指由国务院制定并发布,或者国务院有关部门拟定并经国务院批准发布,调整经济生活中某些方面会计关系的法律规范。如国务院发布的《总会计师条例》。会计行政法规制定的依据是《会计法》。

三、会计部门规章

会计规章是指国家主管会计工作的行政部门即财政部以及其他相关部委根据法律和国务院的行政法规、决定、命令,在本部门的权限范围内制定的、调整会计工作中某些方面内容的国家统一的会计准则制度和规范性文件。包括国家统一的会计核算制度、会计监督制度、会计机构和会计人员管理制度及会计工作管理制度等。如财政部发布的《会计基础工作规范》,财政部与国家档案局联合发布的《会计档案管理办法》等。

会计准则是关于会计确认、计量、报告的会计行为规范,是进行会计核算工作必须共同遵守的基本要求。对我国企事业单位的财务会计核算具有普遍约束力。

1. 基本会计准则

基本会计准则规定了会计目标、基本假设、会计基础和会计信息质量要求、会计要素及其确认、计量原则,以及财务报告的基本规范等。它对 38 项具体会计准则起着统驭作用,可以确保各具体会计准则的内在一致性。

2. 具体会计准则

(1)一般业务会计准则　主要规范各类企业普遍适用的一般经济业务的确认和计量要求,包括存货、会计政策、会计估计变更和差错更正、资产负债表日后事项、建造合同、所得税、固定资产、租赁、收入、职工薪酬、股份支付、外币业务、借款费用、长期股权投资等。

(2)特殊行业的特殊业务　准则主要规范特殊行业的特殊业务的确认和计量要求,如石油天然气开采、生物资产、金融工具确认和计量等。

(3)会计报表准则　主要规范普遍适用于各类企业的报告类准则,如财务报表列报、现金流量表、合并财务报表、中期财务报告等。

3. 会计准则应用指南

会计准则应用指南是根据基本会计准则和具体会计准则制定的,指导会计实务的操作性指南。它由两部分组成:第一部分为会计准则解释;第二部分为会计科目和主要账务处理。

四、地方性会计法规

地方性会计法规是指由省、自治区、直辖市人民代表大会或常务委员会在同宪法、会计法律、行政法规和国家统一的会计准则制度不相抵触的前提下,根据本地区情况制定发布的关于会计核算、会计监督、会计机构和会计人员以及会计工作管理的规范性文件。

任务三 设置会计机构与划分会计岗位

一、设置会计机构

(一)会计机构的概念

会计机构是直接从事、组织和领导会计工作的职能部门。建立健全会计机构是保证会计工作正常进行、充分发挥会计职能作用的重要条件。各单位都应当建立健全会计机构,配备合适的会计人员。

(二)设置会计机构的基本要求

设置会计机构,必须符合社会经济发展对会计工作的要求,要与国家的会计管理体制相适应。

(1)全国的会计工作——由国务院财政部门主管。

(2)地方行政区域内的会计工作——由县级以上地方各级人民政府财政部门管理。

(3)会计工作的原则——统一领导,分级管理。

(三)设置会计机构的具体要求

《会计法》第三十六条规定:“各单位应当根据会计业务的需要,设置会计机构,或者在有关机构中设置会计人员并指定会计主管人员;不具备设置条件的,应当委托经批准设立从事会计代理记账业务的中介机构代理记账。”

一般而言,一个单位是否单独设置会计机构,主要取决于三个因素:单位规模的大小;经济业务和财务收支的简繁;经营管理的要求。

目前我国会计机构设置基本包括三大类。

1.单独设置会计机构

单独设置会计机构是指单位依法设置独立负责会计事务的内部机构,负责进行会计核算,实行会计监督,拟定本单位办理会计事务的具体办法,参与拟定经济计划、业务计划和考核。分析预算、财务计划的实行情况,办理其他会计事务等。会计机构内部应当建立稽核制度。

一般来说,凡是实行独立核算的大、中型企业和实行企业管理的事业单位以及财务收支数额较大、经济业务活动较多的社会团体及其他经济组织,都应该设置独立的会计机构,并配备会计机构负责人。

2.不单独设置会计机构,但配备专职会计人员

不具备单独设置会计机构条件的单位,应当在有关机构中配置专职会计人员,并指定会计主管人员。会计主管人员是指不单独设置会计机构的单位里,负责组织管理会计事务、行使会计机构负责人职权的负责人。

规模较小的企业,会计业务简单、财务收支数额不大、经济业务活动简单的行政单位和个体商户等,可以不设置独立的会计机构,只配备专职的会计人员,并在专职会计人员中指定会计主管人员。

3. 实行代理记账

对于既不具备独立设置会计机构，又不配备专职会计人员的单位，应当根据财政部发布的《代理记账暂行管理办法》的规定，委托会计师事务所或持有代理记账许可证书的代理记账机构进行代理记账，以满足其记账、算账和报账的要求。

二、会计工作岗位设置

会计工作岗位是指单位会计机构内部根据业务分工而设置的从事会计工作、办理会计事项的具体职位。

(一)会计工作岗位设置的要求

在会计机构内部定人员、定岗位、明确分工，有利于提高工作效率和工作质量。但是，一个单位需要配备多少会计人员，设置多少会计岗位，主要取决于单位的组织结构形式和业务工作量、经营规模等因素。

1. 按需设岗

各单位会计工作岗位的设置应与本单位业务活动的规模、特点和管理要求相适应。对于业务活动规模大、经济业务量较多和管理较严格的单位，会计机构相应较大，会计机构内部的分工相应较细，会计人员和岗位可以多设置；相反，对于业务活动规模小、经济业务量较少和管理要求不高的单位，会计机构相应较小，会计人员和岗位相应设置较少。

2. 符合内部牵制的要求

内部牵制是通过实施岗位分离自动实现账目间的相互核对来保证相关账目正确无误的一种控制机制。它是内部控制制度的重要内容之一，主要包括：①内部牵制制度的原则，即机构分离、职务分离、钱账分离、物账分离等；②对出纳等岗位的职责和限制性规定；③有关部门或领导对限制性岗位的定期检查办法。

会计工作岗位可以一人一岗、一人多岗或者一岗多人，凡是涉及款项和财务收付、结算及登记的任何工作，必须由两人或两人以上分工办理，以起到相互制约的作用。出纳不得兼管稽核、会计档案保管和收入、费用、债权债务账目登记工作；出纳以外的人员不得经管库存现金、有价证券、票据。

3. 建立岗位责任制

会计机构内部岗位责任制是指明确各项具体会计工作的职责范围、具体内容和要求，并落实到每个会计工作岗位或会计人员的一种会计工作责任制度。会计岗位责任制是单位会计人员履行会计岗位职责，提高工作效率的有效保证。因此，各单位应当建立会计岗位责任制。

4. 建立轮岗制度

为了促进会计人员全面熟悉业务和不断提高业务素质，对会计人员的工作岗位应当有计划地进行轮换。会计人员轮岗，不仅是会计工作本身的需要，也是加强会计人员队伍建设的需要。会计人员的工作岗位应有计划地进行轮换，一方面可以促进会计人员全面熟悉业务，不断提高业务素质，也有利于增强会计人员之间的团结合作意识；另一方面，在一定程度上也进一步完善单位内部控制制度，有助于防止会计舞弊行为的发生，同时保护会计人员。

(二)主要会计工作岗位

通常，大多数企业根据自己的业务需要可以设置以下岗位：①总会计师或行使总会计师职权岗位；②会计机构负责人或者会计主管人员岗位；③出纳岗位；④稽核；⑤资本、基金核算；⑥收入、支出、债权债务核算；⑦职工薪酬、成本费用、财务成果核算；⑧财产物资的收发、增减核算；⑨总账；⑩财务会计报告编制；⑪会计机构内会计档案管理；⑫其他会计工作岗位。开展会计电算化和管理会计的单位，可以根据需要设置相应的工作岗位，也可以与其他工作岗位相结合。常设会计岗位的职责简述如下。

1. 出纳岗位

出纳岗位负责库存现金和银行存款的收付业务、日记账的登记、支票管理；负责编制库存现金日报表及现金流量表。

2. 销售会计岗位

销售会计岗位负责销售业务处理，包括开票、盘点产成品、编制销售周报、与客户核对往来账、与销售部门核对出货等。

3. 成本费用会计岗位

成本费用会计岗位负责成本费用核算，包括费用报销、工资核算、成本费用的归集与分配；编制成本报表、成本分析表。

4. 存货会计岗位

存货会计岗位负责采购材料物资的明细核算；配合有关部门制定材料物资消耗定额；参与材料物资的清查盘点；负责库存商品的明细分类核算；配合有关部门制定库存商品的最低、最高限额；参与库存商品的清查盘点。

5. 固定资产核算岗位

固定资产核算岗位主要负责拟定固定资产的核算与管理办法；参与编制固定资产更新改造和大修理计划；负责固定资产的明细核算和有关报表的编制；计算提取固定资产折旧；负责固定资产大修理计划与实施；参与固定资产的清查盘点。

6. 税务会计岗位

税务会计岗位主要负责办理有关税费的计算、缴纳、复核、记账等事项；办理有关免税申请及退税冲账等事项；办理税务登记及变更等有关事项；编制有关的税务报表及相关分析报告；办理其他与税务有关的事项。本岗位工作很多，可以指定专人负责，也可以交给其他岗位会计负责。

7. 往来结算岗位

往来结算岗位的职责一般包括建立往来款项结算手续制度；办理往来款项的结算业务；负责往来款项结算的明细核算。

8. 总账报表岗位

总账报表岗位主要负责登记总账；负责编制资产负债表、利润表、现金流量表等有关财务会计报表；负责管理会计凭证和财务会计报表。

9. 稽核岗位

稽核岗位主要负责审查财务成本计划；审查各项财务收支；复核会计凭证和财务会计报表。

10. 会计主管岗位

全面负责财务部门工作；负责处理筹资问题、支出审批、参与有关决策、编制可行性报告工作等。

任务四 会计人员

一、会计人员的职责与权限

(一)会计人员的职责

根据《会计法》的规定,会计人员的主要职责包括以下几个方面。

1.进行会计核算

各单位必须根据实际发生的经济业务事项进行会计核算,填制会计凭证,登记会计账簿,编制财务会计报告。如实反映财务状况、经营成果和财务收支情况。任何单位不得以虚假的经济业务事项或者资料进行会计核算。进行会计核算,及时地提供真实可靠、能满足各方需要的会计信息,是会计人员最基本的职责。

2.实行会计监督

各单位的会计机构、会计人员对本单位实行会计监督。会计人员对不真实、不合法的原始凭证,不予受理;对记载不准确、不完整的原始凭证,予以退回,要求更正补充;发现账簿记录与实物、款项不符时,应当按照有关规定进行处理;无权自行处理的,应当立即向本单位行政领导人报告,请求查明原因,做出处理;对违反国家统一的财政制度、财务制度规定的收支,不予办理。

3.拟定本单位办理会计事务的具体办法

根据国家的会计法规、制度和财政经济方针、政策及上级机关的有关规定,结合本单位的具体情况,拟定本单位会计工作必须遵循的要求和办理会计事务的具体办法,如会计人员岗位责任制度、内部稽核制度、财产清查制度等。

4.参与拟订计划,考核与分析预算及计划的执行情况

会计部门应负责编制财务计划和预算,并考核、分析其执行情况,揭示执行中的问题,查明原因,提出改进的措施和建议。会计人员还应积极参与本单位经济计划和业务计划的拟定工作,运用本身掌握的资料和专业知识,对这些计划的制订,提出改进建议和措施,促使有关部门改进经营管理,增收节支,杜绝浪费,充分发挥会计参与管理的职能作用。

5.办理其他会计事务

其他会计事务是指上述各项尚未包括的其他会计业务。比如,协助单位内部其他管理部门做好管理的基础工作,提供关于改制、合并、分立等方面有关的会计信息,举办单位管理人员财会知识的培训等。

(二)会计人员的权限

为了保证会计人员顺利地履行自己的职责,国家有关会计法规在明确会计人员职责的同时,也赋予了他们必要的权限,《会计法》中规定的会计人员权限,主要包括以下几个方面。

(1)会计人员有权要求本单位有关部门、人员严格遵守国家财经法纪和法律制度,认真执行本单位的计划、预算,对于内部有关部门违反国家法规的情况,会计人员有权拒绝付款、报销或者执行,并及时向本单位领导或上级有关部门报告。

(2)对于弄虚作假、徇私舞弊、欺骗上级等违法乱纪行为,会计人员有权拒绝受理,并有权向本单位领导和上级主管部门报告。

(3)会计人员有权参与本单位编制计划、制定定额、对外签订合同及参加有关的生产、经营管理会议和业务会议;有权了解企业的生产经营情况,并提出自己的建议。

(4)会计人员有权监督、检查本单位有关部门的财务收支、资金使用和财产保管、收发、计量、检验等情况。

《会计法》明确规定,各级领导和有关人员要支持会计人员行使工作权限,如果有对坚持原则的会计人员进行刁难、阻挠或打击报复的,上级机关要查明情况,严肃处理。

二、会计人员的任职要求和专业职务

(一)会计人员的任职要求

《会计法》规定,会计人员应当具备从事会计工作所需要的专业能力、遵守职业道德,担任会计职务应当通过相应级别的会计专业技术资格考试或考评。如担任单位会计机构负责人(会计主管人员)的,应当具备会计师以上专业技术职务资格或者从事会计工作 3 年以上经历;担任总会计师应当在取得会计师任职资格后主管一个单位或者单位内一个重要方面的财务会计工作不少于 3 年。

会计人员取得相关资格或者符合有关条件的会计人员能否具体从事相关工作,由所在单位自行决定。单位要加强对本单位会计人员的管理,依法合理设置会计岗位,督促会计人员按照国家统一会计制度的规定进行会计核算和监督。

(二)会计专业技术资格

为加强会计专业队伍建设,提高会计人员素质,科学、客观、公正地评价会计专业人员的学识水平和业务能力,完善会计专业技术人才选拔机制,根据《中华人民共和国会计法》和《会计专业职务试行条例》的有关规定,制定《会计专业技术资格考试暂行规定》。

会计专业技术资格是指担任会计专业职务的任职资格。分为初级资格、中级资格和高级资格。

初级、中级会计资格的取得试行全国统一考试制度;高级会计师资格试行考试与评审相结合制度。有关考试科目的规定如下:

会计专业技术初级资格考试科目为:初级会计实务、经济法基础。参加初级资格考试的人员必须在一个考试年度内通过全部科目的考试。

会计专业技术中级资格考试科目为:中级会计实务、财务管理、经济法。

会计专业技术中级资格考试以两年为一个周期,参加考试的人员必须在连续的两个考试年度内通过全部科目的考试。部分科目合格后,由当地考试管理机构核发成绩通知单。

高级会计资格考试科目为:高级会计实务。

高级会计师资格的取得实行考试与评审相结合制度。符合报名条件的人员,均可报考,考试合格后,方可申请参加高级会计师资格评审。

取得会计专业技术资格的人员,应按照财政部的有关规定,接受相应级别会计人员的继续教育。

(三)会计专业职务

会计专业职务是区别会计人员业务技能的技术等级,会计专业职务分为高级会计师、会计师、助理会计师、会计员。高级会计师为高级职务，会计师为中级职务，助理会计师与会计员为初级职务。

1.会计员的主要工作职责和基本条件

会计员主要负责具体审核和办理财务收支，编制记账凭证，登记会计账簿，编制会计报表和办理其他会计事务等。

会计员的基本任职条件包括：初步掌握财务会计知识和技能；熟悉并能贯彻执行有关会计法规和财务会计制度；能担负一个岗位的财务会计工作；大学专科或中等专业学校毕业，在财务会计工作岗位上见习一年期满。

2.助理会计师的主要工作职责和基本条件

助理会计师主要负责草拟一般的财务会计制度、规定、办法；解释、解答财务会计法规、制度中的一般规定；分析检查某一方面或某些项目的财务收支和预算的执行情况等。

助理会计师的基本任职条件包括：掌握一般的财务会计基础理论和专业知识；熟悉并能正确执行有关的财经方针、政策和财务会计法规、制度；能担负一个方面或某个重要岗位的财务会计工作；取得硕士学位，或取得第二学士学位或研究生班结业证书，具备履行助理会计师职责的能力；大学本科毕业，在财务会计工作岗位上见习一年期满；大学专科毕业并担任会计员职务二年以上，或中等专业学校毕业并担任会计员职务四年以上。

3.会计师的主要工作职责和基本条件

会计师主要负责草拟比较重要的财务会计制度、规定、办法；解释、解答财务会计法规、制度中的重要问题；分析检查财务收支和预算的执行情况；培养初级会计人才等。

会计师的基本任职条件包括：系统地掌握财务会计基本理论专业知识；能正确贯彻执行有关的财经方针、政策和财务会计法规、制度；具有一定的财务会计工作经验，能担负一个单位或管理一个地区、一个部门、一个系统某个方面的财务会计工作；取得博士学位，并具有履行会计师职责的能力；取得硕士学位并担任助理会计师职务二年左右；取得第二学士学位或研究生班结业证书，并担任助理会计师职务二至三年；大学本科或大学专科毕业并担任助理会计师职务四年以上；掌握一门外语。

4.高级会计师的主要工作职责和基本条件

高级会计师主要负责草拟和解释、解答在一个地区、一个部门、一个系统或在一个部门、一个系统的经济核算和财务会计工作；培养中级以上会计人才等。

高级会计师的基本任职条件包括：较系统地掌握经济、财务会计理论和专业知识；具有较高的政策水平和丰富的财务会计工作经验，能担负一个地区、一个部门或一个系统的财务会计管理工作；取得博士学位，并担任会计师职务二至三年；取得硕士学位、第二学士学位或研究生班结业证书，或大学本科毕业并担任会计师职务五年以上；较熟练地掌握一门外语。

三、会计职业道德

职业道德是就职人员的职业品质、工作作风和工作纪律的统一。会计职业道德是会计人员在会计工作中应当遵循的与其特定职业活动相适应的行为规范。即会计人员在履行职能活动中应当具备的道德品质。

会计职业道德是要求会计人员在其工作中正确处理人与人之间、个人与社会之间关系的行为规范和准则。根据《会计基础工作规范》的要求，我国会计人员的职业道德规范主要包括以下内容。

1.爱岗敬业

爱岗就是会计人员热爱本职工作,安心本职岗位,并为做好本职工作尽心尽力、尽职尽责。敬业是指会计人员对其所从事的会计职业的正确认识和恭敬态度,并用这种严肃恭敬的态度,认真地对待本职工作,将身心与本职工作融为一体。

2.诚实守信

诚实守信要求会计人员谨慎,信誉至上,不为利益所诱惑,不伪造账目,不弄虚作假,如实反映单位经济业务事项。同时,还应当保守本单位的商业秘密,除法律规定和单位领导人同意外,不得私自向外界提供或者泄露本单位的会计信息。

3.廉洁自律

廉洁自律要求会计人员必须树立正确的人生观和价值观,严格划分公私界限,做到不贪不占,遵纪守法,清正廉洁。要正确处理会计职业权利与职业义务的关系,增强抵制行业不正之风的能力。

4.客观公正

客观是指会计人员开展会计工作时,要端正态度,依法办事,实事求是,以客观事实为依据,如实地记录和反映实际经济业务事项,会计核算要准确,记录要可靠,凭证要合法。公正是指会计人员在履行会计职能时,要做到公平公正,不偏不倚,保持应有的独立性,以维护会计主体和社会公众的利益。

5.坚持准则

坚持准则要求会计人员熟悉财经法律、法规和国家统一的会计制度,在处理经济业务过程中,不为主观或他人意志左右,始终坚持按照会计法律、法规和国家统一的会计制度的要求进行会计核算,实施会计监督,确保所提供的会计信息真实、完整、维护国家利益、社会公众利益和正常的经济秩序。

6.提高技能

提高技能要求会计人员通过学习、培训和实践等途径,不断提高会计理论水平、会计实务能力、职业判断能力、自动更新知识的能力、提高会计信息能力、沟通交流能力以及职业经验。运用所掌握的知识、技能和经验,开展会计工作,履行会计职责,以适应深化会计改革和会计国际化的需要。

7.参与管理

参与管理要求会计人员在做好本职工作的同时,树立参与管理的意识,努力钻研相关业务,全面熟悉本单位经营活动和业务流程,主动向领导反映经营管理活动中的情况和存在的问题,主动提出合理化建议,协助领导决策,参与经营管理活动,做好领导的参谋。

8.强化服务

强化服务要求会计人员具有强烈的服务意识、文明的服务态度和优良的服务质量。会计人员必须端正服务态度,做到讲文明、讲礼貌、讲信誉、讲诚实,坚持准则,真实、客观地核算单位的经济业务,努力维护和提升会计职业的良好社会形象。

四、会计人员回避制度

回避制度是指为了保证执法或者执业的公正性,对可能影响其公正性的执法或者执业的人员实行职务回避和业务回避的一种制度。回避制度已成为我国人事管理的一项重要制度。如司法人员不得参加处理与自己有利害关系或其他关系的案件，注册会计师与委托人有利害关系的，应当回避。

在会计工作中，由于亲情关系而通同作弊和违法违纪的案件时有发生，因此，在会计人员中实行回避制度，十分必要。《会计工作基础规范》则对会计人员回避问题进一步做出了规定，即国家机关、国有企业、事业单位任用会计人员应当实行回避制度；单位领导人的直系亲属不得担任本单位的会计机构负责人、会计主管人员；会计机构负责人、会计主管人员的直系亲属不得在本单位会计机构中担任出纳工作。此处所称直系亲属包括夫妻关系、直系血亲关系、三代以内旁系血亲以及近姻亲关系。

五、会计人员的工作交接

会计人员工作交接，也称会计工作交接，是指会计人员工作调动或者因故离职时，与接替人员办理交接手续的一种程序。《会计法》第四十一条规定："会计人员工作调动或者离职，必须与接管人员办清交接手续。一般会计人员办理交接手续，由会计机构负责人（会计主管人员）监交；会计机构负责人（会计主管人员）办理交接手续，由单位负责人监交，必要时主管单位可以派人会同监交。"这是对会计人员交接问题做出的法律规定。

会计人员工作交接是会计工作的一项重要内容。会计人员调动工作或者离职时，与接管人员办清交接手续，是会计人员应尽的职责，也是做好会计工作的要求。

（一）需要办理会计工作交接的情形

《会计法》规定："会计人员调动工作或者离职，必须与接管人员办清交接手续。"除此之外，会计人员临时离职或其他原因暂时不能工作时，也应办理会计工作交接。《会计基础工作规范》对此作了进一步的规定。

第一，临时离职或因病不能工作、需要接替或代理的，会计机构负责人（会计主管人员）或单位负责人必须指定专人接替或者代理，并办理会计工作交接手续。

第二，临时离职或因病不能工作的会计人员恢复工作时，应当与接替或代理人员办理交接手续。

第三，移交人员因病或其他特殊原因不能亲自办理移交手续的，经单位负责人批准，可由移交人委托他人代办交接，但委托人应当对移交的会计凭证、会计账簿、财务会计报告和其他有关资料的真实性、完整性承担法律责任。

（二）办理会计工作交接的基本程序

1.做好办理移交手续前的准备工作

根据规定，会计人员在办理移交手续前，必须及时办理完毕未了的会计事项，具体包括以下内容：

（1）对已经受理的经济业务尚未填制会计凭证的，应当填制完毕。

（2）尚未登记的账目应当登记完毕，结出余额，并在最后一笔余额后加盖经办人员印章。

（3）整理好应当移交的各项资料，对未了事项和遗留问题要写出书面说明材料。

（4）编制移交清册，列明应当移交的会计凭证、会计账簿、财务会计报告、公章、现金、有价证券、支票簿、发票、文件以及其他会计资料和物品等内容；实行会计电算化的单位，从事该项工作的移交人员应在移交清册上列明会计软件及密码、会计软件数据盘、磁带等内容。

2.按照移交清册逐项移交

移交人员在离职前,必须将本人经管的会计工作,在规定的期限内,全部向接替人员移交清楚。接替人员应认真按照移交清册列明的内容,进行逐项交接。具体要求如下。

(1)现金要根据会计账簿记录余额进行当面点交,不得短缺。如有不一致或“白条抵库”现象,移交人员应在规定期限内负责查清处理。

(2)有价证券的数量要与会计账簿记录一致。由于一些有价证券如债券、国库券等面额与发行价格可能会不一致,因此,在对这些有价证券的实际发行价格、利(股)息等按照会计账簿余额进行交接的同时,对上述有价证券的数量(如张数等)也应当按照有关会计账簿记录点交清楚。

(3)所有会计资料必须完整无缺。如有短缺,必须查明原因,并在移交清册中加以说明,由移交人负责。

(4)银行存款账户余额要与银行对账单核对相符。如有未达账项,应编制银行存款余额调节表调节相符;各种财产物资和债权债务的明细账户余额,要与总账有关账户的余额核对相符;对重要实物要实地盘点,对余额较大的往来账户要与往来单位、个人核对。

(5)移交人员经管的票据、印章及其他会计用品等,也必须交接清楚。

(6)实行会计电算化的单位,交接双方应将有关电子数据在计算机上进行实际操作,确认有关数据正确无误后,方可交接。

3.专人负责监交

为了明确责任,会计人员在办理工作交接手续时,必须有专人负责监交。通过监交,保证会计工作不因人员变动而受影响,保证交接双方处在平等的法律地位上享有权利和承担义务,不允许任何一方以大压小,以强凌弱,或采取非法手段进行威胁。对监交的具体要求如下。

(1)一般会计人员办理交接手续,由单位的会计机构负责人(会计主管人员)负责监交。

(2)会计机构负责人(会计主管人员)办理交接手续,由单位负责人负责监交,必要时上级主管部门可以派人会同监交。所谓必要时上级主管部门可以派人会同监交,是指有些交接工作需要主管部门监交或者主管部门认为需要参与监交。通常有三种情况:

①所属单位负责人不能监交,需要由主管部门派人代表主管部门监交。如因单位撤并而办理交接手续等。

②所属单位负责人不能及时监交,需要由主管部门派人督促监交。如主管部门责成所属单位撤换不合格的会计机构负责人(会计主管人员),所属单位负责人却以种种借口拖延不办理交接手续时,主管部门就应派人督促会同监交等。

③不宜由所属单位负责人单独监交,而需要主管部门会同监交。如所属单位负责人与办理交接手续的会计机构负责人(会计主管人员)有矛盾的,为防止可能发生的单位负责人借机刁难等情况,主管部门应当会同监交。

此外,主管部门认为交接中存在某种问题需要派人监交时,也可派人会同监交。

4.交接后的有关事项

(1)会计工作交接完毕后,交接双方和监交人在移交清册上签名或盖章,并应在移交清册上注明:单位名称,交接日期,交接双方和监交人的职务、姓名,移交清册页数以及需要说明的问题和意见等。

(2)接替人员应继续使用移交前的账簿,不得擅自另立账簿,以保证会计记录前后衔接,内容完整。

(3)移交清册一般应填制一式三份,交接双方各执一份,存档一份。

(三)交接人员的责任

会计工作交接中,必有合理、公正地明确移交人和接替者的责任。交接工作完成后,移交人员所移交的会计凭证、会计账簿、财务会计报告和其他会计资料是在其经办会计工作期间内发生的,应当对这些会计资料的真实性、完整性承担法律责任。即便接替人员在交接时因疏忽没有发现所接会计资料在真实性、完整性方面的问题,如事后发现,仍应由原移交人员负责,原移交人员不应以会计资料已移交而推脱责任。

六、会计人员的法律责任

会计人员的法律责任,是指会计人员违反会计法律规定的行为应当承担的法律后果。我国《会计法》规定了两种责任形式:一是行政责任;二是刑事责任。

(一)对于违反《会计法》关于会计核算规定的处罚

发生下列行为之一者属于违法行为:不依法设置会计账簿的;私设会计账簿的;未按照规定填制、取得原始凭证或者填制、取得的原始凭证不符合规定的;以未经审核的会计凭证为依据登记会计账簿或者登记会计账簿不符合会计规定的;随意变更会计处理方法的;向不同的会计资料使用者提供的财务会计报告编制依据不一致的;未按照规定使用会计记录文字或者记账本位币的;未按照规定保管会计资料,致使会计资料毁损、灭失的;未按照规定建立并实施单位内部会计监督,或者拒绝依法实施的监督,或者不如实提供会计资料及有关情况的;任用会计人员不符合《会计法》规定。上述违法行为将由县级以上人民政府财政部门责令限期改正,可以对单位并处三千元以上五万元以下的罚款;对其直接负责的主管人员和其他直接责任人员,可以处二千元以上二万元以下的罚款;属于国家工作人员的,还应当由其所在单位或者有关单位依法给予行政处分;构成犯罪的,依法追究刑事责任;会计人员如有上述行为之一,情节严重的,五年内不得从事会计工作。

(二)对于伪造、变更会计凭证、会计账簿,编制虚假财务会计报告的处罚

伪造、变更会计凭证、会计账簿,编制虚假财务会计报告尚不构成犯罪的,由县级以上人民政府财政部门予以通报,可以对单位并处五千元以上十万元以下的罚款;对其直接负责的主管人员和其他直接责任人员,可以处三千元以上五万元以下的罚款;属于国家工作人员的,还应当由其所在单位或者有关单位依法给予撤职直至开除的行政处分;其中的会计人员,五年内不得从事会计工作。

伪造、变更会计凭证、会计账簿,编制虚假财务会计报告,构成犯罪的,依法追究刑事责任(包括判处有期徒刑、拘役、管制或者剥夺政治权利)。

(三)对隐匿或者故意销毁依法应当保存的会计资料的处罚

隐匿或者故意销毁依法应当保存的会计凭证、会计账簿、财务会计报告,尚不构成犯罪的,由县级以上人民政府财政部门予以通报,可以对单位并处五千元以上十万元以下的罚款;对其直接负责的主管人员和其他直接责任人员,可以处三千元以上五万元以下的罚款;属于国家工作人员的,还应当由其所在单位或者有关单位依法给予撤职直至开除的行政处分;其中的会计人员，五年内不得从事会计工作。

隐匿或者故意销毁依法应当保存的会计凭证、会计账簿、财务会计报告，构成犯罪的，依法追究刑事责任。

（四）对单位负责人违反《会计法》有关规定的处罚

授意、指使、强令会计机构、会计人员及其他人员伪造、变更会计凭证、会计账簿，编制虚假财务会计报告或者隐匿、故意销毁依法应当保存的会计凭证、会计账簿、财务会计报告，构成犯罪的，依法追究刑事责任；尚不构成犯罪的，可以处五千元以上五万元以下的罚款；属于国家工作人员的，还应当由其所在单位或者有关单位依法给予降级、撤职、开除的行政处分。

单位负责人对依法履行职责、抵制违反本法规定行为的会计人员以降级、撤职、调离工作岗位、解聘或者开除等方式实行打击报复，构成犯罪的，依法追究刑事责任；尚不构成犯罪的，由其所在单位或者有关单位依法给予行政处分。对受打击报复的会计人员，应当恢复其名誉和原有职务、级别。

（五）其他有关规定

财政部门及有关行政部门的工作人员在实施监督管理中滥用职权、玩忽职守、徇私舞弊或者泄露国家秘密、商业秘密，构成犯罪的，依法追究其刑事责任；尚不构成犯罪的，依法给予行政处分。

会计法规定，任何单位和个人对违反本法和国家统一的会计制度规定的行为，有权检举。收到检举的部门有权处理的，应当依法按照职责分工及时处理；无权处理的，应当及时移送有权处理的部门处理。收到检举的部门、负责处理的部门应当为检举人保密，不得将检举人姓名和检举材料转给被检举单位和被检举人个人。将检举人姓名和检举材料转给被检举单位和被检举人个人的，由所在单位或者有关单位依法给予行政处分。

违反会计法规定，同时违反其他法律规定的，由有关部门在各自职权范围内依法进行处罚。

任务五　管理会计档案

一、认识会计档案

《会计档案管理办法》规定：会计档案是指单位在进行会计核算等过程中接收或形成的，记录和反映单位经济业务事项的，具有保存价值的文字、图表等各种形式的会计资料，包括通过计算机等电子设备形成、传输和存储的电子会计档案。

会计档案是记录和反映单位经济业务的重要史料和证据，是国家档案的重要组成部分，也是各单位的重要档案之一。各单位应当加强会计档案管理工作，建立和完善会计档案的收集、整理、保管、利用和鉴定销毁等管理制度，采取可靠的安全防护技术和措施，保证会计档案的真实、完整、可用、安全。

具体包括以下资料。

(1)会计凭证　包括原始凭证、记账凭证；

(2)会计账簿　包括总账、明细账、日记账、固定资产卡片及其他辅助性账簿；

(3)财务会计报告　包括月度、季度、半年度、年度财务会计报告；

(4)其他会计资料　包括银行存款余额调节表、银行对账单、纳税申报表、会计档案移交清册、会计档案保管清册、会计档案销毁清册、会计档案鉴定意见书及其他具有保存价值的会计资料。

二、会计档案的归档

各单位每年形成的会计档案，应由会计机构按归档的要求，负责整理立卷，装订成册，加具封面、编号，编制会计档案保管清册。当年形成的会计档案，在会计年度终了后，可暂由会计机构保管一年，期满之后，应当由会计机构编制移交清册，移交本单位档案机构统一保管；未设立档案机构的，应当在会计机构内部指定专人保管。出纳人员不得兼管会计档案。档案机构对接收的会计档案，原则上应保持原卷册的封装，个别需要拆封重新整理的，应当同原会计机构和经办人共同拆封整理，以分清责任。各单位保存的会计档案不得借出。如有特殊需要，经本单位负责人批准，可以提供查阅或者复制，并办理登记手续。

三、会计档案的移交

《会计档案管理办法》规定：当年形成的会计档案，在会计年度终了后，可由单位会计管理机构临时保管一年，再移交单位档案管理机构保管。因工作需要确需推迟移交的，应当经单位档案管理机构同意。单位会计管理机构临时保管会计档案最长不超过三年。临时保管期间，会计档案的保管应当符合国家档案管理的有关规定，且出纳人员不得兼管会计档案。

单位会计管理机构在办理会计档案移交时，应当编制会计档案移交清册，并按照国家档案管理的有关规定办理移交手续。

纸质会计档案移交时应当保持原卷的封装。电子会计档案移交时应当将电子会计档案及其元数据一并移交，且文件格式应当符合国家档案管理的有关规定。特殊格式的电子会计档案应当与其读取平台一并移交。单位档案管理机构接收电子会计档案时，应当对电子会计档案的准确性、完整性、可用性、安全性进行检测，符合要求的才能接收。

单位之间交接会计档案时，交接双方应当办理会计档案交接手续。

移交会计档案的单位，应当编制会计档案移交清册，列明应当移交的会计档案名称、卷号、册数、起止年度、档案编号、应保管期限和已保管期限等内容。

交接会计档案时，交接双方应当按照会计档案移交清册所列内容逐项交接，并由交接双方的单位有关负责人负责监督。交接完毕后，交接双方经办人和监督人应当在会计档案移交清册上签名或盖章。

电子会计档案应当与其元数据一并移交，特殊格式的电子会计档案应当与其读取平台一并移交。档案接受单位应当对保存电子会计档案的载体及其技术环境进行检验，确保所接收电子会计档案的准确、完整、可用和安全。

四、会计档案的查阅

单位应当严格按照相关制度利用会计档案，在进行会计档案查阅、复制、借出时履行登记手续，严禁篡改和损坏。

单位保存的会计档案一般不得对外借出。确因工作需要且根据国家有关规定必须借出的,应当严格按照规定办理相关手续。

会计档案借用单位应当妥善保管和利用借入的会计档案,确保借入会计档案的安全完整,并在规定时间内归还。

五、会计档案的保管

各单位应当加强会计档案管理工作,建立和完善会计档案的收集、整理、保管、利用和鉴定销毁等管理制度,采取可靠的安全防护技术和措施,保证会计档案的真实、完整、可用、安全。

最新《会计档案管理办法》已经财政部部务会议、国家档案局局务会议修订通过,自2016年1月1日起施行。会计档案的保管期限分为永久、定期两类。其中,年度财务报告、会计档案保管清册、会计档案销毁清册和会计档案鉴定意见书为永久保管会计档案,其他为定期保管会计档案。定期保管期限分为5年、10年、30年3种。会计档案的保管期限,从会计年度终了后的第一天算起。各类会计档案的最低保管期限如表9-1所示。

表9-1　企业和其他组织会计档案保管期限表

序号	档案名称	保管期限	备注
一	**会计凭证**		
1	原始凭证	30年	
2	记账凭证	30年	
二	**会计账簿**		
3	总账	30年	
4	明细账	30年	
5	日记账	30年	
6	固定资产卡片		固定资产报废清理后保管5年
7	其他辅助性账簿	30年	
三	**财务会计报告**		
8	月度、季度、半年度财务会计报告	10年	
9	年度财务会计报告	永久	
四	**其他会计资料**		
10	银行存款余额调节表	10年	
11	银行对账单	10年	
12	纳税申报表	10年	
13	会计档案移交清册	30年	
14	会计档案保管清册	永久	
15	会计档案销毁清册	永久	
16	会计档案鉴定意见书	永久	

六、会计档案的鉴定与销毁

(一)会计档案的鉴定

单位应当定期对已到保管期限的会计档案进行鉴定,并形成会计档案鉴定意见书。经鉴定,仍需继续保存的会计档案,应当重新划定保管期限;对保管期满,确无保存价值的会计档案,可以销毁。

会计档案鉴定工作应当由单位档案管理机构牵头,组织单位会计、审计、纪检监察等机构或人员共同进行。

(二)会计档案的销毁

保管期满经鉴定可以销毁的会计档案,应当按照以下程序销毁:

(1)由本单位档案机构会同会计机构提出销毁意见,单位档案管理机构编制会计档案销毁清册,列明拟销毁会计档案的名称、卷号、册数、起止年度、档案编号、应保管期限、已保管期限和销毁时间等内容。

(2)单位负责人、档案管理机构负责人、会计管理机构负责人、档案管理机构经办人、会计管理机构经办人在会计档案销毁清册上签署意见。

(3)单位档案管理机构负责组织会计档案销毁工作,并与会计管理机构共同派员监销。监销人在会计档案销毁前,应当按照会计档案销毁清册所列内容进行清点核对;在会计档案销毁后,应当在会计档案销毁清册上签名或盖章,并将监销情况报告本单位负责人。

电子会计档案的销毁还应当符合国家有关电子档案的规定,并由单位档案管理机构、会计管理机构和信息系统管理机构共同派员监销。

(三)不得销毁的会计档案

保管期满但未结清的债权债务会计凭证和涉及其他未了事项的会计凭证不得销毁,纸质会计档案应当单独抽出,另行立卷,由档案部门保管到未了事项完结时为止。电子会计档案单独转存,保管到未了事项完结时为止。单独抽出立卷或转存的会计档案,应当在会计档案鉴定意见书、会计档案销毁清册和会计档案保管清册中列明。

(四)其他的相关规定

单位因撤销、解散、破产或其他原因而终止的,在终止或办理注销登记手续之前形成的会计档案,按照国家档案管理的有关规定处置。

单位分立后原单位存续的,其会计档案应当由分立后的存续方统一保管,其他方可以查阅、复制与其业务相关的会计档案。

单位合并后原各单位解散或者一方存续其他方解散的,原各单位的会计档案应当由合并后的单位统一保管。单位合并后原各单位仍存续的,其会计档案仍应当由原各单位保管。

建设单位在项目建设期间形成的会计档案,需要移交给建设项目接受单位的,应当在办理竣工财务决算后及时移交,并按照规定办理交接手续。

◆ 项目小结

1. 会计工作组织,是指如何安排、协调和管理好企业单位的会计工作,包括会计机构的设置、会计人员的配备、会计法规的制定与执行和会计档案的保管等一系列工作。

2. 我国的会计法律制度基本形成了以《会计法》为主体的比较完整的会计法规体系，主要包括四个层次，即会计法律、会计行政法规、会计部门规章和地方性会计法规。

3. 会计机构是直接从事、组织和领导会计工作的职能部门。各单位应当根据会计业务的需要，设置会计机构，或者在有关机构设置会计人员并指定会计主管人员；不具备设置条件的，应当委托经批准设立从事会计代理记账业务的中介机构代理记账。

4. 会计工作岗位可以一人一岗、一人多岗或者一岗多人，凡是涉及款项和财务收付、结算及登记的任何工作，必须由两人或两人以上分工办理，以起到相互制约的作用。

5. 会计专业技术资格是指担任会计专业职务的任职资格。分为初级资格、中级资格和高级资格。会计专业职务分为高级会计师、会计师、助理会计师、会计员。

6. 会计职业道德是要求会计人员在其工作中正确处理人与人之间、个人与社会之间关系的行为规范和准则。主要包括：爱岗敬业、诚实守信、廉洁自律、客观公正、坚持准则、提高技能、参与管理、强化服务。

7. 会计档案是指单位在进行会计核算等过程中接收或形成的，记录和反映单位经济业务事项的，具有保存价值的文字、图表等各种形式的会计资料，包括通过计算机等电子设备形成、传输和存储的电子会计档案。

8.《会计档案管理办法》规定：当年形成的会计档案，在会计年度终了后，可由单位会计管理机构临时保管一年，再移交单位档案管理机构保管。

9. 会计档案的保管期限分为永久、定期两类。定期保管期限一般分为10年和30年。

10. 单位应当定期对已到保管期限的会计档案进行鉴定，并形成会计档案鉴定意见书。经鉴定，仍需继续保存的会计档案，应当重新划定保管期限；对保管期满，确无保存价值的会计档案，可以销毁。

◆ 知识拓展

大清宝钞和上海飞乐音响股票

二维码 9-1　大清宝钞和上海飞乐音响股票

复习思考题

1. 简述我国会计法规体系的构成。
2. 会计人员的职责权限有哪些？
3. 会计工作的主要岗位设置哪些？
4. 简述会计人员的职业道德。
5. 会计档案包括的内容有哪些？

参考文献

［1］王炜，金跃武．基础会计［M］．4版．北京：高等教育出版社，2018．
［2］李占国．基础会计［M］．4版．北京：高等教育出版社，2017．
［3］褚颖．基础会计［M］．北京：中国农业出版社，2014．
［4］费琳琪，徐艳，杨应杰．基础会计［M］．北京：化学工业出版社，2011．
［5］宫相荣，褚颖．基础会计［M］．北京：中国农业出版社，2009．
［6］缪启军．基础会计［M］．2版．上海：立信出版社，2015．